教育部人文社会科学重点研究基地重大项目《中国知识产权法院建设研究》（17JJD820014）结项成果

中国知识产权法院建设研究

黄玉烨　李青文◎著

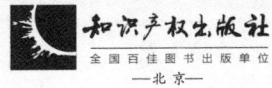

图书在版编目（CIP）数据

中国知识产权法院建设研究 / 黄玉烨，李青文著 . —北京：知识产权出版社，2022.7
ISBN 978－7－5130－8115－3

Ⅰ.①中… Ⅱ.①黄… ②李… Ⅲ.①知识产权法—研究—中国 Ⅳ.①D923.404

中国版本图书馆 CIP 数据核字（2022）第 054448 号

责任编辑：刘　睿　邓　莹　　　　　　责任校对：潘凤越
封面设计：杨杨工作室·张　冀　　　　责任印制：刘译文

中国知识产权法院建设研究
黄玉烨　李青文　著

出版发行：	知识产权出版社有限责任公司	网　　址：	http://www.ipph.cn
社　　址：	北京市海淀区气象路 50 号院	邮　　编：	100081
责编电话：	010－82000860 转 8346	责编邮箱：	dengying@cnipr.com
发行电话：	010－82000860 转 8101/8102	发行传真：	010－82000893/82005070/82000270
印　　刷：	三河市国英印务有限公司	经　　销：	新华书店、各大网上书店及相关专业书店
开　　本：	720mm×1000mm　1/16	印　　张：	16.5
版　　次：	2022 年 7 月第 1 版	印　　次：	2022 年 7 月第 1 次印刷
字　　数：	280 千字	定　　价：	79.00 元
ISBN 978－7－5130－8115－3			

出版权专有　侵权必究
如有印装质量问题，本社负责调换。

PREFACE >> 绪　　论

2008年《国家知识产权战略纲要》（国发〔2008〕18号）明确指出："研究适当集中专利等技术性较强案件的审理管辖权问题，探索建立知识产权上诉法院。"2013年11月，党的十八届三中全会审议通过的《中共中央关于全面深化改革若干重大问题的决定》明确提出："加强知识产权运用和保护，健全技术创新激励机制，探索建立知识产权法院。"党的十八大以来，我国进入实施创新驱动发展战略、建设创新型国家的关键时期。建设创新型国家，既需要全面深化改革，尊重知识产权，规范科技成果转化运用，营造激励科技创新的政策环境，又需要保护公平竞争，营造良好的营商环境。在全面深化改革的系统部署中，建立知识产权法院是一项重大举措。知识产权法院的建立不仅对知识产权保护意义重大，而且是实现国家治理体系和治理能力现代化的重要措施。最高人民法院院长周强在《2018年最高人民法院工作报告》中提出："深化司法体制改革，促进审判体系和审判能力现代化。"审判体系和审判能力现代化是国家治理体系和治理能力现代化的重要组成部分，是全面依法治国的重要基础，也是今后一段时间内我国知识产权司法体制改革的重要目标。

2014年年底，北京、广州、上海知识产权法院相继成立，成为中国知识产权保护和中国司法体制改革的重要里程碑，标志着中国加强知识产权司法保护进入新阶段。2017年至今，最高人民法院先后在全国范围内成立了26个知识产权法庭。2019年1月1日，最高人民法院知识产权法庭在北京揭牌成立。2020年12月22日,最高人民法院院长周强在第十三届全国人大常委会第二十四次会议上作了《关于设立海南自由贸易港知识产权法院的决定(草案)》的说明。2020年12月31日,最高人民法院在海口知识产权法庭的基础上成立海南自由贸易港知识产权法院,这是全国第四个知识产权专门法院。可以说,近年来我国知识产权案件专门审判改革工作开展得如火如荼。但是,目前我国知识产权法院建设仍然存在诸多亟待解决的问题。

第一,无论是知识产权法院还是知识产权法庭,其级别管辖较为混乱。例如,最高人民法院知识产权法庭隶属于最高人民法院,其作出的判决或裁定属于最高人民法院的判决或裁定。但是,按照《最高人民法院关于知识产权法庭若干问题的规定》,对于北上广三家知识产权法院、中级人民法院知识产权法庭以及省(市)高级人民法院审理的技术类知识产权一审案件不服的,全部上诉至最高人民法院知识产权法庭,此举对于北上广三家知识产权法院和中级人民法院知识产权法庭审理的一审案件来说,实际上属于"越级上诉"。另外,根据《关于设立海南自由贸易港知识产权法院的决定(草案)》,对海南自由贸易港知识产权法院作出的判决、裁定不服提起上诉的案件,则由海南省高级人民法院审理。换言之,不服海南自由贸易港知识产权法院作出的裁决,当事人应当上诉至海南省高级人民法院而非最高人民法院知识产权法庭。由此可见,我国知识产权法院、知识产权法庭的案件管辖范围比较混乱。

第二,尽管我国已经成立了最高人民法院知识产权法庭作为技术类知识产权案件的统一上诉机构,但是其本身并非独立的法院,这导致在司法实践中可能会出现诸多体制机制层面的问题。因最高人民法院知识产权法庭是最高人民法院的内设机构,只能以最高人民法院的名义对外行使职权,其人、财、物均由最高人民法院统一调配,这在一定程度上限制了最高人民法院知识产权法庭职能的发挥。另外,最高人民法院知识产权法庭与最高人民法院知识产权审判庭之间的案件管辖范围、职责划分等事项也属于实践中需要解决的问题。

第三,技术调查官制度的科学性有待进一步提高。我国在建立知识产权法院之时就设置了技术调查官制度,技术调查官作为涉案技术与法官之间的桥梁,是法官认定和查明技术事实的"眼睛"。虽然2019年通过的《最高人民法院关于技术调查官参与知识产权案件诉讼活动的若干规定》（以下简称《若干规定》）对技术调查官参与诉讼活动的程序、技术调查意见的效力等内容进行了规定和完善，但我国目前的技术调查官制度在设置方式、调查意见是否公开、与其他技术事实查明机制的衔接等方面还存在诸多需要研究和解决的问题。

第四，知识产权指导性案例的作用未得到充分发挥。2015年4月24日，最高人民法院知识产权案例指导研究（北京）基地在北京知识产权法院揭牌成立。迄今为止，最高人民法院已经发布了多批知识产权指导性案例，但是通过实证研究可知，知识产权指导性案例的适用频率非常有限，这直接阻碍了指导性案例作用的发挥。

第五，确定知识产权损害赔偿的规则不尽合理。通过实证研究可知，包括知识产权法院和26个知识产权法庭在内的人民法院在确定知识产权侵权损害赔偿数额时，97%以上的案件适用的是法定赔偿方法，实际损失、侵权人获利、许可费倍数这三种方法的适用比例均非常低。这是导致知识产权损害赔偿在理论界和实务界备受诟病的重要原因。我国2013年修正《商标法》时规定了对侵犯商标权行为的惩罚性赔偿制度，《著作权法》第三次修正和《专利法》第四次修正也增加了惩罚性赔偿制度。但是，适用惩罚性赔偿的前提是权利人能够举证证明实际损失、侵权人获利或许可费，换言之，只有法院采用这三种方式确定损害赔偿数额时才有适用惩罚性赔偿的基础。而在当前知识产权案件侵权诉讼案件的审判中，97%以上的案件适用的是法定赔偿方法，这导致绝大部分案件不具备适用惩罚性赔偿的基础。探索确定知识产权损害赔偿的合理规则和方法无疑是知识产权法院的重要使命之一。

第六，知识产权民事、行政和刑事案件"三合一"审判模式进程缓慢。自1996年始，我国开始探索知识产权"三合一"审判。目前，只有刚刚成立的海南自由贸易港知识产权法院实行"三合一"审判，而北京、上海和广州三家知识产权法院以及最高人民法院知识产权法庭均实行知识产权民事和行政案件的"二合一"审判，并不管辖知识产权刑事案件；在最高人民法院批准成立的26个知识产权法庭中，有的实行"三合一"审判，有的实行"二合一"审判。虽然近年来最高人民法院一直呼吁实行知识产权"三合一"审判，但并未出台相关措施或协调相关机构。因此，有必要研究知识产权

"三合一"审判过程中存在的阻力,并思考解决该问题的思路和方法。

2017年10月18日,习近平总书记在党的十九大报告中强调:"倡导创新文化,强化知识产权创造、保护、运用。"建立知识产权法院是中央指明的努力方向,也是加强知识产权保护、建设知识产权强国的必然要求。我国知识产权法院建设的体系框架有待确立,审判制度和人才配置有待进一步优化,这涉及知识产权法院模式的选择、知识产权案件管辖、知识产权确权程序与侵权诉讼程序的衔接、法官遴选、技术事实查明机制的设置等多方面内容。建立知识产权法院是一项系统工程,亟须学者及实务界专家通过调研、比较研究等方式深入论证分析,从全局的视域加以考虑和推进。从这个意义上讲,中国知识产权法院建设无疑是一个政策性、实践性很强的课题。

目录 CONTENTS

第一章　中国知识产权法院建设的理论基础 …………… 001

　第一节　知识产权审判机构模式 ……………… 001
　　一、现有的知识产权审判机构模式 ………… 001
　　二、中国知识产权审判模式的发展历程 …… 004
　第二节　中国建设知识产权法院的原因和意义 …… 010
　　一、中国建设知识产权法院的原因 ………… 010
　　二、中国建设知识产权法院的意义 ………… 016
　第三节　中国知识产权法院建设的原则与目标 …… 018
　　一、中国知识产权法院建设的原则 ………… 018
　　二、中国知识产权法院建设的目标 ………… 020
　本章小结 ……………………………………………… 022

第二章　中国知识产权法院的运行现状与问题 …………… 023

　第一节　中国知识产权法院的运行现状 ……… 023
　　一、北上广三家知识产权法院的运行现状 … 023
　　二、知识产权法庭的运行现状 ……………… 032
　　三、最高人民法院知识产权法庭的建立 …… 036
　　四、知识产权案件的管辖情况 ……………… 037
　第二节　中国知识产权法院运行中存在的问题 …… 041
　　一、知识产权法院（庭）管辖较为混乱 …… 041
　　二、缺乏统一的知识产权上诉法院 ………… 043

三、技术调查官的设置不够科学……………………………… 048
四、指导性案例的作用未能充分发挥……………………………… 053
五、确定知识产权损害赔偿的规则不尽合理…………………… 067
六、知识产权"三合一"审判改革进程缓慢…………………… 074
本章小结……………………………………………………………… 080

第三章 知识产权法院建设的比较研究……………………… 082

第一节 德国联邦专利法院……………………………………… 082
一、设立背景：上诉委员会裁决法律救济的缺失……………… 082
二、法官配置：技术法官与法律法官相互配合………………… 083
三、案件管辖：专门审理知识产权行政案件…………………… 086
四、损害赔偿：以填补损失原则为基础………………………… 088
五、程序衔接：可以直接裁决专利权的效力…………………… 089

第二节 美国联邦巡回上诉法院………………………………… 090
一、设立背景：特殊历史环境下的产物………………………… 090
二、法官配置：均具有技术专业教育背景……………………… 092
三、技术事实查明：充分保障当事人的质证权利……………… 093
四、案件管辖：专门审理知识产权上诉案件…………………… 095
五、损害赔偿规则：所失利益与合理许可费…………………… 096
六、程序衔接：实行民事、行政案件"二合一"审判模式…… 099

第三节 英国专利法院及知识产权企业法院…………………… 100
一、设立背景……………………………………………………… 100
二、法官配置……………………………………………………… 103
三、案件管辖范围………………………………………………… 103
四、技术事实查明机制…………………………………………… 105
五、损害赔偿的适用规则………………………………………… 106
六、知识产权民事与行政案件诉讼程序的衔接………………… 107

第四节 日本东京知识产权高等法院…………………………… 108
一、设立背景："知识产权立国"政策的产物………………… 108

二、法官配置：不要求具备技术知识··110
　　三、管辖范围：专门审理技术类知识产权案件································110
　　四、技术事实查明：技术调查官与专家委员相配合····························111
　　五、损害赔偿规则：致力于提高权利人获得的赔偿数额······················113
　　六、程序衔接：民事、行政案件"二合一"··115
第五节　韩国专利法院··116
　　一、设立背景··117
　　二、组织机构及其职能··117
　　三、以技术调查官和审理官为核心的技术事实查明机制··················119
　　四、案件管辖范围···121
　　五、损害赔偿的适用规则··122
　　六、知识产权民事、行政案件"二合一"审判模式·····························122
第六节　欧洲统一专利法院··123
　　一、设立背景··123
　　二、法院配置及法官构成··125
　　三、案件管辖范围···126
　　四、损害赔偿的适用规则··127
　　五、知识产权民事、行政案件"二合一"审判模式·····························128
第七节　我国台湾地区的"智慧财产法院"··129
　　一、设立背景··129
　　二、组织机构及法官配置··130
　　三、案件管辖范围···132
　　四、技术事实查明机制··132
　　五、民事、行政和刑事案件"三合一"审判模式·································133
本章小结··135

第四章　中国知识产权法院体系的完善·······································137
第一节　建立独立的知识产权上诉法院··137
　　一、知识产权上诉法院的配置···138

二、允许知识产权上诉法院设立派出法庭……………………… 142
　　三、赋予上诉法院直接裁决知识产权效力的权力……………… 142
　　四、发挥知识产权上诉法院的指导作用………………………… 145
第二节　明确知识产权法院的管辖范围…………………………… 147
　　一、知识产权法院的专属管辖…………………………………… 147
　　二、知识产权法院的级别管辖…………………………………… 149
　　三、知识产权法院的地域管辖…………………………………… 152
第三节　推进知识产权"三合一"审判模式的进程……………… 153
　　一、知识产权"三合一"审判模式及其功能…………………… 153
　　二、知识产权"三合一"审判模式试点的经验………………… 156
　　三、知识产权"三合一"审判模式的完善思路………………… 158
本章小结……………………………………………………………… 162

第五章　中国知识产权法院审判制度的完善…………………… **164**

第一节　完善知识产权侵权损害赔偿制度………………………… 164
　　一、明确法定赔偿标准的计算方法……………………………… 165
　　二、进一步减轻知识产权人就实际损失的举证责任…………… 170
　　三、完善知识产权侵权惩罚性赔偿制度………………………… 173
第二节　完善知识产权案例指导制度……………………………… 178
　　一、我国知识产权指导性案例适用率低的成因分析…………… 179
　　二、我国知识产权指导性案例司法适用的完善路径…………… 184
第三节　完善知识产权行为保全制度……………………………… 187
　　一、我国知识产权行为保全制度的历史沿革…………………… 187
　　二、我国知识产权行为保全制度适用的现状…………………… 188
　　三、行为保全制度在适用中出现的问题………………………… 189
　　四、完善行为保全制度适用的建议……………………………… 192
本章小结……………………………………………………………… 194

第六章　中国知识产权法院人才保障机制的完善 ………… 196
第一节　完善技术调查官制度 …………………………… 196
一、技术调查官的作用与职责 ……………………………… 197
二、优化技术调查官任职与设置的方式 …………………… 200
三、适度公开技术调查意见 ………………………………… 202
四、调整其他技术事实查明机制的应用规则 ……………… 204
五、明确技术调查官的权利和义务 ………………………… 208
六、健全和完善技术调查官的管理、培训等机制 ………… 208
第二节　培养复合型知识产权法官人才 ………………… 210
一、现状：我国复合型知识产权审判人才缺口明显 ……… 211
二、因由：现行教育体制难以培养出复合型知识产权
审判人才 …………………………………………………… 214
三、比较：知识产权法官配置与人才培养的域外考察 …… 219
四、建议：我国技术类知识产权案件审判人才的培养路径 …… 223
本章小结 …………………………………………………… 229

参考文献 …………………………………………………… 231

后　　记 …………………………………………………… 251

CHAPTER 01 >> 第一章

中国知识产权法院建设的理论基础

第一节 知识产权审判机构模式

一、现有的知识产权审判机构模式

知识产权保护迄今已有近400年的历史。但是，各国对于知识产权案件的审判模式存在较大的差异。大体可以分为以下几种。

（一）建立独立的知识产权法院

建立独立的知识产权法院专门审理知识产权案件是目前世界多数国家或地区的主流做法。实行该模式的国家或地区包括德国、美国、英国、韩国、日本等。

20世纪，多个国家开始探索知识产权案件的审理模式。1961年7月1日，德国率先组建联邦专利法院，专门负责审理和裁决德国专利局关于专利授予和异议程序的上诉案件。[1] 德国联邦专利法院属于联邦司法部的业务范围，负责对工业知识产权（专利、商标、实用新型、布图、外观设计及新品种保护）的有效性进行判决，以及对是否授予知识产权或拒绝知识产权登记事项作出裁决。同时，当事人对德国专利与商标局、联邦品种局异议委员会等部门作出的对知识产权效力裁决不服

---

[1] Pakuscher K.Ernst, Patent Procedure in the Federal Republic of Germany, International Tax & Business Lawyer, Vol.4, Issue 1（Spring 1986）, pp.86–104.

的均可以上诉至德国联邦专利法院。在审级上，德国联邦专利法院作为一审法院，对其判决不服的，可以上诉至德国联邦最高法院。❶ 德国联邦专利法院内设 29 个审判庭，在审理技术问题案件时，由技术法官和法律法官按照一定比例组成合议庭。❷ 值得注意的是，德国联邦专利法院并不管辖知识产权民事侵权案件，该类案件由各州的地区法院和高等法院负责审理。在诉讼中涉及知识产权有效性时，州法院或高等法院应假定知识产权有效，无权质疑知识产权的有效性。

美国联邦巡回上诉法院专门负责审理全国范围内的专利民事上诉案件，以及对美国专利商标局、专利审判和上诉委员会行政决定不服而提起的诉讼案件。该法院由美国关税和专利上诉法院与美国索赔法院上诉部门合并组成。在 20 世纪 70 年代，美国的专利申请量从 1963 年的 90 982 件增加到 1977 年的 108 377 件，增长 17%。❸ 一般而言，专利申请数量的增长与专利诉讼成比例增加，这一增长严重影响了美国关税和专利上诉法院 5 名法官审理案件的数量，使美国联邦法院系统不堪重负。❹ 因此，美国联邦法院必须进行一些结构性变革，以应对联邦系统中不断增加的专利案件数量。在这种情况下，美国成立了专门负责审理专利案件的联邦巡回上诉法院。

英国经过 1977 年专利法修订之后，正式在高等法院大法官庭之下设立了专利法院（庭）。为了解决案件堆积问题，英国于 1990 年设立专利郡法院（Patents County Court）。❺ 设立专利郡法院的主要目的在于使专利郡法院的专利诉讼成为专利法院昂贵诉讼的廉价替代品。❻ 也就是说，专利郡法院将通过对专利诉讼采用更便宜、快速和非正式的程序，确保中小型企业和个人不

---

❶ Bauz N.Thane, Reanimating U.S.Patent Reexamination: Recommendations for Change based upon a Comparative Study of German Law, International Commerce Creighton Law Review, Vol.27, Issue 4（June 1994）, pp.945-984.

❷ 郭寿康、李剑："我国知识产权审判组织专门化问题研究——以德国联邦专利法院为视角"，载《法学家》2008 年第 3 期。

❸ U.S. Patent and Trademark Office, U.S. Patent Statistics, Calendar Years 1963-2003（2004）.

❹ R.Carl Moy, Moy's Walker on Patents § 2：36（4th ed.2004）.

❺ Michael Burdon, UK Patents County Court——Phoenix Risen? Pat.World, July/Aug 2003, at 1.

❻ Pegram B.John, Should the U.S.Court of International Trade be Given Patent Jurisdiction Concurrent with That of the District Courts, Houston Law Review, Vol.32, Issue 1（Summer 1995）, pp.67-136.

会因为担心维权产生的高昂诉讼费用而停止创新。

韩国专利法院于 1998 年 3 月 1 日成立于汉城（今首尔），是亚洲第一个专门处理知识产权案件的法院。❶ 韩国专利法院是高等法院，专门审理知识产权上诉案件，并设有技术审查官制度。韩国专利法院由进行审判的裁判部和主管司法行政事务的事务局构成，同时配置有咨询委员会和调解委员会。

日本于 2004 年 6 月 18 日颁布《日本设立知识产权高等法院法》，并于 2005 年 4 月 1 日实施。同时，日本知识产权高等法院作为东京高等法院的一个特别分支机构正式成立，❷ 主要审理有关专利权的上诉案件以及不服日本特许厅决定的行政诉讼案件。❸

另外，俄罗斯设有联邦知识产权仲裁法院。为了解决智慧财产诉讼制度的弊端，我国台湾地区于 2008 年 7 月 1 日设立了"智慧财产法院"。

由上可知，美国、德国、英国、日本、韩国等国家和我国台湾地区均以专门法院的形式审理专利等知识产权案件。虽然不同国家和地区的知识产权法院称谓不同、受案范围不同，但其均独立于婚姻、继承、合同、侵权等其他类型案件的审判。总体来看，以专门法院的形式审理知识产权案件具有诸多优点。一方面，技术类知识产权案件既涉及法律适用问题，又涉及技术事实查明问题，其本身的特殊性决定了案件审理的难度较大，对法官的要求较高，同时其审理程序也有别于婚姻、合同等类型的案件；另一方面，包括商标、专利、集成电路布图设计、植物新品种等在内的知识产权的取得均需要通过行政机关的授权。在民事侵权诉讼过程中，被诉侵权行为人往往以涉案知识产权无效作为抗辩事由，其无效请求只能向授予权利的行政机关提出，对该行政机关作出的决定不服的，当事人一般会提起行政诉讼，从而导致对于同一案件，由不同的法院进行多次审理的现象，浪费司法资源；另外，如果不同法院认定的事实不同、判决相左，则会损害司法的公信力。相较而言，建立专门的知识产权法院，由专职法官来审理知识产权民事、行政案

---

❶ Choe Kong-Woong, The Role of the Korean Patent Court, Federal Circuit Bar Journal, Vol.9, Issue 4（2000），pp.473-478.

❷ Hill W.David, Murata Shinichi, Patent Litigation in Japan, Akron Intellectual Property Journal, Vol.1, Issue 2（2007），pp.141-184.

❸ 刘春霖、左娟："论我国知识产权法院的构建愿景及实现路径"，载《河北法学》2016 年第 4 期。

件，则会在最大限度上避免这一冲突。

（二）在普通法院内设立知识产权审判庭

这种模式是指在婚姻、继承、合同、侵权等其他类型案件的审理法院内设立专门的知识产权案件审判庭，由该审判庭负责审理知识产权民事和行政案件。实行这种知识产权案件审判机构模式的国家主要包括奥地利、意大利、菲律宾等。奥地利在最高法院设立了专利和商标案件的审判法庭，意大利在普通法院中建立了专门的知识产权分部，菲律宾在最高法院内设立了知识产权特别法庭。❶

（三）由普通法院审理知识产权案件

这种模式是指由审理婚姻、合同、一般侵权等案件的法院按照普通的案件审理程序来审理知识产权案件，代表性国家主要包括澳大利亚、法国、加拿大等。澳大利亚的知识产权诉讼案件主要向联邦法院体系中的联邦法院提起，法国的知识产权案件归普通法院体系中的大审法院管辖。❷该模式由普通的法院按照婚姻、合同等案件的审判程序来审理知识产权案件，容易忽视知识产权案件本身的特点。

（四）由商业法院审理知识产权案件

实行这种知识产权案件审判模式的国家主要包括印度尼西亚、爱尔兰、葡萄牙、瑞典等。❸在该审判模式下，知识产权案件被视为一般的经济类案件。在审理程序、法官的组成、事实认定等方面，知识产权案件的审理与其他经济类案件没有任何区别。

二、中国知识产权审判模式的发展历程

（一）成立知识产权审判庭

我国于1982年颁布《商标法》，1984年颁布《专利法》，1990年颁布《著

---

❶ 李贤华："域外知识产权审判模式概览"，载《人民法院报》2018年4月13日第008版。
❷ 张玲玲："完善我国知识产权法院体系的初步构想"，载《知识产权》2018年第3期。
❸ 左荣昌、肖海："论设立中国特色知识产权法院体系"，载《齐齐哈尔大学学报（哲学社会科学版）》2018年第11期。

作权法》。这三大法律的颁布标志着我国知识产权基本法律体系的建立和形成。❶随着经济的发展，著作权、专利、商标等知识产权案件迅速增加。为此，1993年北京市中级人民法院和高级人民法院率先建立了知识产权审判庭，专门审理著作权、专利、商标等与知识产权有关的案件，其将知识产权审判庭设立在民事审判庭之下。第二年，上海市中级人民法院和高级人民法院也在民事审判庭下成立知识产权审判庭。1996年，最高人民法院设立知识产权审判庭，对外称作"民三庭"，主要负责全国重大的知识产权案件审判工作，另外也负责制定和出台知识产权司法解释、知识产权案件审判指导意见等政策。

自此之后，全国范围内的法院开始建立知识产权审判庭。迄今为止，已有500多个法院设立了知识产权审判庭。❷其中有权管辖一审专利案件的中级人民法院达87个、有权管辖植物新品种一审案件的中级人民法院达45个、有权受理集成电路布图设计一审案件的中级人民法院达46个，有7个基层人民法院可以受理外观设计与实用新型的专利案件。❸

（二）成立知识产权法院

2014年全国人大常委会决定在北京、上海、广州三地设立知识产权法院，并对其案件管辖范围等作了具体部署。同年11月6日，北京知识产权法院率先挂牌成立，12月16日和28日，广州和上海知识产权法院相继成立。党的十八大以来，知识产权法院建设与司法体制改革的大局保持一致，均以破除司法行政化及司法地方化为着力点，在内部推进司法主体、审判模式、配套保障制度的改革，在外部加快知识产权法院体系建设的步伐。截至2020年年底，三家知识产权法院共受理各类知识产权案件约11万件。根据2020年三家知识产权法院发布的知识产权司法保护状况白皮书，2019年北京知识产权法院新收各类案件22 580件，同比增长23%，共审结各类案件23 682件，

---

❶ 吴汉东、刘鑫："改革开放四十年的中国知识产权法"，载《山东大学学报（哲学社会科学版）》2018年第3期。

❷ 陶鑫良："建立知识产权法院的若干思考"，载《上海法制报》2014年7月16日第B06版。

❸ 李明德："知识产权法院与创新驱动发展"，载《人民法院报》2014年9月4日第3版。

同比增长 57%；❶ 上海知识产权法院共受理各类知识产权案件 2496 件，同比增长 20.75%，审结各类案件 2155 件，同比增长 4.26%；❷ 广州知识产权法院审结各类案件 13 488 件，同比增长 43.37%。❸ 2020 年年底，最高人民法院又成立了海南自由贸易港知识产权法院。

（三）建立知识产权法庭

2017 年年底，最高人民法院决定开展跨区域管辖的知识产权审判工作试点，随后批复在全国设立了 26 个知识产权法庭。建立知识产权法庭是我国知识产权司法体制改革的重要一步。知识产权法庭专司知识产权审判工作，为打击侵犯知识产权行为和营造良好的营商环境提供有力支持，为营造激励创新、保护创新的良好氛围提供保障。

（四）设立最高人民法院知识产权法庭

2019 年 1 月 1 日，最高人民法院知识产权法庭在北京揭牌成立。即日起，该法庭履行法定职责，主要受理专利等专业技术性较强的知识产权民事和行政上诉案件。最高人民法院设立知识产权法庭，是以习近平同志为核心的党中央从建设知识产权强国的战略高度作出的重大决策，是中国知识产权诉讼制度的历史性突破，是中国知识产权司法保护发展史上的重要里程碑，对于加快知识产权审判体系和审判能力的现代化进程具有重大而深远的意义。

1. 统一技术类知识产权案件的裁判标准

根据我国先前的诉讼管辖体系，对于技术类知识产权一审案件，由中级人民法院或部分基层人民法院审理，二审则由高级人民法院和部分中级人民法院审理。迄今为止，全国的知识产权案件审理法官、书记员等共 5000 余

---

❶ 北京法院网："北京知识产权法院 2019 年结收比达 105%"，载 http://bjgy.chinacourt.gov.cn/article/detail/2020/04/id/5134396.shtml，最后访问日期：2020 年 9 月 21 日。

❷ 澎湃新闻："上海知产法院发布 2019 年知识产权司法保护状况白皮书"，载 https://www.thepaper.cn/newsDetail_forward_7126886，最后访问日期：2020 年 9 月 21 日。

❸ 澎湃新闻："广州知产法院发布知识产权司法保护状况白皮书"，载 https://www.thepaper.cn/newsDetail_forward_7068284，最后访问日期：2020 年 9 月 21 日。

人。❶ 不同地区、不同级别法院的法官水平不一，审理技术类知识产权案件的数量不同，案件的审判经验相差甚远，判赔方法、证明标准的把控、赔偿数额的认定等差异较大。❷ 比如，2020 年广东省各级人民法院共审结的各类知识产权案件 19 万余件，同比增长 26.1%，案件总数占全国 1/3；❸ 同年，甘肃省各级法院共审结一审、二审知识产权民事、刑事案件 1264 件，结案总量同比 2019 年下降 17%；❹ 2012—2020 年，新疆各级法院共审理知识产权民事、刑事及行政案件 5174 件，❺ 年结案数量约占广东省的 0.5%。我国四级法院均可以管辖技术类知识产权案件，这导致我国知识产权司法保护体系过于分散，加之司法"地方化"的影响，❻ 造成技术类知识产权案件审判中法律适用标准不一致的现象相当突出，类似案件但判决结果相差甚远的现象时有发生。

2014 年我国先后建立北京、广州和上海三家知识产权法院，开启我国知识产权案件审理的新纪元。三家知识产权法院的审判实践表明，专门化、集中化和专业化的知识产权法院在探索统一知识产权法律适用标准、创新知识产权审判权力运行机制等方面发挥了重要作用。❼ 但是，在先前的审判体系中，三家知识产权法院一审裁决的上诉法院仍然是所在地的高级人民法院，而非与其对接的专门上诉法院，即知识产权专门法院所审案件的二审程序仍然被限于原有的、普通的而非专门的审判体系之内，导致技术类知识产权案件在上诉审层面仍然无法做到专业和统一，这在一定程度上限制甚至消解了

---

❶ 程姝雯、刘嫚："全国人大代表、最高法副院长罗东川：最高法知产法庭将统一裁判标准"，载《南方都市报》2019 年 3 月 14 日第 1 版。

❷ 罗东川："国家知识产权战略背景下的知识产权司法保护"，载《法律适用》2006 年第 4 期。

❸ 央广网："2020 年广东法院共审结各类知识产权案件 19.3 万，总数占全国三分之一"，载 http://news.cnr.cn/native/city/20210423/t20210423_525469312.sht，最后访问日期：2021 年 10 月 31 日。

❹ 新华网："甘肃 2020 年知识产权司法保护状况及十大典型案件公布"，载 http://www.gs.xinhuanet.com/news/2021-04/27/c_1127380137.htm，最后访问日期：2021 年 10 月 31 日。

❺ 国家版权局："新疆知识产权民事案件调撤率和自动履行率较高"，载 http://www.ncac.gov.cn/chinacopyright/contents/12629/354326.shtml，最后访问日期：2021 年 10 月 31 日。

❻ 龙小宁、王俊："中国司法地方保护主义：基于知识产权案例的研究"，载《中国经济问题》2014 年第 3 期。

❼ 李剑、廖继博："国家层面知识产权案件上诉审理机制：历史、现状与展望"，载《法律适用》2019 年第 1 期。

一审知识产权专门法院裁决的专业性效果。❶

解决巡回法院判决的冲突是美国设立联邦巡回上诉法院的主要原因之一。美国联邦巡回上诉法院对专利案件的审判具有稳定性和一致性，对当事人来说，案件结果具有可预测性。❷我国最高人民法院知识产权法庭建立之后，负责审理全国技术类知识产权上诉案件，由此形成国家层面的知识产权上诉机制，从体制上解决了长期以来技术类知识产权案件裁判标准不统一的问题。❸对各中级人民法院和知识产权法院所审知识产权案件的判决、裁定不服的，直接上诉到最高人民法院知识产权法庭，这就将对技术类知识产权上诉案件的审判由原来的31个省高级人民法院集中到一个专门法庭，有利于案件裁判标准的统一。最高人民法院知识产权法庭的管辖不受行政区划的限制，其法官编制均隶属于最高人民法院，这有助于防范地方部门对司法活动的不当干预，克服知识产权保护中的区域性不平衡和地方保护主义困境。同时，对于某些系列案件特别是同一原告对不同的被告因类似事由提起的多个诉讼，若批量上诉至最高人民法院知识产权法庭，则其可以集中审理、统一裁判，这既有利于减少司法资源的浪费，节约司法成本，也有利于统一系列案件的证据采信标准和裁判尺度。

2. 实现民、行两大诉讼程序的无缝对接

知识产权诉讼制度革新是决定知识产权法院运行成效的关键和核心所在。❹与其他大陆法系国家一样，我国在知识产权领域也实行民事侵权与行政确权"二元分立"的体制。按照《行政诉讼法》的规定，在知识产权确权行政诉讼中法院只能审查行政行为的合法性，判决撤销或要求行政机关重新作出行政决定，无权直接审查并决定该知识产权是否有效。在知识产权民事侵权诉讼中，法院为了防止民事判决结果与行政确权程序的结果相冲突，通

---

❶ 马一德："深化知识产权司法体系改革，推进知识产权上诉法院建设"，载《中国审判》2017年第12期。

❷ Pegram B.John, Should There Be a U.S.Trial Court with a Specialization in Patent Litigation, Journal of the Patent and Trademark Office Society, Vol.82, Issue 11（November 2000）, pp.765-796.（"One of the principal reasons for assigning all patent appeals to a single appellate court, the Federal Circuit, was to achieve greater predictability through uniformity of decisions and doctrinal stability."）

❸ 易继明："司法体制改革中的知识产权法庭"，载《法律适用》2019年第3期。

❹ 朱理："我国知识产权法院诉讼制度革新：评价与展望"，载《法律适用》2015年第10期。

常会等待行政确权程序结束后再审理侵权诉讼案件。这一方面导致循环诉讼和重复审理，当法院撤销或者要求行政机关重新作出决定后，专利行政部门等行政机关需要重新对该项申请是否符合法律规定的授权条件进行审查；另外，当权利人对行政机关重新作出的决定不服再次提起行政诉讼后，法院又需要重新审理该案件，这种循环诉讼和重复审理程序极大地浪费了行政资源和司法资源。❶ 另一方面，行政确权诉讼与民事侵权诉讼衔接不畅，导致知识产权案件的诉讼周期过长。❷ 在技术类知识产权案件侵权诉讼中，北京知识产权法院和北京市高级人民法院解决权利的效力问题之后，原审中院和作为上诉审的高院仍需要确定涉案知识产权的保护范围，判断涉案行为是否构成侵权，这种审判体系造成专利等知识产权案件的民事审判周期长，案件久拖不决，其阻碍了技术成果的转化，挫伤了发明者技术创新的积极性。

目前，北上广三家知识产权法院及其所在地高院均已经实现了知识产权民事和行政案件的"二合一"审判，有助于减少和避免民事和行政两大程序分离造成的程序循环烦冗问题。❸ 但是，知识产权法院的建立仍然没有实质性触及行政确权程序与民事侵权诉讼程序的衔接问题。设立最高人民法院知识产权法庭，就是要实现两大诉讼程序和裁判标准的无缝衔接，切实提高知识产权案件审判质量和效率。建立最高人民法院知识产权法庭之后，对于专利等确权行政诉讼案件，一审由北京知识产权法院审理，二审则由最高人民法院知识产权法庭审理；对于此类民事侵权诉讼案件，一审由地方中院审理，二审也由最高人民法院知识产权法庭审理。虽然案件经历的程序数量与之前相差无几，但专利确权行政诉讼和侵权民事诉讼的终审均由最高人民法院知识产权法庭审理，这就实现了知识产权效力判断与侵权判断两大诉讼程序和裁判标准的对接，对涉案专利的权利要求和保护范围的解释均由同一个法庭作出最终裁决。最高人民法院知识产权法庭对确权行政诉讼案件的审理亦可以为该侵权案件的上诉审理奠定基础，极大地降低了其审理侵权上诉案件的难度，同时也从机制上彻底解决了制约科技创新的裁判尺度不统一的问题。

---

❶ 袁秀挺："中国知识产权法院的愿景及其实现路径"，载《科技与法律》2015 年第 1 期。
❷ 马一德："知识产权司法现代化演进下的知识产权法院体系建设"，载《法律适用》2019 年第 3 期。
❸ 黎淑兰："论知识产权专业化审判新格局的构建与实现——以上海知识产权法院专业化建设为视角"，载《法律适用》2015 年第 10 期。

第二节 中国建设知识产权法院的原因和意义

当前,我国全面开启知识产权强国建设新征程,新一代互联网络、信息通信和人工智能等新技术新领域的发展日新月异,这对我国知识产权司法保护工作提出了更高的要求。面对经济逆全球化事件的不断出现、"一带一路"建设的深入推进以及中美贸易摩擦等一系列纷繁复杂的国际形势,亟须从立足国际视野和服务未来大局出发,建设好知识产权法院,加强知识产权保护,促进科学技术的创新与发展。

一、中国建设知识产权法院的原因

(一)建设知识产权法院是我国加强知识产权保护的政策要求

知识产权制度在很大程度上是各国为促进本国的经济社会发展而采取的政策性手段。建立知识产权法院,加强知识产权保护具有浓厚的公共政策色彩。

1. 建设知识产权法院是建设创新型国家的战略要求

党的十八大明确提出,要实施创新驱动发展战略。通过建设知识产权法院来加强知识产权保护,加大对抄袭、剽窃的惩处力度,减少"搭便车"行为,让知识产权所有者能够充分享受自主创新、创作带来的收益,从而激发市场经济主体创新的积极性,激励更多有价值的创新。[1]创新已经成为当今国家经济发展的重要引擎和推动器,知识产权是创新的主要制度载体和引领渠道。从国家对知识产权制度顶层设计到知识产权法院、法庭等专门审判机制重大改革和建设来看,政策法律导向十分清晰,要通过充分保护知识产权,激励和保护创新。

---

[1] 央广网:"加强知识产权保护是我国经济转型发展的必然选择",载 http://news.cnr.cn/theory/gc/20171110/t20171110_524020496.shtml,最后访问日期:2019年11月17日。

2. 建设知识产权法院是充分发挥知识产权司法保护主导作用的规律体现

党的十八届四中全会对全面推进依法治国作出重要部署，标志着我国法治建设进入新阶段。司法是法治的重要体现和象征，司法工作在国家和社会生活中的地位、作用和影响更加凸显。目前，我国知识产权司法实践中存在刑事案件比例不高、民事赔偿数额较低、诉讼周期漫长等突出问题，导致司法救济延迟、侵权制裁效果不明显等不良后果，严重影响司法的权威与公信力。建立专门的知识产权法院，不仅能够解决纠纷，还能够基于裁判文书的公开性和说理性，明确法律标准和阐明法律条文含义，划定知识产权案件当事人的行为界限，为处理类似纠纷以及行业发展方向提供重要的依据、指导和参考。通过建设知识产权法院，发挥司法导向作用，加大知识产权保护力度，强化执法力量，大幅提高违法成本，不断优化创新营商环境。

（二）建设知识产权法院是统一案件裁判标准的必然要求

如前所述，目前我国近300个法院有权审理知识产权案件。不同地区、不同法院的法官水平不一，审判案件的经验差别很大，对法律条款的理解、对案件事实的认定也不可能完全相同。因此，同案不同判现象时常发生，这严重损害了知识产权司法的公信力。解决这一问题的举措之一就是集中化审理知识产权案件，即建立知识产权法院，实行知识产权案件的跨区域管辖。

第一，集中化审理知识产权案件，使系列案件由同一合议庭审理成为可能，这可以最大限度上减少不同法官审理案件产生的误差。例如，笔者通过利用"威科先行"法律信息数据库检索发现，源德盛塑胶电子（深圳）有限公司2017年向全国各地法院起诉他人侵权其实用新型、外观设计专利共1229件，2018年共起诉2041件，2019年共起诉2224件，2020年共起诉1284件；九牧厨卫股份有限公司2017年向全国各地法院起诉他人侵权其实用新型、外观设计专利共280件，2018年共起诉774件，2019年共起诉622件，2020年共起诉437件；宁波市诺曼电子科技有限公司2018年向全国各地法院起诉他人侵权其实用新型、外观设计专利共815件，2019年共起诉1197件，2020年共起诉222件。❶另外，根据中南财经政法大学知识产权研究中心的

---

❶ 数据更新时间：2021年10月19日。

实证研究可知，著作权侵权诉讼案件中系列案件占 85.33%，商标侵权诉讼案件中系列案件占 72.72%，专利侵权诉讼案件中系列案件占 67.01%。因此，可以认为在知识产权侵权诉讼案件中，系列案件占比非常高。在这种情况下，如果对这类案件实行集中化审理，不仅可以大大节约司法审判资源，还可以保证该类案件审判结果的一致性。

第二，建设专门的知识产权法院体系，由专门法院负责技术类知识产权案件的一审和二审，可以从体制上解决长期以来技术类知识产权案件裁判标准不统一的问题。❶对于技术类知识产权案件的一审由地方知识产权法院审理，二审则由统一的知识产权上诉法院审理，这将极大地统一知识产权案件的司法裁判标准，有利于在证明标准、新型证据特别是电子证据的采信、判赔数额的考量因素、各因素的考量比重、判赔数额的裁量幅度等方面做到全国范围内类似案件的统一。知识产权法院实行跨区域管辖，有助于防范地方部门对司法活动的不当干预，克服知识产权保护中的区域性不平衡和地方保护主义困境。同时，对于某些系列案件特别是同一原告对不同的被告因类似事由提起的多个诉讼，若批量上诉至知识产权上诉法院，则其可以集中审理、个案判决，这有利于统一系列案件的证据采信标准和裁判尺度。❷

（三）建设知识产权法院是解决知识产权审判现实问题的迫切需要

自 2016 年始，我国开始实施"十三五"规划。当前，"十三五"规划的知识产权创造指标基本完成，发明、实用新型、外观设计专利的申请量和有效量迅速增长，商标申请量大幅度增加，植物新品种申请量稳步增长，地理标志数量居全球前列，版权创意经济全球领先。在专利方面，2018 年全球受理专利申请量共计 330 万多件，同比增长 5.2%。其中，中国国家知识产权局共收到 150 万件专利申请，是第二名美国专利商标局（597 141 件）的 2.5 倍。2018 年，全球通过《专利合作条约》（以下简称"PCT 申请"）共提交了 25.3 万件专利申请，同比增长 3.9%。来自中国的申请人提交了 53 345 件 PCT 申请，同比增长 9.1%，是 PCT 申请量前十的国家中增长速度最快的国家。在

---

❶ 易继明："司法体制改革中的知识产权法庭"，载《法律适用》2019 年第 3 期。

❷ 黄玉烨、李青文："中国建设知识产权法院的理论基础"，载《中国发明与专利》2020 年第 2 期。

全球PCT申请量排名前15名的国家中，中国和印度（2013件）是仅有的两个中等收入国家。华为公司是2018年全球PCT申请量最多的申请人，共5405件（已公布PCT申请）。2018年全球有效专利数量达1400万件，同比增长6.7%，其中中国有效专利数量约为240万件，仅次于美国（310万件）。2010—2018年，中美欧日韩五个国家或地区中，中国有效专利数量增长最快，年均增长量达20%。2018年全球实用新型申请量达215万件，同比增长逾1/5。其中，中国国家知识产权局共受理207万件实用新型申请，占全球受理总量的96.6%；其次是德国（12 307件）、俄罗斯（9747件）、乌克兰（9120件）和韩国（6232件）的办事处。统计显示，德国、日本和韩国办事处的实用新型受理量在2008—2018年大幅下降。相比之下，中国在同一时期有巨大的增长——从2008年的22万件增长到2018年的207万件。2018年全球共提交工业设计申请数量131万件，同比增长5.7%。其中，中国国家知识产权局受理的工业设计申请量达708 799件，占全球申请总量的54%；其次是欧盟知识产权局（108 174件）和韩国（68 054件）。2018年全球有效的工业设计数量达到399万件，同比增长6.5%。中国工业设计的有效量达到161万件，同比增长10.4%，占世界有效工业设计总量的40.4%，其次是韩国（344 560件）、美国（336 116件）、日本（257 157件）和欧盟（223 492件）。❶

上述数据表明，"十三五"期间，随着创新驱动发展战略和知识产权强国战略的不断推进，我国的专利、商标、工业设计和植物品种的申请量迅速增加，版权创意经济发展迅速，已经成为全球领跑者。这说明我国知识产权创新能力和知识产权保护意识进一步增强，从事知识产权保护与执法工作人员的努力取得了显著的成果，我国创新驱动发展战略和知识产权强国战略的实施成效显著。

与此同时，与知识产权有关的案件也随之增加。根据国家知识产权局发布的《2020年中国知识产权保护状况》白皮书显示，2020年，最高人民法院新收知识产权民事案件3470件，审结3260件。全国地方人民法院共新收知识产权民事一审案件443 326件，审结442 722件，同比分别上升11.10%和12.22%。其中，新收专利案件28 528件，同比上升28.09%；商标案件78 157

---

❶ 参见"World Intellectual Property Indicators 2019"，载 https://www.wipo.int/edocs/pubdocs/en/wipo_pub_941_2019.pdf，最后访问日期：2020年10月11日。

件，同比上升 19.86%；著作权案件 313 497 件，同比上升 6.97%；技术合同案件 3277 件，同比上升 4.53%；竞争类案件 4723 件（含垄断民事案件 61 件），同比上升 14.41%；其他知识产权民事纠纷案件 15 144 件，同比上升 34.96%。全国地方人民法院共新收知识产权民事二审案件 42 975 件，审结 43 511 件，同比分别下降 13.54% 和 10.67%。❶

自 2001 年以来，我国的知识产权侵权案件数量逐年递增，且地域分布不均，知识产权审判资源不能有效组合，不同法院审判知识产权案件的标准不统一，知识产权民事、行政和刑事案件的审判程序衔接不当，知识产权确权案件的行政程序与司法程序间存在"循环诉讼"现象，知识产权案件审理水平不高，司法效率低下。❷ 这些问题严重制约着知识产权司法保护主导作用的充分发挥，降低了知识产权审判服务保障国家科技创新大局的工作效果。知识产权是法律和技术的完美结合，既涉及法律知识，又和技术密不可分。这就要求审理知识产权案件的法官既要懂法律，又要懂技术，否则很难对知识产权侵权案件作出客观、准确的裁判。但我国审理技术类知识产权案件的法官与其他法官在知识结构上并没有太大差异，多数法官为"法律精英"，并不具备理工科专业背景，不了解技术知识。这导致法官在审理技术类知识产权案件时很难对涉案技术与受保护的技术是否相同或者近似作出专业的、客观的判断。设立专门的知识产权法院，由专业法官对知识产权案件特别是技术类案件进行审判，由技术调查官负责技术事实查明，有利于整合我国的知识产权司法资源，提高我国知识产权的司法效率。

（四）建设知识产权法院是知识产权案件本身特点的要求

与合同纠纷、人身侵权等案件相比，著作权、商标、专利、商业秘密、集成电路布图设计等知识产权纠纷案件具有很强的专业性，这种专业性更多体现为对法官的主观性依赖更强。具体来说，对于合同纠纷案件而言，双方当事人对合同的履行条款、违约条款等一般均有约定，法官对被告是否构成

---

❶ 中国政府网："2020 年中国知识产权保护状况白皮书发布"，载 http://www.gov.cn/xinwen/2021-04/25/content_5602104.htm，最后访问日期：2021 年 10 月 30 日。

❷ 陶鑫良："建立知识产权法院的若干思考"，载《上海法治报》2014 年 7 月 16 日第 B06 版；刘春田："知识产权法院的职责与使命"，载《人民法院报》2014 年 9 月 3 日第 005 版。

违约、需要支付多少违约金等事项的判断相对较为容易；就人身侵权纠纷案件而言，关于人身损害赔偿项目和标准、致残赔偿项目和标准、死亡的赔偿项目和标准、遭受精神损害项目和标准等在 2003 年出台的《最高人民法院关于审理人身损害赔偿案件适用法律若干问题的解释》（法释〔2003〕20 号）中均有明确的规定，我国各级人民法院在多年的实践中，对于人身伤害赔偿也形成了较为统一的做法。而对于知识产权纠纷案件而言，商标权人的商标与被诉侵权商标是否构成近似、被诉侵权的作品与著作权人的作品是否构成"实质性相似"？被告的作品中有多少内容与原告作品相同才构成"实质性相似"？ 30% 还是 50%？表达的含义相同但文字表述不同的情况下，又需要达到什么比例或者什么标准才能认定为侵权？在商标侵权案件中，两个标志是否构成近似更是一件需要法官主观判断的事情，商标的设计元素、各元素的比例等在什么情况下构成对原告商标权的侵犯，不同的法官可能会得出不同的结论，例如 2019 年 5 月清华大学起诉江西省 6 家清华幼儿园侵犯其商标权案件等。在专利纠纷案件中，权利要求书中用文字记载的专利权的保护范围具体应当如何解释？被诉侵权技术是否落入专利权人的权利范围之内？法官对这些事项的审理需要充分发挥主观能动性，其判定与法官自身的知识水平等因素密切相关。

对于知识产权案件损害赔偿数额的判定更与法官本人的主观意志密切相关。在侵权诉讼中原告不仅要证明被告的行为构成侵权，还要证明自己因被告侵权行为所遭受的实际损失、侵权人获利等事项。众所周知，知识产权是一种无形财产权，可以同时被多个主体共同使用，其因被诉侵权人侵权所遭受的损害并不像有形财产权那样容易证明。在知识产权侵权案件诉讼中，原告很难证明自己因被告的侵权行为所遭受的损失，如果原告举证证明被告销售侵权产品的利润，那么被告的全部获利均源于其侵权行为吗？被告的广告宣传、质量、售后服务以及市场本身需求量的增大等因素均是被告获利的原因，在这些因素中，原告的商标或者专利等因素所占的比例是多少则无法证明。同样，原告的损失也可能由于多方面原因所致，比如其产品质量的下降、市场饱和、宣传方式不当；等等。所以，对于知识产权侵权案件，原告很难证明自己因被告侵权行为所遭受的损害和被告的获利，在实践中有的原告提供了多项证明自身损失的证据，但法院一般不予认可，这也是我国法院对于 97% 以上的知识产权侵权案件均采用法定赔偿方式来确定原告损害赔偿数额的原因。虽然我国《专利法》《商标法》和《著作权法》均规定了法官在适用法定赔偿时应当考量的因素，但过于笼统，导致法官在适用时不知所措，在确定损害赔偿数额时每个因素所占的比例是多少，侵权时间、声誉、损害后果如何量化？法官对这些事项并不清楚。在判决书中，法官对损害赔偿数额的判决理由一般描述为：考虑侵权行为的性质、情节、后果、侵权商品的销售价格以及原告商标的声誉、原告为制止侵权行为所支付的合理开支等因素，酌情确定赔偿数额为多少元。这就导致原告在知识产权侵权诉讼案件中对于法官是否能够认定构成侵权、构成侵权后原告能够获得多少赔偿等问题没有准确的预期。因此，建立专门的知识产权法院，由专职法官按照专门的程序审理知识产权案件、解决知识产权纠纷就尤为必要。❶

二、中国建设知识产权法院的意义

从世界范围来看，建设知识产权法院已经成为一种国际趋势。建设知识产权法院具有多重意义，不仅有利于加强知识产权保护、推进全面司法改革的进程，还有利于统一知识产权案件的司法裁判标准，整合司法资源、提高案件审判效率，加强知识产权保护、促进技术创新。

（一）统一知识产权案件的司法裁判标准

知识产权案件的特点是法律问题与技术问题呈现出高度的融合。在经济和技术日益发展的今天，知识产权案件的技术性越来越明显。因而，该类案件在证据规则、证据类型、侵权方式、审前程序、示证、质证程序、制止不法侵害的方式、法律责任等方面异于普通案件的诉讼程序。对于知识产权案件特别是技术类案件，法官的知识水平、裁判经验、技术认知等因素对侵权认定具有重要的影响。对于相同或者类似的案件，不同的法官作出的裁判可能相差甚远。设立专门的知识产权法院，将同类案件由特定的法院专门审理，建立完善的技术事实查明机制，统一适用法律，统一知识产权案件的司法裁判标准。

---

❶ 黄玉烨、李青文："中国建设知识产权法院的理论基础"，载《中国发明与专利》2020 年第 2 期。

（二）整合司法资源，提高知识产权案件审判效率

建立统一的知识产权法院，有利于整合我国的知识产权司法资源。一方面，将全国范围内优秀的知识产权法官集中起来，专门审理特定类型的技术类知识产权案件，可以避免技术类案件无人能审的尴尬局面。同时，因法官仅审理特定类型的知识产权案件，其审判速度和效率会大大提升，这在很大程度上可以减少和避免案件积压情况，缩短知识产权案件的审判周期。另一方面，借以理顺知识产权民事、行政与刑事案件的审判机制，克服民事、行政和刑事三审分立而导致的结果相互否定的情况，避免循环诉讼，实现司法审判资源的整合。

由同一机构来审理知识产权侵权案件和确权案件，这样，在知识产权侵权案件诉讼中，当侵权行为人提起确权行政程序后，又提起行政诉讼的，法院可以直接对权利的效力作出最终判决，并且此行政确权审判还可以作为下一步民事侵权诉讼审判的直接依据，这就大大提高了知识产权案件的审判效率，在一定程度上会缩短案件的审理周期，及时保护权利人的合法利益。

（三）加强知识产权保护，促进技术创新

知识产权案件的裁判标准和判决结果对技术的创新有着重要的影响。当知识产权侵权案件的认定标准较高、损害判赔数额较低时，会刺激侵权行为，阻碍技术的创新和发展；反之，当知识产权侵权案件的认定标准较低、损害判赔数额较高时，会抑制侵权行为的发生，促进技术的创新。因此，在知识产权案件的审理裁判中，法官应当结合当前国家政策、技术发展水平和侵权行为等因素，适时调整案件的裁判标准，发挥司法裁判对技术创新的导向作用，激励和促进科技的创新和技术的发展。注重激励创新的理念，把促进我国的创新和发展作为知识产权保护的重要目标，充分发挥知识产权司法保护机制激发全社会创新动力、创造潜力和创业活力的独特作用。[1] 知识产权法院建立后，其会统一司法裁判标准，缩短案件的审理周期，提高审判效率，加强知识产权保护，促进技术创新和作品创作。

---

[1] 蒋志培："知识产权司法保护理念的演进与法官对法律适用的把握"，载《中华商标》2017年第4期。

(四)顺应国际知识产权案件审判模式的发展趋势

如前所述,当今世界上已经有多个国家和地区建立了专门的知识产权法院,统一审理有关知识产权案件。尽管各个国家和地区知识产权法院的称谓不同、案件的受理范围亦有所差异,但其均为某个国家或地区专门、集中审理技术类知识产权案件的机构,均承担着统一裁判标准、实行专业化审判的职能。我国在"一带一路"的国际发展布局下,更需要借鉴国际规则和经验,建立专门的知识产权法院,统一集中审理知识产权案件,进一步与世界知识产权保护接轨。目前,我国成立了4家知识产权法院、26个知识产权法庭以及最高人民法院知识产权法庭,这意味着我国在知识产权案件的审判模式方面顺应了国际趋势,紧跟世界潮流。

第三节 中国知识产权法院建设的原则与目标

实现知识产权案件的统一裁判,建立知识产权法院,须坚持一定的原则,制定相应的目标。

一、中国知识产权法院建设的原则

最高人民法院院长周强在向全国人大常委会第29次会议作的《最高人民法院关于知识产权法院工作情况的报告》中明确指出:"知识产权法院的重要作用逐步显现,通过推进审判机构专门化、审判人员专职化和审判工作专业化,对于统一裁判标准,提高审判效率,提升全国法院知识产权审判水平发挥了引领示范作用。"[1] 故我国建设知识产权法院应当以审判机构的专门化、审判人员的专职化和审判工作的专业化为原则。

(一)审判机构的专门化

诚然,与海事法院、军事法院、铁路运输法院、森林法院一样,知识产

---

[1] 中国法院网:"最高人民法院关于知识产权法院工作情况的报告",载 https://www.chinacourt.org/article/detail/2017/09/id/2988073.shtml,最后访问日期:2019年12月17日。

权法院属于专门法院,其对知识产权案件享有专属管辖权。不可否认,目前我国对技术类知识产权案件还未实现专属管辖。一方面,青海、西藏、内蒙古、广西、云南、贵州等边远地区还未设立知识产权法庭,这些地区的技术类知识产权案件仍然由普通法院审理;另一方面,26个知识产权法庭和最高人民法院知识产权法庭并非独立的法院,其仍隶属于当地中级人民法院或最高人民法院,法庭没有独立的人、财、物,这实际上弱化了26个知识产权法庭和最高人民法院知识产权法庭的专属管辖职能。

(二)审判人员的专职化

我国司法体制改革的原则之一即为"让审理者裁判、由裁判者负责",这就需要由专门的法官审理各类诉讼案件。与婚姻、合同、继承等类型的案件不同,知识产权案件还涉及技术事实的认定与查明,这不仅要求审理知识产权案件的法官具备精湛的法律知识,还要求其了解技术特征。当下,科学技术涉及的领域非常广,不同领域的技术相差甚远,即使同一技术领域不同方向的技术,也存在较大差别。知识产权法官显然不可能精通所有领域的技术,某一技术领域的知识产权法官也很难了解其他领域的技术知识。因此,知识产权法官原则上只能审理其擅长的技术领域的知识产权案件。这就要求知识产权法官的专职化。另外,知识产权法院审判人员的专职化有利于持续提高法官的业务素质,积累知识产权案件的审判经验,科学、合理把握知识产权案件的司法裁判标准。

(三)审判工作的专业化

"以事实为依据,以法律为准绳"是人民法院审理案件的基本准则,其中查明案件事实是准确适用法律的前提。技术类知识产权案件审判的核心在于对技术事实的查明和认定。❶目前,我国法院审理技术类知识产权案件的困难与障碍在于法官缺乏技术素养。❷在我国,绝大多数知识产权案件的主审法官缺乏技术类专业教育背景,他们多为"法律精英",不具备医学、机

---

❶ 刘强、汪永贵:"知识产权司法审判的商事化改革",载《湖南大学学报(社会科学版)》2019年第1期。

❷ 管荣齐、李明德:"中国知识产权司法保护体系改革研究",载《学术论坛》2017年第3期。

械、化学、生物等自然科学领域的知识，这导致法官对于技术事实的认定和查明显得力不从心。但是，在知识产权案件特别是涉及专利、商业秘密、计算机软件、植物新品种、集成电路布图设计等技术类案件的审判过程中，技术事实属于案件事实的一部分，查明技术事实对案件的裁判结果具有决定性影响，是审理该类案件的关键之所在。在技术类知识产权案件的审判中引入技术调查官已经成为世界上主要国家所采用的方式。❶ 为实现知识产权法院审判的专业化、提高法官审理技术类案件的效率、保证裁判的公平正义，同时根据中共中央关于司法体制改革的精神，2014年12月，《最高人民法院关于知识产权法院技术调查官参与诉讼活动若干问题的暂行规定》（法释〔2014〕360号）出台，对技术调查官参与案件的范围、参与程序、工作职责、技术审查意见的效力等作出规定。自此，我国知识产权审判中的技术调查官制度正式建立，技术调查官这一职务随之进入公众视野。2019年颁布的《最高人民法院关于技术调查官参与知识产权案件诉讼活动的若干规定》（法释〔2019〕2号）对技术调查官参与诉讼活动的行为事项进行了完善。自技术调查官制度在我国实施以来，其在实践中积累的经验为最高人民法院知识产权法庭技术调查官的设立提供了有益的借鉴和参考。

二、中国知识产权法院建设的目标

（一）实行知识产权法院跨区域管辖

法官的知识水平和能力对知识产权案件的裁判结果具有重大影响，因技术类知识产权案件的专业性特别强，故对法官的自身素质要求较高。当然，审理知识产权案件的法官数量越多，出现同案不同判现象的概率就越大，建设知识产权法院的目的就难以实现。因此，知识产权法院应当实行跨区域管辖，将技术类知识产权案件集中审理，以此来增加法官的审判经验，统一知识产权案件的司法裁判标准和法律适用标准。

当下，我国4家知识产权法院和26个知识产权法庭并没有真正实现跨区域管辖，其管辖范围仅限于本省或者市范围内特定的知识产权案件，我国

---

❶ 于凯旋："我国建立知识产权法院，谱写知识产权改革新篇章"，载《电子知识产权》2015第Z1期。

打算在未来推广知识产权法院的试点经验,即便如此,也不应当在全国所有的省份均设立一个或多个知识产权法院。因知识产权法院和法庭的案件管辖范围未突破本省或市的行政区划,知识产权专门审判模式未覆盖全国范围,导致某些地区的技术类知识产权案件由知识产权法院或法庭管辖,某些地区的技术类知识产权案件仍由本地基层或者中级人民法院管辖,技术类知识产权案件的审判并没有完全从普通的法院中脱离出来,案件的管辖和审判较为混乱。既然要建立知识产权法院,实行技术类知识产权案件的专门化审判,就应当突破省级行政区划,实行知识产权法院跨区域管辖,一方面克服技术类知识产权案件审判中存在的地方保护主义,另一方面统一技术类知识产权案件的司法裁判标准。

(二)合理部署地方知识产权法院

如今,我国只有4家知识产权专门法院,其管辖的案件所涉及的地域范围非常有限,远不能满足我国现在技术类知识产权案件的审判要求。已经成立的26个知识产权法庭并非独立的法院,均隶属于当地中级人民法院,只能以中级人民法院的名义行使司法审判权。下一步,我国应当结合各地区经济发展情况,兼顾案件数量和当事人诉讼的便利性因素,按地区增设知识产权法院,尽快让知识产权法院的管辖覆盖全国,然后根据各个地区知识产权案件的数量、类型等因素,配备一定数量和专业的法官,统一审理该地区范围内的技术类知识产权案件。

(三)建立独立的知识产权上诉法院

建立知识产权上诉法院是我国现阶段知识产权法院建设工作的重点。最高人民法院知识产权法庭的设立,是我国知识产权司法保护向前迈出的重要一步,但仍有不足。一方面,技术类知识产权一审案件由中级人民法院管辖,按照《民事诉讼法》的规定,此类案件的二审应当由高级人民法院管辖,而如今直接上诉至最高人民法院,这实际上违反了《民事诉讼法》关于级别管辖的规定。另一方面,目前全国法院每年审理的技术类上诉案件数量(包括民事案件和行政案件)已达到4000余件,这些案件全部集中到最高人民法院知识产权法庭之后,将给法官的审判工作带来巨大的挑战,导致法官将主要精力投入具体案件的审判而无暇思考法律适用规则和裁判标准问题,❶这显然不符合最高人民法院统一裁判标准、制定司法解释、出台审判政策的职能定位。最高人民法院知识产权法庭的建立实际上是我国建立独立的知识产权上诉法院的前奏,待时机成熟,我国将最高人民法院知识产权法庭从最高人民法院中分离出来,成立独立的知识产权上诉法院。❷

本章小结

目前,国际上知识产权审判机构模式可分为四种,建立独立的知识产权法院专门审理知识产权案件是其中之一。知识产权案件是法律和技术的完美结合,既涉及法律知识,又和科学技术密不可分。以专门法院的形式来审理技术类知识产权案件,有利于统一裁判标准,加强知识产权保护。我国知识产权法院体系的建设应当以审判机构的专门化、审判人员的专职化和审判工作的专业化为原则,以实现跨区域管辖、合理部署地方知识产权法院、建立独立的知识产权上诉法院为目标,顺应国际知识产权司法保护的发展潮流,建立有中国特色的知识产权审判制度。

---

❶ 何帆:"论上下级法院的职权配置——以四级法院职能定位为视角",载《法律适用》2012 年第 8 期。
❷ 黄玉烨、李青文:"中国建设知识产权法院的理论基础",载《中国发明与专利》2020 年第 2 期。

CHAPTER 02 >> 第二章

中国知识产权法院的运行现状与问题

第一节 中国知识产权法院的运行现状

从北京、广州、上海三家知识产权法院的建立，到武汉、郑州、南昌、成都等 26 个知识产权法庭的运转，再到最高人民法院知识产权法庭以及海南自由贸易港知识产权法院的设立，我国已经形成了独特的知识产权审判体系。上述知识产权法院和知识产权法庭集中优势审判资源，跨区域管辖专利等技术类案件，为区域协调创新、实现经济转型和科学发展提供了有力的司法支持。

一、北上广三家知识产权法院的运行现状

因海南自由贸易港知识产权法院成立较晚，故笔者仅归纳总结了北京、上海和广州三家知识产权法院的运行现状。

（一）审理了大量技术类知识产权案件

2021 年 10 月 25 日，笔者在"威科先行"法律数据库中对 2014—2021 年北上广三家知识产权法院审理案件的情况进行了统计（因数据库收集的案件并不全面等原因，统计结果与三家知识产权法院实际审理案件的情况可能有所偏差）。据统计，截至 2021 年，三家知识产权法院共审结案件 126 097 件，其中民事案件 67 105 件，占案件总数量的比例为 53.2%；行政案件 58 977 件，占 46.8%。三家知识产权法院共作出

81 069 件判决书，占文书总量的 64.4%；作出裁定书 41 400 件，占文书总量的 32.9%；调解书 3273 件，其他文书类型的案件共 83 件。三家知识产权法院共审理一审知识产权案件 87 540 件，占案件总数量的 69.4%；二审案件 35 867 件，占案件总数量的 28.4%，再审案件 148 件。从整体来看，北京知识产权法院审结的案件数量最多，达到 86 069 件，占三家知识产权法院审理的知识产权案件总量的 68.3%；其次是广州知识产权法院，共审结案件 22 428 件，占 17.8%；上海知识产权法院审结的案件数量最少，只有 15 600 件，占 12.4%。2014—2021 年，三家知识产权法院审理案件的具体情况如表 2-1—表 2-4 所示❶。

表 2-1 2014—2021 年三家知识产权法院审结案件的总体情况

		案件数量（件）	总计（件）
案由	民事案件	67 105	126 097
	行政案件	58 977	
	其他	15	
年份	2014—2016 年	17 608	125 907
	2017 年	17 102	
	2018 年	23 124	
	2019 年	28 035	
	2020 年	30 924	
	2021 年	9144	
文书类型	判决书	81 069	125 825
	裁定书	41 400	
	调解书	3273	
	其他	83	

---

❶ 笔者于 2021 年 10 月 25 日进行案件统计，届时，2021 年三家知识产权法院审理的案件情况可能未被"威科先行"法律数据库收录，故 2021 年三家知识产权法院审理的知识产权案件的数量并非全年的数量。

续表

		案件数量（件）	总计（件）
审判程序	一审	87 540	125 827
	二审	35 867	
	再审	148	
	其他	2272	

表 2-2　2014—2021 年北京知识产权法院审结案件的情况

		案件数量（件）	总计（件）
案由	民事案件	27 122	86 069
	行政案件	58 934	
	其他	13	
年份	2014—2016 年	9276	85 950
	2017 年	10 183	
	2018 年	14 937	
	2019 年	22 816	
	2020 年	23 255	
	2021 年	5483	
文书类型	判决书	66 057	85 922
	裁定书	17 606	
	调解书	2247	
	其他	12	
审判程序	一审	65 923	85 924
	二审	19 760	
	再审	101	
	其他	140	

表 2-3　2014—2021 年上海知识产权法院审结案件的情况

		案件数量（件）	总计（件）
案由	民事案件	15 582	15 600
	行政案件	16	
	其他	2	
年份	2014—2016 年	3144	15 544
	2017 年	2179	
	2018 年	2128	
	2019 年	1820	
	2020 年	4028	
	2021 年	2245	
文书类型	判决书	2921	15 502
	裁定书	11 564	
	调解书	946	
	其他	71	
审判程序	一审	7545	15 502
	二审	5850	
	再审	7	
	其他	2100	

表 2-4　2014—2021 年广州知识产权法院审结案件的情况

		案件数量（件）	总计（件）
案由	民事案件	24 401	22 428
	行政案件	27	
	其他	0	

续表

		案件数量（件）	总计（件）
年份	2014—2016 年	5188	24 413
	2017 年	4740	
	2018 年	6059	
	2019 年	3399	
	2020 年	3641	
	2021 年	1386	
文书类型	判决书	12 901	24 401
	裁定书	12 230	
	调解书	80	
	其他	0	
审判程序	一审	14 072	24 401
	二审	10 257	
	再审	40	
	其他	32	

通过上述数据统计可以看出，自三家知识产权法院成立以来，已经审理大量的技术类知识产权案件，解决大量的知识产权纠纷，为保障知识产权人的合法权益、规范知识产权行政授权行为作出重要贡献。

（二）着力解决侵权成本低、维权成本高等问题

2014 年 6 月 23 日，全国人大常委会执法调研组在对《专利法》进行执法检查后认为，专利保护效果与创新主体的期待存在较大差距。[1] 加之市场主体和司法实践中对上述问题的反馈较多，因此，知识产权损害赔偿问题备受学者关注。

---

[1] 中国人大网："全国人民代表大会常务委员会执法检查组关于检查《中华人民共和国专利法》实施情况的报告"，载 http://www.npc.gov.cn/wxzl/gongbao/2014-08/22/content_1879714.htm，最后访问日期：2019 年 11 月 16 日。

中国知识产权法院建设研究

知识产权维权成本高、侵权损害赔偿数额总体偏低，是当前知识产权司法保护的难题。关于"维权成本高"，应当认识到以下两点：首先，知识产权侵权行为本身的特点导致权利人需要付出更多的法律服务成本等；其次，相比较国外尤其是西方国家而言，我国知识产权维权成本不仅不高，而且相对较低。例如，美国律师的收费标准基本都是每小时500美元以上。一起海外专利纠纷，一般诉讼成本都在百万美元以上。以美国"337调查"为例，专利类案件的诉讼费用为120万～150万美元，商标类案件约为20万美元，对我国大多数企业而言无法承受。❶ 相比之下，国内的律师费用则相对要低得多。因此"成本高"不应当成为我国知识产权司法保护的主要问题。

2019年9月18日，最高人民法院在广州知识产权法院建立了知识产权司法保护与市场价值研究（广东）基地。最高人民法院副院长陶凯元表示，知识产权司法保护与市场价值研究（广东）基地建设意义重大，是服务和保障国家创新驱动发展战略和全面深化改革的一项重要举措，是进一步解决知识产权维权成本高、赔偿额度小的难题，加大知识产权保护力度的一项重要工作。❷

（三）探索建立知识产权指导性案例司法适用制度

指导性案例作为我国司法制度改革的产物，是指由最高人民法院确定并发布的、对全国法院审判、执行工作具有指导作用的案例。❸ 自2010年《最高人民法院关于案例指导工作的规定》（法发〔2010〕51号）颁布以来，截至2021年10月，共发布29批指导性案例，标志着我国的特有指导性案例制度雏形已然确立。指导性案例制度的创设初衷就是统一司法共识，提高司法效率，统一法律适用，从而践行法治统一的治国理念。具言之，最高人民法院指导性案例制度的形成过程是为实现统一司法共识与达致"同案同判"的正义目标而进行决策的过程，其表现为"目的—手段"的运行框架。❹

关于指导性案例制度的合法性问题，社会各界普遍予以肯定，但不乏

---

❶ 朱雪忠："我国企业对外贸易中的知识产权风险评估研究"，载http：//www.cnips.org/baogao/detail.asp?id=277，最后访问日期：2019年8月12日。

❷ 中新网："最高法知识产权司法保护与市场价值研究基地揭牌"，载http：//www.chinanews.com/gn/2015/09-18/7532329.shtml，最后访问日期：2020年10月14日。

❸ 胡云腾、于同志："案例制度若干重大疑难争议问题研究"，载《法学研究》2008年第6期。

❹ 朱芒："论指导性案例的内容构成"，载《中国社会科学》2017年第4期。

反对之声。当然,当前业界更关注业内已存在制度的运行状况,即指导性案例在司法实践中的适用情况。有统计数据表明,指导性案例的适用频率有限,❶ 实践效果远低于制度设计者的预期。另有实证调查表明,众多法官对指导性案例的重要性给予充分肯定,但在审判中较少关注并援引指导性案例。❷ 当前,我国知识产权纠纷呈逐年上升趋势,为应对科技进步与经济繁荣所产生的知识产权纠纷,最高人民法院愈加重视知识产权在整个指导性案例中的地位。截至 2021 年 10 月,我国涉及知识产权民事指导性案例的数量共达 29 例。以现有的知识产权指导性案例作为研究样本,分析知识产权指导性案例在当前司法实践中的适用情形,并结合知识产权特性与我国司法裁判制度的特点,剖析个中缘由,从而提出知识产权案例指导制度的完善建议,可以为我国知识产权审判制度的优化提供助益。

（四）设立技术调查官制度

为实现知识产权法院审判的专业化,2014 年 12 月 30 日,《最高人民法院关于知识产权法院技术调查官参与诉讼活动若干问题的暂行规定》(以下简称《暂行规定》)发布。自此,我国知识产权审判中的技术调查官制度正式建立,技术调查官这一职务随之进入公众视野。

技术类知识产权案件的司法审判中一直存在如何有效地认定和查明技术事实的问题,在知识产权案件特别是涉及专利、商业秘密、计算机软件、植物新品种、集成电路布图设计等技术类案件的审判过程中,技术事实属于案件事实的一部分,查明技术事实对案件的裁判结果具有决定性影响,是审理该类案件的关键之所在。❸ 在建立知识产权法院之际,为帮助法官查明技术

---

❶ 北大法宝专业数据库:"最高人法院指导性案例司法应用年度报告(2017)",载 http://weekly.pkulaw.cn/Admin/Content/Static/374cc337-9ede-4377-8606-2bd2313f9f78.html,最后访问日期:2021 年 10 月 18 日。

❷ 来自天津市高级人民法院的调查证明,尽管法官对指导性案例制度表示认可与期待,但对于指导性案例本身,法官的积极适用性表现一般,有 26% 的法官尚未学习指导性案例,甚至有 14.5% 的法官不知有此制度的存在。杨会、何莉苹:"指导性案例供需关系的实证研究",载《法律适用》2014 年第 2 期。

❸ 宋汉林:"知识产权诉讼中的技术事实认定——兼论我国知识产权诉讼技术调查官制度",载《西部法学评论》2015 年第 5 期。

事实，公平、高效地解决知识产权纠纷，我国建立了技术调查官制度。技术调查官作为法官查明涉案技术事实的"助手"，❶有助于法官在审理技术类知识产权案件的过程中准确查明技术特征之间的内在关联性，精确解读技术事实对于解决技术问题的证明力。❷最高人民法院知识产权法庭作为全国技术类知识产权上诉案件的审理机构，理应在客观、公正、迅速解决纠纷方面发挥示范作用，这就使得准确查明技术事实、设立技术调查官显得尤为必要。

最高人民法院发布的《暂行规定》，标志着我国技术调查官制度正式建立。该《暂行规定》共十个条文，规定了技术调查官的定位、参与诉讼活动的范围、启动及参与程序、工作职责以及技术审查意见的法律效力等内容。北京、上海、广州三家知识产权法院成立之后，分别制定了关于技术调查官的管理和工作方面的规范。2015年10月，北京知识产权法院成立了技术调查室，统一负责技术调查官的管理和调配。截至2020年9月，北京知识产权法院有80多名技术调查官，包括5名在编工作人员和34名兼职人员。2016年3月，上海知识产权法院成立技术调查室，截至2022年1月，有16名技术调查官，包括5名在编人员和11名兼职人员。广州知识产权法院于2015年1月正式成立技术调查室，截至2022年3月，有7名技术调查官，包括5名专职人员和2名兼职人员。另外，广州知识产权法院还聘请了29名技术专家，专门为法官审理案件提供技术方面的咨询服务。❸三家知识产权法院分别制定了关于技术调查官的管理和工作方面的规范，对技术调查官参与诉讼活动的程序和规则等内容进行了详细规定，并成立了技术调查室，统一负责技术调查官的日常管理工作。

2019年1月28日，最高人民法院审判委员会通过《最高人民法院关于技术调查官参与知识产权案件诉讼活动的若干规定》（法释〔2019〕2号），对技术调查官参与案件的范围、参与程序、工作职责、技术调查意见的效力等进行全新安排，并且为全国法院设立技术调查官提供法律依据。随后，浙江、江苏等地的人民法院纷纷设立技术调查官，协助法官查明知识产权案件

---

❶ 郑志柱、林奕濠："论技术调查官在知识产权诉讼中的角色定位"，载《知识产权》2018年第8期。

❷ 张智禹、孙燕："技术调查官的特殊作用——以药学领域为例"，载《中国发明与专利》2017年第11期。

❸ 李菊丹："中日技术调查官制度比较研究"，载《知识产权》2017年第8期。

的事实。

为了解技术调查官制度在我国的实施状况，笔者对2015—2021年10月全国法院技术调查官参与案件审理活动的情况进行了统计。经过筛选和统计"中国裁判文书网"上公布的裁判文书，可以发现该时间段内，技术调查官参与诉讼程序并出现在裁判文书中的案件共996件，包括426件民事案件和568件行政案件（见表2-5）。其中，北京市地方法院审结的案件中涉及技术调查官的案件数量最多，共705件，占70.8%，北京知识产权法院审理的案件中共有689件案件有技术调查官的参与。天津、江苏、浙江、山东、安徽、四川、陕西等地的法院也均有技术调查官参与知识产权案件的审判。另外，上海知识产权法院审理的案件中共有47件案件有技术调查官的参与，广州知识产权法院共有77件案件有技术调查官的参与。在这996件涉及技术调查官参与诉讼活动的案件中，大部分涉及专利纠纷和计算机软件著作权纠纷。上述数据统计可能与全国各级人民法院技术调查官参与诉讼活动的实际情况有所出入。

表2-5　2015—2021年10月全国法院审理的涉及技术调查官案件的情况

		案件数量（件）	总计（件）
案由	民事案件	426	996
	行政案件	568	
	刑事案件	2	
年份	2015—2016年	48	996
	2017年	134	
	2018年	279	
	2019年	289	
	2020年	198	
	2021年（部分）	48	
文书类型	判决书	826	996
	裁定书	170	
审判程序	一审	918	996
	二审	71	
	再审	7	

不可否认，我国自建立技术调查官制度以来，技术调查官参与了很多技术类知识产权案件的审理，其参与技术事实调查、取证、勘验、听证、庭审并提出技术审查意见，为知识产权法院的法官查明技术事实争议提供了支持，为法官公平、公正地解决专利、计算机软件等技术类案件纠纷提供了保障。[1] 知识产权案件之疑难在于其与技术有着千丝万缕的联系，知识产权案件之复杂在于其涉及技术和法律等多方面的问题。技术调查官作为法官的"助手"，使法官"集法律与技术于一身"，在实践中解决了多起重大、疑难、复杂的技术类案件。技术调查官作为某类技术领域的专家，其利用自身知识和经验可以迅速确定案件争议的技术焦点，在短时间内查明涉案技术事实，这在很大程度上提高了此类案件的审判效率，缩短了审理期间，最大程度维护了当事人的合法权益，同时也节约了司法成本和当事人的诉讼成本。另外，因技术调查官属于知识产权法院的工作人员，不具有利益倾向性，能够以中立的立场对技术事实进行客观审查，在实践中其审查意见更能够令当事人信服，这对于增强司法权威、提高司法公信力具有重要的作用。

二、知识产权法庭的运行现状

为了集中优势审判资源，跨区域管辖专利、商业秘密等技术类案件，自2014年以来，最高人民法院批准成立知识产权法庭，专门审理技术类知识产权案件。截至2022年年初，已经有南京、苏州、武汉、成都、杭州、宁波、合肥、福州、济南、青岛、深圳、天津、郑州、长沙、西安、南昌、兰州、长春、乌鲁木齐、温州、徐州、无锡等26个中心城市先后设立知识产权法庭。目前，这26个知识产权法庭均已正式运行。但是从案件受理的数量来看，其运行效果并不理想，有的知识产权法庭虽然已经挂牌成立，也配备了专门的法官等工作人员，批准了办公场所，但法官等人员实际上并没有在知识产权法庭实地办公，知识产权法庭常年紧闭，机构形同虚设。在这种情况下，最高人民法院设立知识产权法庭，以期发挥提高技术类知识产权案件的审判水平、统一裁判标准的目的就落空了。

---

[1] 王虎："我国专利纠纷技术调查制度的确立与完善"，载《河北法学》2016年第2期。

（一）南京知识产权法庭

2020年4月26日，南京市中级人民法院召开知识产权新闻发布会，发布2019年度知识产权审判情况和十大典型案例。2019年，南京市地方法院共审结各类知识产权案件近5000件。南京知识产权法庭跨区域管辖江苏省9个地级市的技术类知识产权案件以及标的额在300万元以上的普通知识产权案件。跨区域集中管辖两年来，南京知识产权法庭共新收各类知识产权案件2747件，同比增长163.4%，审结2243件，同比增长142.7%。为破解知识产权案件举证难、赔偿低、成本高、周期长等突出问题，2017年以来，南京知识产权法庭由"法官+技术调查官+法官助理+法警"组成的专业保全团队，共开展"保全风暴行动"近20次；全市采取保全措施200余次，出具律师调查令近100份，判决赔偿额超过100万元的60多件。2017年年底，市法院在全国法院率先招录5名聘用制专职技术调查官，形成了与专家陪审员、专家辅助人、技术鉴定人相互协调的多元化技术事实查明机制，有效解决了技术事实查明难题。截至2018年年底，技术调查官共参与案件129件，参与证据保全、现场勘验50余次，撰写技术审查报告68份。2018年，南京知识产权法庭技术类案件的平均审理期限缩短到102.5天，较之上一年度同期平均审限缩短30余天。目前，上诉案件无一被发回改判。2018年5月，南京知识产权法庭被最高人民法院评为"全国知识产权审判工作先进集体"。❶

（二）苏州知识产权法庭

2017年1月19日，苏州知识产权法庭揭牌成立。作为全国首批成立的四个知识产权法庭之一，苏州知识产权法庭跨区域集中管辖苏州、无锡、常州、南通四地部分知识产权案件。截至2019年年底，该法庭新收各类案件1697件，审结1637件，其中专利、技术秘密、计算机软件等技术类案件865件，同比上升1.8%，跨区域集中管辖425件，占比49.1%。❷苏州知识产权法庭的品牌效应初步显现，部分大型企业特意选择苏州法院解决知识产权争

---

❶ 中国江苏网："南京知识产权法庭去年审结4996件"，载http：//jsnews.jschina.com.cn/shms/201904/t20190425_2294331.shtml，最后访问日期：2019年11月24日。

❷ 中国网："苏州知识产权法院，3年审结案件1637起"，载http：//jiangsu.china.com.cn/html/jsnews/society/10727791_1.html，最后访问日期：2020年10月11日。

议。该法庭审结的新百伦（New Balance）商标侵权及不正当竞争案，积极营造公平市场竞争环境，依法重罚侵权当事人，裁判不仅得到国内的广泛赞誉，还获得《纽约时报》等境外媒体的肯定。随着创新驱动战略实施，新类型案件不断涌现，苏州知识产权法庭受理和审结了一批"首例"知识产权案件。例如，法庭审结"共享单车第一股"永安行专利侵权案、与国家知识产权局受理的第一例集成电路布图设计侵权投诉关联的布图设计专有权权属纠纷案、全国首例中华老字号（石家饭店）权属争议案等。❶自成立以来，苏州知识产权案件呈现出有一定社会影响的案件增多、涉诉知名品牌增多和涉外知识产权诉讼增多的特点。

（三）成都知识产权法庭

2017年1月，最高人民法院批准设立成都知识产权审判庭，集中管辖全省技术性、专业性较强的第一审知识产权民事和行政案件，形成了审判专门化、管辖集中化、程序集约化、人员专业化的良好局面。2018年，成都知识产权法庭共受理知识产权案件4108件，较2017年的2852件增加1256件，同比增长44.04%，其中技术类知识产权案件908件，较2017年的673件增加235件，同比增长34.92%；审结3133件，较2017年同期增加867件，充分发挥了专业化审判的优势及引领示范作用，有效提高了四川省的投资软环境和区域竞争优势。❷

（四）武汉知识产权法庭

武汉知识产权法庭同样是最高人民法院设立的第一批知识产权法庭。根据武汉知识产权审判庭发布的《武汉法院知识产权司法保护状况（2018）》白皮书，2018年武汉法院在案件总数持续高位运行、在跨区域管辖案件和专利技术类案件激增的情况下，武汉两级法院共审结案件5879件，综合结案率96.5%。法官人均审结知识产权案件360件。2018年武汉知识产权法庭共受理跨辖区的专利技术类案件213件，涉及襄阳、十堰、宜昌、黄石、黄

---

❶ 名城新闻网："苏州知识产权法庭两年受理34件千万元知识产权案，涵盖多个全国首例"，载http://news.2500sz.com/doc/2019/04/23/431468.shtml，最后访问日期：2019年11月24日。

❷ 四川手机报："四川省高院发布2018年知识产权司法保护白皮书：案件增幅明显"，载http://www.sohu.com/a/308766643_99966042，最后访问日期：2019年11月24日。

冈、鄂州、仙桃等地市，专利技术类纠纷案件集中管辖的效果明显。❶2019年，武汉知识产权法庭共受理案件 11 112 件，审结 9130 件，同比分别上升 96.88%、99%。员额法官人均结案 652 件，同比上升 70.7%。❷

（五）深圳知识产权法庭

2017 年 12 月 26 日，经最高人民法院批准，深圳市中级人民法院在前海合作区设立深圳知识产权法庭。根据《深圳法院知识产权司法保护状况（2019年）》白皮书中公布的数据，2019 年深圳两级法院共审结知识产权类案件 41 031 件，同比增长 49%，其中民事、刑事和行政案件分别为 40 557 件、467 件和 7 件。结收案比达到 97.3%。❸深圳知识产权法庭探索完善由技术鉴定、技术调查、技术咨询、专家陪审等组成的有机协调的四位一体的技术事实调查认定体系。深圳市中级人民法院制定《知识产权技术咨询工作规则》，选聘 56 名相关技术领域的专业人员为第一批技术咨询委员，设立技术咨询专家库，为专业技术问题进行解释、说明和提供咨询意见。2019 年 8 月 23 日，在深圳知识产权法庭审理的贵州茅台酒股份有限公司诉贵州省仁怀市茅台镇中黔酒业有限公司、深圳市龙华区粤黔茶酒商行侵害商标权纠纷一案中，首次采用七人合议庭的审理模式，即三名法官和四名陪审员组成合议庭共同审理案件。由陪审员参与庭审调查，对事实进行认定，推动知识产权案件在事实认定机制上的颠覆性变革。❹

相较而言，其他知识产权法庭成立时间较短，甚至有的刚刚成立，其法官、技术调查官等人员组成及运行机制可能还不健全，受理案件的数量也不是很多。但是，从上述数据来看，知识产权法庭在审理知识产权案件、跨区域解决知识产权纠纷等方面发挥了重要作用。知识产权法庭的建立，是我国

---

❶ 湖北法治网："武汉法院去年审结知识产权案件 5879 件"，载 http：//www.124.gov.cn/2019/0426/782574.shtml，最后访问日期：2019 年 11 月 24 日。

❷ 荆楚网："武汉知识产权审判庭年审案件过万，划定影视行业不正当竞争判定标准"，载 http：//news.cnhubei.com/content/2020-04/25/content_12994339.html，2020 年 10 月 11 日。

❸ 央广网："深圳中院发布 2019 知识产权司法保护状况白皮书"，载 http：//news.cnr.cn/native/city/20200423/t20200423_525065321.shtml，最后访问日期：2020 年 10 月 12 日。

❹ 中国青年报："深圳知识产权法庭首次采用七人合议庭审理案件"，载 http：//shareapp.cyol.com/cmsfile/News/201908/23/web260433.html，最后访问日期：2020 年 11 月 24 日。

建立专业化知识产权审判机制的重要一步。

三、最高人民法院知识产权法庭的建立

设立最高人民法院知识产权法庭，是党中央作出的重大决策部署。最高人民法院负责人曾表示，知识产权法庭作为最高人民法院的审判机构，在裁判中可以直接体现最高人民法院的司法理念，同时最高人民法院本身有指导、确立司法政策、制定司法解释的职责，未来针对知识产权类案件的审判，将有利于提升司法公信力。❶

最高人民法院知识产权法庭充分发挥国家层面技术类知识产权案件上诉审判职能，不断提高审判质量与效率，切实增强服务创新驱动发展的能力和实效，有效回应全社会保护创新需求。2020年，最高人民法院知识产权法庭共新收技术类知识产权案件3176件，审结2787件，结收比为88%，结案率为76%（含2019年旧存512件）。与2019年同期相比，收案数量增加1231件，同比增长63%；结案数量增加1354件，同比增长95%。新收民事二审实体案件1948件，收案数量增加986件，同比增长102%；新收行政二审案件670件，收案数量增加429件，同比增长178%。审结民事二审实体案件1742件，结案数量增加1156件，同比增长197%；审结行政二审案件494件，结案数量增加352件，同比增长248%。2020年，法官人均结案82.5件，同比增长73%。民事二审实体案件平均审理周期为121.5天，行政二审案件平均审理周期为130.7天。❷

统一专利等技术类知识产权案件裁判标准，是设立最高人民法院知识产权法庭的首要目标。2020年，法庭优化内部审判管理，加强对下指导，依法监督支持行政执法，不断完善审理机制，从法庭内部、条线法院、行政与司法、提质与增效等多维度持续推进技术类案件裁判标准统一，不断完善知识产权司法保护体系。❸

---

❶ 新浪新闻："最高法最年轻副院长出任新职"，载http://news.sina.com.cn/c/2019-01-03/doc-ihqfskcn3722000.shtml，最后访问日期：2019年11月24日。

❷ 参见《最高人民法院知识产权法庭年度报告（2020）》。

❸ 参见《最高人民法院知识产权法庭年度报告（2020）》。

四、知识产权案件的管辖情况

知识产权案件大体可以分为三类：一是关于作品及其传播媒介的案件；二是专利、商业秘密、集成电路布图设计、植物新品种等技术类知识产权案件；三是商标、企业名称、地理标志等标识性知识产权案件。不同类型的知识产权案件在管辖问题上具有较大区别。在我国，知识产权案件管辖涉及级别管辖、地域管辖和专属管辖等问题。由于许多知识产权案件与技术相关，具有较强的专业性和技术性，一般法院的法官精通法律，但可能不太了解技术，难以对技术类知识产权案件作出准确的判断。因案件类型、案件审理难度、影响范围、历史原因、争议标的额等原因，我国知识产权案件的管辖问题非常复杂，并且处于一个高频更新的动态发展阶段。关于知识产权案件管辖问题的一般性规定主要见于最高人民法院近年来发布的一系列司法解释（见表2-6）。[1]

表 2-6　关于知识产权民事案件级别管辖的司法解释

知识产权案件类型	司法解释依据	具体条文	管辖法院
专利案件	最高人民法院关于适用《中华人民共和国民事诉讼法》若干问题的解释（法释〔2015〕5号）	第二条："专利纠纷案件由知识产权法院、最高人民法院确定的中级人民法院和基层人民法院管辖。"	知识产权法院、最高人民法院确定的中级人民法院+基层人民法院
	最高人民法院关于审理专利纠纷案件适用法律问题的若干规定（法释〔2015〕4号）	第二条："专利纠纷第一审案件，由各省、自治区、直辖市人民政府所在地的中级人民法院和最高人民法院指定的中级人民法院管辖。最高人民法院根据实际情况，可以指定基层人民法院管辖第一审专利纠纷案件。"	省政府所在地中级人民法院+最高人民法院确定的中级人民法院+基层人民法院

---

[1] 北京同清律师事务所："知识产权民事案件级别管辖规定梳理"，载 https://baijiahao.baidu.com/s?id=1612722233571943060&wfr=spider&for=pc，最后访问日期：2019年11月24日。

续表

知识产权案件类型	司法解释依据	具体条文	管辖法院
商标案件	最高人民法院关于审理商标案件有关管辖和法律适用范围问题的解释（法释〔2002〕1号）	第二条："商标民事纠纷第一审案件，由中级以上人民法院管辖。各高级人民法院根据本辖区的实际情况，经最高人民法院批准，可以在较大城市确定1—2个基层人民法院受理第一审商标民事纠纷案件。"	中级人民法院及以上＋高级人民法院确定并经最高人民法院批准的基层人民法院
商标案件	最高人民法院关于商标法修改决定施行后商标案件管辖和法律适用问题的解释（2014年颁布）（法释〔2014〕4号）	第三条："第一审商标民事案件，由中级以上人民法院及最高人民法院指定的基层人民法院管辖。涉及对驰名商标保护的民事、行政案件，由省、自治区人民政府所在地市、计划单列市、直辖市辖区中级人民法院及最高人民法院指定的其他中级人民法院管辖。"	中级人民法院及以上＋最高人民法院指定的基层人民法院
著作权案件	最高人民法院关于审理著作权民事纠纷案件适用法律若干问题的解释（法释〔2002〕31号）	第二条："著作权民事纠纷案件，由中级以上人民法院管辖。各高级人民法院根据本辖区的实际情况，可以确定若干基层人民法院管辖第一审著作权民事纠纷案件。"	中级人民法院＋高级人民法院确定的基层人民法院
与知识产权有关的不正当竞争案件	最高人民法院关于审理不正当竞争民事案件应用法律若干问题的解释（法释〔2007〕2号）	第十八条："反不正当竞争法第五条、第九条、第十条、第十四条规定的不正当竞争民事第一审案件，一般由中级人民法院管辖。各高级人民法院根据本辖区的实际情况，经最高人民法院批准，可以确定若干基层人民法院受理不正当竞争民事第一审案件，已经批准可以审理知识产权民事案件的基层人民法院，可以继续受理。"	中级人民法院及以上＋最高人民法院指定的基层人民法院

2010年2月22日,《最高人民法院关于调整地方各级人民法院管辖第一审知识产权民事案件标准的通知》(法发〔2010〕5号)印发,主要从争议标的金额和当事人所在地这两个要素划分各级人民法院管辖第一审知识产权民事案件的范围。同时《最高人民法院关于印发基层人民法院管辖第一审知识产权民事案件标准的通知》(法发〔2010〕6号)发布,公布一批经最高人民法院批准的具有一般知识产权民事案件管辖权的基层人民法院及其管辖标准(见表2-7)。

表2-7 地方各级人民法院管辖第一审知识产权民事案件标准

类别	可以管辖的案件
高级人民法院	2亿元以上
	1亿元以上+一方当事人不在辖区或者涉港澳台或涉外
中级人民法院	1亿元以下
	1亿～2亿元+当事人均在辖区内
最高院指定的基层人民法院	500万元以下
	500万～1000万元+当事人均在所属中院或者高院辖区内
管辖权转移	重大疑难、新类型和在适用法律上有普遍意义的知识产权民事案件

2014年10月27日,《最高人民法院关于北京、上海、广州知识产权法院案件管辖的规定》(法释〔2014〕12号)发布,明确了北京、上海、广州知识产权法院的案件管辖范围(见表2-8)。

根据最高人民法院发布的《关于设立海南自由贸易港知识产权法院的决定(草案)》,海南自由贸易港知识产权法院拟专门管辖海南省内应由中级人民法院管辖的知识产权民事、行政、刑事案件,实行知识产权审判"三合一"。具体包括:跨区域管辖发生在海南省的有关专利、技术秘密、计算机软件、植物新品种、集成电路布图设计、涉及驰名商标认定及垄断纠纷等专业性、技术性较强的第一审知识产权民事、行政案件;海南省基层人民法院管辖范围之外的第一审知识产权民事、行政和刑事案件;不服海南省基层人民法院审理的第一审知识产权民事、行政和刑事案件的上诉案件。需要强调的是，按照《关于设立海南自由贸易港知识产权法院的决定（草案）》，对海南自由贸易港知识产权法院作出的判决、裁定不服提起上诉的案件，由海南省高级人民法院审理，法律有特殊规定的除外。

表2-8 北上广知识产权法院的案件管辖范围

三家知识产权法院	案件管辖范围	
	一般规定	特别规定
北京知识产权法院	《最高人民法院关于北京、上海、广州知识产权法院案件管辖的规定》第一条："知识产权法院管辖所在市辖区内的下列第一审案件：（一）专利、植物新品种、集成电路布图设计、技术秘密、计算机软件民事和行政案件；（二）对国务院部门或者县级以上地方人民政府所作的涉及著作权、商标、不正当竞争等行政行为提起诉讼的行政案件；（三）涉及驰名商标认定的民事案件。"第六条："当事人对知识产权法院所在市的基层人民法院作出的第一审著作权、商标、技术合同、不正当竞争等知识产权民事和行政判决、裁定提起的上诉案件，由知识产权法院审理。"	北京市各中级人民法院不再受理知识产权民事和行政案件，北京市各基层人民法院不再受理本规定第一条第（一）项和第（三）项规定的案件。根据第五条的规定，下列第一审行政案件由北京知识产权法院管辖：（一）不服国务院部门作出的有关专利、商标、植物新品种、集成电路布图设计等知识产权的授权确权裁定或者决定的；（二）不服国务院部门作出的有关专利、植物新品种、集成电路布图设计的强制许可决定以及强制许可使用费或者报酬的裁决的；（三）不服国务院部门作出的涉及知识产权授权确权的其他行政行为的。
上海知识产权法院		上海市各中级人民法院不再受理知识产权民事和行政案件，上海市各基层人民法院不再受理本规定第一条第（一）项和第（三）项规定的案件。
广州知识产权法院		广州知识产权法院对广东省内本规定第一条第（一）项和第（三）项规定的案件实行跨区域管辖，广东省其他中级人民法院不再受理本规定第一条第（一）项和第（三）项规定的案件，广东省各基层人民法院不再受理本规定第一条第（一）项和第（三）项规定的案件。

由上述内容可知，当前我国对于知识产权案件的级别管辖比较混乱，在实践中也经常出现发生侵权后当事人不知道应当向哪个法院起诉的情况。厘

清知识产权案件的级别管辖和地域管辖问题，是我国知识产权法院建设和司法改革的一大重要任务。

第二节　中国知识产权法院运行中存在的问题

目前，我国已经形成由四家知识产权法院、26个知识产权法庭和最高人民法院知识产权法庭为一体的"4+1+26"知识产权案件专门审判体制。但是，现有的知识产权审判体制仍然存在诸多问题，知识产权法院（庭）级别管辖混乱，缺乏统一的知识产权上诉法院，知识产权审判"三合一"机制存在障碍，技术调查官的设置不科学，指导性案例的作用不能充分发挥，确定知识产权损害赔偿的规则不合理，知识产权确权诉讼与侵权诉讼程序衔接不畅，这些问题严重制约我国知识产权专业化审判机制的运作。

一、知识产权法院（庭）管辖较为混乱

无论是武汉、南京等26个知识产权法庭还是最高人民法院知识产权法庭，抑或四家知识产权法院，在案件管辖方面均存在诸多问题，集中表现为两个方面：一是知识产权刑事案件管辖不明，二是知识产权法庭的级别管辖不符合我国现行法律规定。

（一）知识产权刑事案件管辖不明

知识产权民事纠纷案件的专业性和复杂性较高，《民事诉讼法》规定此类案件一般由中级或以上人民法院管辖。而在刑事诉讼领域，被告罪行的轻重程度和可能判处的刑罚是划分级别管辖的重要标准之一。例如，如果犯罪嫌疑人可能被判处无期徒刑或者死刑，则该刑事案件的一审应当由中级人民法院审理。但是，相较于侵犯人身型犯罪或侵犯其他财产型犯罪而言，侵犯知识产权的犯罪一般量刑较轻。例如，《刑法》第216条规定："假冒他人专利，情节严重的，处三年以下有期徒刑或者拘役，并处或者单处罚金。"因此，我国《刑事诉讼法》并未对侵犯知识产权犯罪的管辖作出特别规定，在司法实践中此类案件一般由基层人民法院管辖和审判。

但如前所述，涉及知识产权的民事和行政案件一般由中级人民法院及以上的法院管辖，只有少数获得最高人民法院授权的基层人民法院可以审理部分知识产权民事案件。知识产权刑事案件的专业性并不亚于民事和行政案件，并且刑罚本身具有威慑性和惩罚性，知识产权刑事案件亦发挥着打击侵犯知识产权犯罪行为的作用。相对于一般的知识产权民事案件而言，知识产权犯罪行为对权利人利益的侵害更为严重，法院在审理时对证据的要求更高。而从当前知识产权法院和法庭的设置来看，一般的知识产权民事案件都纳入中级人民法院的管辖范围，而危害较为严重的知识产权刑事案件却依然由基层人民法院管辖，逻辑并不合理，与普通民众的一般法律认知也相违背，既有损司法保护的权威形象，也让权利人维权时不知所措。

实际上，刑事案件的管辖混乱现象在 26 个知识产权法庭案件的管辖范围方面表现得尤为突出。天津、南京、苏州、杭州、宁波、合肥、福州、济南、青岛、南昌、温州、徐州、无锡等地的知识产权法庭的案件管辖范围基本类似，其不仅可以管辖特定地域内的技术类知识产权民事和行政案件，还可以管辖技术类知识产权刑事案件。武汉、郑州、长沙、深圳、成都、西安、兰州、长春、乌鲁木齐等知识产权法庭的案件管辖范围类似，其对技术类知识产权刑事案件的管辖仅限于特定地域的上诉案件。就四家知识产权法院而言，北京、上海和广州三家知识产权法仅有权管辖特定地域内的知识产权民事和行政案件，而海南自由贸易港知识产权法院则实行知识产权民事、行政、刑事案件审判"三合一"。

（二）知识产权法庭的级别管辖不符合我国现行法律规定

第一，对 26 个知识产权法庭作出的裁判不服的，当事人只能向最高人民法院知识产权法庭申请二审，这种程序设计并不符合我国《民事诉讼法》和《行政诉讼法》关于案件级别管辖的规定。南京、武汉等地的 26 个知识产权法庭并非独立的知识产权法院，其隶属于中级人民法院，按照我国三大诉讼法的规定，对其审理的案件的裁判结果不服的应当上诉至所在地的高级人民法院；如果对 26 个知识产权法庭审理案件的裁判结果不服的，直接上诉至最高人民法院知识产权法庭，则实际上属于"越级上诉"，违背了我国三大诉讼法关于案件级别管辖的规定。

第二，对最高人民法院知识产权法庭审理结果不服的，当事人只能向最高人民法院申请再审，这使得案件的再审程序仍然在最高人民法院内部，再审的作用大打折扣。最高人民法院知识产权法庭隶属于最高人民法院，其只能以最高人民法院的名义作出裁判。对于最高人民法院知识产权法庭审理的二审案件，当事人不服的，只能向最高人民法院申请再审，虽然是由最高人民法院民三庭进行审判监督程序的审理，但是该案件的再审仍然在最高人民法院内部，只不过由不同的合议庭来审理。在审判监督程序中，最高人民法院对于二审过程中存在的问题是否能够发现值得怀疑，发现之后是否会发回重审或者改判更是引发社会公众的猜测，从而影响公众对知识产权案件再审程序公正性的信任。

二、缺乏统一的知识产权上诉法院

司法权的行使应当具有整体思维。❶最高人民法院知识产权法庭的设立是技术类知识产权案件审判模式、证明标准体系乃至整个纠纷解决体系的融合。❷知识产权法庭的设立虽然有利于统一技术类知识产权案件的司法裁判标准，但其并非独立的知识产权上诉法院，这导致在实践中可能存在以下问题。

（一）最高人民法院知识产权法庭的设立不符合最高人民法院的职能定位

最高人民法院作为我国最高审判机关，其主要职能是统一司法裁判标准、制定司法解释、指导下级法院的审判工作、出台司法审判政策等，而非直接审理日益增多的各种具体的案件。❸但是，将全国范围内的技术类知识产权上诉案件全部集中到知识产权法庭审理，其直接面临着案件多、审判压力大的问题。笔者在"中国裁判文书网"上统计了2015—2018年全国专利、植物新品种等技术类上诉案件的数量，发现该时期全国技术类知识产权上诉

---

❶ 梁平："司法改革语境下知识产权法院的设立与运行机制研究"，载《知识产权》2019年第2期。
❷ 易玲："论知识产权法院体系的健全及其优化路径"，载《湖南大学学报（社会科学版）》2016年第6期。
❸ 刘斌、杨国平："最高人民法院职能之探讨"，见齐树杰主编：《东南司法评论》2016年卷，厦门大学出版社2016年版，第192页。

案件的数量迅速增长，截至 2018 年年底，全国法院审理的技术类上诉案件数量（包括民事案件和行政案件）已达到 4000 余件（见表 2-9）。当然，这仅是"中国裁判文书网"上公开的裁判文书，其数量仅为全国所有法院实际作出的裁判文书总量的一部分。

表 2-9　2015—2018 年全国法院审理的技术类知识产权上诉案件数量

单位：件

年份	案件类型	专利	植物新品种	集成电路布图设计	技术秘密	计算机软件	垄断	合计
2015 年	民事案件	1220	23	3	49	92	14	1401
	行政案件	397	0	0	0	0	0	397
2016 年	民事案件	2305	11	1	68	135	10	2530
	行政案件	437	0	0	0	0	0	437
2017 年	民事案件	2582	29	1	92	187	14	2905
	行政案件	756	0	0	0	0	0	756
2018 年	民事案件	3149	35	9	80	217	26	3516
	行政案件	859	10	3	0	0	0	872

技术类知识产权上诉案件多为双方当事人对技术事实、法律适用等争议较大的案件，并且多为重大、复杂、疑难案件，特别是近年来涉及高精尖技术的专利案件、涉及新技术合作开发、技术成果应用纠纷等技术类案件明显增加，这无疑增加了法官查明技术事实、准确适用法律的难度。如今，最高人民法院知识产权法庭首批法官仅有 25 名，每个法官平均每周需要审结 2 件甚至更多的上诉案件，审判压力之大不言而喻。全国范围内的技术类知识产权上诉案件的审理集中到最高人民法院知识产权法庭之后，将给法官的审判工作带来巨大的挑战，这导致法官将主要精力投入具体案件的审判之中而无暇思考法律适用规则和裁判标准问题，可能影响法官审判案件的质量和水

平。❶ 这显然不符合最高人民法院统一裁判标准、制定司法解释、出台审判政策的职能定位。知识产权法庭虽然是最高人民法院的常设派出机构，❷ 但由其直接审理大量的技术类知识产权上诉案件并非长久之计。

（二）最高人民法院知识产权法庭缺乏独立性

最高人民法院知识产权法庭挂牌成立，标志着我国技术类知识产权上诉案件有了国家层面统一的、专门的审判机构。但是如前所述，知识产权法庭并非独立的法院，其属于最高人民法院的派出机构，由其越过各个省高院直接审理技术类知识产权上诉案件的做法与我国现行的审级体系并不相符。另外，因该知识产权法庭系最高人民法院的内设机构，其人、财、物均由最高人民法院统一调配，其具体运行需要最高人民法院其他部门的配合，其特殊制度的实施、法官的专业培训、裁决的执行等将受到制约。由于该知识产权法庭隶属于最高人民法院，其需要按照最高人民法院的审判体系、规章制度运行，并承担最高人民法院的部分职能，这可能会抑制知识产权法庭效用的发挥。

（三）最高人民法院知识产权法庭无权设立派出法庭

从一定意义上讲，审判机构的专门化是司法专门化的基本前提。❸ 建立专门的知识产权法院集中审理技术类知识产权案件，有助于加强知识产权司法保护力度。根据《最高人民法院关于知识产权法庭若干问题的规定》（法释〔2018〕22号）第1条，知识产权法庭是最高人民法院派出的常设审判机构，仍然以最高人民法院的名义对外开展工作。最高人民法院知识产权法庭主要审理上诉案件，以统一法律适用标准为首要目标，但也应当充分保障当事人的诉讼权利。根据《人民法院组织法》第26条的规定，只有基层人民法院才可以设立若干人民法庭。该知识产权法庭并非基层法院，故其无权设立派出法庭。这样一来，对于技术类知识产权上诉案件，当事人只能到知识产权法庭所在地——北京参加诉讼。我国幅员辽阔、省份众多，技术类知识产权上诉案件的管辖由原来的各个省高院集中到知识产权法庭后，当事人参与

---

❶ 何帆："论上下级法院的职能配置——以四级法院职能定位为视角"，载《法律适用》2012年第8期。
❷ 参见《最高人民法院关于知识产权法庭若干问题的规定》第1条。
❸ 吴汉东："中国知识产权法院建设：试点样本与基本走向"，载《法律适用》2015年第10期。

开庭审理、交换证据等诉讼活动也由原来的各地方省高级人民法院变更为最高人民法院,这无形之中增加了当事人的维权难度和参与诉讼的成本。❶ 举例来说,广东省经济发达,技术类知识产权案件众多,上诉案件的数量也比较多。在原来的审判体系下,上诉案件的当事人只需要到广东省高级人民法院参加诉讼即可,包括交换证据、质证、开庭等诉讼活动;如今,上诉案件的当事人及代理律师需要到北京参与诉讼,仅来回路费、住宿费、餐饮费等开支就比原来增加了许多。并且,多数上诉案件可能需要多次开庭,诉讼时间成本和经济成本的增加,不论对于原告还是被告均是一种负担。

(四)案件再审程序的公信力将被质疑

民事再审程序的重要价值选择就是保障当事人获得充分救济的权利,❷ 民事再审程序的主要功能包括纠正已经发生法律效力的裁判中存在的错误,制约法院的审判权,对于确保司法公正、提高审判质量、维护司法权威与尊严、保护当事人的合法权益等具有十分重要的意义。❸

根据《最高人民法院关于知识产权法庭若干问题的规定》,最高人民法院知识产权法庭属于技术类知识产权案件的终审机构,其裁判一经作出,立即生效。根据我国《民事诉讼法》的规定,当事人对于已经生效的判决、裁定,认为有错误的,可以向上一级人民法院申请再审;最高人民法院对地方各级人民法院已经发生法律效力的判决、裁定、调解书,发现确有错误的,有权提审或者指令下级人民法院再审。民事再审程序的重要价值选择就是保障当事人获得充分救济的权利。❹ 按照现在的机构设置,对最高人民法院知识产权法庭所审理的技术类知识产权上诉案件的裁判结果不服的,当事人只能向最高人民法院申请再审,由最高人民法院知识产权审判庭审理。这实际上导致该案件的审理仍然在最高人民法院内徘徊,当事人申请再审就变成了在最高人民法院内由不同的合议庭、不同的法官审理两次,其中难免会出

---

❶ 曹新明:"建立知识产权法院:法治与国家治理现代化的重要措施",载《法制与社会发展》2014年第5期。

❷ 曹云吉:"民事'四审'与权力监督",载《西部法学评论》2019年第1期。

❸ 韩静茹:"错位与回归:民事再审制度之反思——以民事程序体系的新发展为背景",载《现代法学》2013年第2期。

❹ 曹云吉:"民事'四审'与权力监督",载《西部法学评论》2019年第1期。

现懈怠、包庇等情形，再审程序所具有的纠错、制约审判权等功能将受到影响，当事人的再审诉权将失去应有的价值。因此，最高人民法院知识产权法庭与最高人民法院知识产权审判庭之间的定位和分工，有待进一步澄清。

（五）缺乏相应的协调机构

1996 年，上海浦东新区法院率先突破现行相关法律的基本框架，❶ 开展知识产权民事案件、行政案件和刑事案件"三合一"审判改革试点；2008 年国务院印发的《国家知识产权战略纲要》明确提出："设置统一受理知识产权民事、行政和刑事案件的专门知识产权法庭。"随后，全国多个法院亦进行了知识产权审判"三合一"的试点，形成了"珠海模式""西安模式""武汉模式"等。❷

在实行"三合一"之前，根据我国三大诉讼法的规定，知识产权的民事、行政和刑事案件分别由民事审判庭、行政审判庭和刑事审判庭来审理。民事、行政和刑事案件的审理法官审理案件的视角不同，民事案件的审理法官侧重于审理涉案知识产权的权利范围、被诉行为是否构成侵权、被告应当向原告支付的损害赔偿数额是多少等，行政案件的审理法官则需要重点判断被诉行政行为作出的程序是否合法，而刑事案件的审理法官重点审理的是被告的行为是否构成犯罪，应当处以什么样的刑事处罚等。由于民事、行政和刑事案件的法官审理知识产权案件的内容和重点不同，对相关案件的裁决也不尽一致，甚至产生巨大的偏差，❸ 从而导致在实践中可能存在这种情况，即在知识产权刑事案件中法院判决被告有罪，而在相关的民事侵权诉讼中却判决被告的行为不构成侵权。❹

知识产权刑事案件的专业性要求其应当由专业的法官来审判，这已经为我国"三合一"审判试点所证实。❺ 近年来，最高人民法院积极推动知识产权审判"三合一"，2016 年最高人民法院正式印发《关于在全国法院推进知

---

❶ 胡淑珠："试论知识产权法院（法庭）的建立——对我国知识产权审判体制改革的理性思考"，载《知识产权》2010 年第 4 期。

❷ 卢宇、王睿婧："知识产权审判'三审合一'改革中的问题及其完善——以江西为例"，载《江西社会科学》2015 年第 2 期。

❸ 张广良："知识产权法院制度设计的本土化思维"，载《法学家》2014 年第 6 期。

❹ 李明德："关于我国知识产权法院体系建设的几个问题"，载《知识产权》2018 年第 3 期。

❺ 许春明："浅谈知识产权法院体系框架的构建"，载《中国发明与专利》2015 年第 1 期。

识产权民事、行政和刑事案件审判"三合一"工作的意见》。2017年最高人民法院发布的《中国知识产权司法保护纲要（2016—2020）》明确提出："全面推进知识产权民事、行政、刑事审判'三合一'。"虽然现在的知识产权法院和最高人民法院知识产权法庭仍然实行"二合一"，但是知识产权民事、行政和刑事案件审判"三合一"已经成为知识产权司法改革的方向和目标。❶ 在知识产权法院内推行"三合一"的审判模式可以最大限度地集中司法资源、整合审判力量，❷ 消除知识产权民事与刑事案件管辖级别不一致问题，协调知识产权民事、行政与刑事审理程序，避免出现判决相冲突的情形，维护司法权威，提高知识产权司法公信力。❸

从知识产权审判"三合一"的试点来看，在专门的知识产权法院和地方各级人民法院实行"三合一"具有可行性，但是，在最高人民法院知识产权法庭中实行知识产权"三合一"并不现实。具言之，我国将地方专门知识产权法院定位于中级法院，对于地方知识产权专门法院审理的知识产权刑事案件，可以由同级公安机关立案、侦查，然后由同级检察院向地方知识产权法院提起公诉，知识产权审判"三合一"实行起来并没有太大的阻力。但是，最高人民法院知识产权庭审理的上诉案件，特别是二审刑事案件，从机构设置上来说，应当由公安部侦查，由最高人民检察院向最高人民法院知识产权法庭提起抗诉。知识产权刑事案件的当事人动辄抗诉，若由最高人民检察院向最高人民法院知识产权法庭对知识产权刑事案件提起抗诉，显然不具有现实性。

三、技术调查官的设置不够科学

技术类知识产权案件诉讼的关键在于，向非技术法官和陪审团解释和说明技术问题。❹ 技术调查官作为涉案技术与法官之间的桥梁，是法官认定和查明技术事实的"眼睛"，其任职方式、调查意见是否公开等直接关系着技

---

❶ 易继明："构建知识产权大司法体制"，载《中外法学》2018年第5期。
❷ 冯晓青、徐相昆："我国知识产权法院发展现状及其改革研究"，载《邵阳学院学报（社会科学版）》2015年第6期。
❸ 杜颖、章可："中国知识产权专门法院的建构"，载《财经法学》2016第6期。
❹ Barnes H.Dunstan, Does It Matter: An Empirical Study Linking the Federal Circuit Judges' Technical Backgrounds to How They Analyze the Section 112 Enablement and Written Description Requirements, Student Notes, Chicago-Kent Law Review, Vol.88, Issue 3 (2013), pp.971-1012.

术调查官作用的发挥。虽然《若干规定》对技术调查官参与诉讼活动的程序、技术调查意见的效力等内容进行了规定和完善，但我国目前的技术调查官制度还存在以下问题。

（一）技术调查官的设置方式值得进一步反思

1. 交流和兼职式技术调查官弊端明显

目前，知识产权法院技术调查官的任职方式包括交流、兼职和聘用三种形式。其中交流是以定期派遣和轮换的方式指派专业技术人员到法院担任技术调查官，交流的技术调查官主要来自专利行政单位，任期为一年或两年，期限届满后返回原单位工作。当交流的技术调查官初到法院任职之时，并不了解如何开展技术调查官的工作；当其通过参加培训、参与案件调查等活动刚刚熟悉技术调查工作后，也就面临任职期限届满、调回原单位的情形。另外，从知识产权法院的实践来看，兼职技术调查官的作用并不能得到充分发挥。一方面，兼职技术调查官既然是"兼职"，说明其均有本职工作，当其本职工作与技术调查工作在时间上出现冲突时，通常会优先选择本职工作，而推掉到法院查明技术事实的工作，由此常常出现法院很难找到合适的且能够参与该工作的技术调查官的现象；并且，若兼职技术调查官的本职工作繁忙，则其根本没有时间和精力仔细审查和推敲涉案技术事实，导致其出具的技术调查意见的客观性大打折扣。另一方面，兼职技术调查官不在法院定点、定时办公，他们根据案件审理的需要才到法院进行阅卷、开庭、评议等，这不便于法官与兼职技术调查官之间就案件涉及的技术事实问题进行有效、充分的沟通，这也是有些法官不愿意让兼职技术调查官参与案件审判活动的原因之一。❶

2. 技术调查官与涉案技术所属领域匹配困难

当今各个领域的技术均朝着精密化方向发展，现有技术领域多达数百个，即使在同一个技术领域，也存在不同的专业技术方向，比如机械类技术，现在大体包含机械制造及其自动化技术、材料工程技术、机械电子工程技术、轮机工程技术、电气自动化技术、焊接技术、无人机工程技术、热能

---

❶ 北京知识产权法院：《技术调查官制度创新与实践》，知识产权出版社 2019 年版，第 49–51 页。

动力设备技术、飞行器动力工程技术、数控技术等数十个技术方向，不同技术方向之间的技术特征相差甚远。这导致此技术领域的专业人员可能完全不了解彼技术领域的技术知识，甚至同一技术领域的专业人员对本领域不同方向的技术也可能知之甚少。在这种情况下，如果人民法院仍然按照大类技术领域聘请技术调查官，那么技术调查室能够准确地指派技术调查官参与诉讼活动吗？人民法院特别是有权审理技术类知识产权案件的中级人民法院和部分基层人民法院所设置的技术调查官的数量不宜过多，但是精密化的技术类知识产权案件纠纷要求必须由该技术领域中该技术方向的技术调查官才能够查明技术事实。技术调查官与涉案技术所属领域的匹配难问题将成为人民法院设置技术调查官过程中的现实困扰。

3. 技术调查官资源共享机制缺乏可操作性

按照《若干规定》，所有有权审理技术类知识产权案件的法院均可以设置技术调查官，并且在全国法院系统内共享技术调查官资源。这一规定形式上将设置技术调查官的权利交给各个法院，实际上却导致各个法院不知道如何来设置技术调查官。具体来说，根据《若干规定》，人民法院根据案件审理需要可以向上级法院申请调派技术调查官参与诉讼活动，那么下级法院还有自行设置技术调查官的动力和需求吗？如果说上级法院调派的技术调查官不方便使用，下级法院确实需要自行设立技术调查官，那么其应当设置几个？需要覆盖哪些技术领域？如果下级法院仅在案件较多的技术领域设立技术调查官，案件较少的领域可以向上级法院申请调派，那么当上级法院在该技术领域也未配置技术调查官时又该怎么办？再者，近年来系列技术类知识产权侵权案件多发，比如同一原告针对同一项专利权在不同地区法院起诉不同的被告构成侵权行为，这使得现在多发的技术类知识产权案件纠纷所涉及的技术领域在各个地区大同小异，因此不同地区法院设置的技术调查官所覆盖的技术领域也可能基本相同，这种情况下上级法院该如何统筹调派辖区内的技术调查官参与较为稀少的技术类知识产权案件的审理？全国法院共享技术调查官资源机制的建立既需要法律依据，也需要实践经验和总结。❶

---

❶ 黄玉烨、李青文："知识产权审判中技术调查官的困境与出路——兼评《最高人民法院关于技术调查官参与知识产权案件诉讼活动的若干规定》"，载《电子知识产权》2019年第8期。

（二）技术调查意见是否公开有待进一步考量

技术调查意见是技术调查官集当事人主张、证据并根据自身专业知识对案件有关技术事实的说明和分析。查明案件技术事实是技术类知识产权案件审判中法官准确适用法律的前提。技术调查意见的作用就在于帮助法官查明案件的客观事实、确立案件的争议焦点、理解技术术语和技术方案、厘清证据与涉案技术方案的差异、划清保护内容与公知常识的边界，为法官进行法律上的判断提供事实基础。❶ 关于技术调查官的调查意见是否应当向当事人公开在理论界一直存在争议。有学者认为，技术调查官的调查意见并非证据，❷ 其对案件的裁判结果不享有表决权，❸ 调查意见仅仅作为法官认定案件事实的参考资料，不应当接受当事人的质证，法官对案件进行裁判也并不受该调查意见的拘束，❹ 故其不应当对外公开。❺ 如果在技术事实查明方面出现司法责任问题，仍应由承办法官承担直接责任。❻ 也有学者主张，虽然技术调查官的调查意见并非证据，但其会对法官的自由心证产生重要的影响，甚至直接影响案件裁判的结果，❼ 故应当选择性公开技术调查意见，在一定范围内允许当事人进行辩论。❽

技术调查意见实际上是法官在案件审判中借助他人对涉案技术事实的理解，其是法官自由心证的重要依据。但是，该调查意见并非法官本人作出，而是由技术调查官依据自身知识而得出的结论，其不可避免地受到技术调查官自身知识水平、立场、知识偏见等因素的影响，从而导致其调查意见与案件的客观事实可能并不相符。涉案技术可能是本领域高尖端、最前沿的技术，

---

❶ 北京知识产权法院：《技术调查官制度创新与实践》，知识产权出版社 2019 年版，第 71 页。

❷ 强刚华："试论中国知识产权法院技术调查官制度的建构"，载《电子知识产权》2014 年第 10 期。

❸ 易玲、王静："司法改革背景下完善知识产权法院建设的研究"，载《河南司法警官职业学院学报》2016 年第 4 期；俞风雷、杨再扬："论知识产权审判中专家辅助制度的改革"，载《湖北社会科学》2015 年第 2 期；徐卓斌："知识产权案件技术事实的查明手段"，载《人民司法（应用）》2016 年第 16 期。

❹ 马一德："知识产权司法现代化演进下的知识产权法院体系建设"，载《法律适用》2019 年第 3 期。

❺ 杜颖、章可："中国知识产权专门法院的建构"，载《财经法学》2016 年第 6 期。

❻ 徐卓斌："知识产权案件技术事实的查明手段"，载《人民司法·应用》2016 年第 16 期。

❼ 陈存敬、仪军："知识产权审判中的技术事实查明机制研究"，载《知识产权》2018 年第 1 期。

❽ 邓朝霞、胡充寒："论我国技术事实查明机制之完善路径——以技术调查官制度的运行现状为视角"，载《法治社会》2017 年第 5 期。

也可能是本领域的资深技术专家通过成千上万次实验而发明的技术,即使技术调查官是某技术领域的专家,也不一定比技术发明人更能准确了解该技术特征。❶ 在这种情况下,如果绝对不允许当事人对技术调查意见予以认可或者辩驳、对案件事实进行解释或者说明,则实际上不利于案件事实的查明。因此,《若干规定》直接规定"技术调查意见不对外公开",未免过于武断。

(三)技术调查官参与诉讼活动的程序忽视了对当事人的权利

《暂行规定》第3条规定:"法官根据案件审理需要,可以书面通知技术调查室指派技术调查官参与诉讼活动。"那么,在技术类案件中,双方当事人是否有权向法院申请由技术调查官进行技术事实调查呢?从《暂行规定》的内容来看,当事人并无此项权利。第4条规定:"知识产权法院确定技术调查官参与诉讼活动后,应当在三日内告知当事人。"从中可以看出,技术调查官参与诉讼活动不需要当事人的同意,法院只需"告知"当事人即可。当然,当事人如果认为技术调查官与本案有利害关系可以申请回避(《暂行规定》第5条),但当事人自己不能根据案件的需要申请技术调查官参与诉讼,也不能指定、更换技术调查官,法官指派的人员也不需要当事人同意。那么,当事人凭什么相信该技术调查官一定能够得出客观、正确的审查意见?在技术调查官的选任机制并不健全的情况下,技术审查意见尤为容易引起当事人的质疑。❷

(四)与其他技术事实查明机制的衔接尚需进一步优化

我国现有的技术查明制度包括技术司法鉴定、专家辅助人、专家陪审员等制度,如今又建立了技术调查官制度,这几种技术查明机制之间的衔接是司法实践中确实存在的问题。❸ 在技术类知识产权案件诉讼中,当事人申请了司法鉴定或者申请专家辅助人出庭作证,在这种情况下法官是否有必要再次申请技术调查官对涉案技术事实进行审查?若司法鉴定意见或者专家辅

---

❶ 管育鹰:"关于我国知识产权司法保护战略实施的几点思考",载《法律适用》2018年第11期。

❷ 黄玉烨、李青文:"知识产权审判中技术调查官的困境与出路——兼评《最高人民法院关于技术调查官参与知识产权案件诉讼活动的若干规定》",载《电子知识产权》2019年第8期。

❸ 王志雄:"技术调查官的社会分工意蕴与制度完善研究",载《贵州社会科学》2017年第8期。

助人的证言与技术调查官的调查意见不一致，法官该如何查明和认定技术事实？虽然司法鉴定人或者专家辅助人可能会有利益倾向，但并不能够因此否定其意见或者证言而完全肯定技术调查官的调查意见，司法鉴定人或者专家辅助人实际上对涉案技术的了解和掌握水平并不一定低于技术调查官。另外，技术调查官很难精通该领域的所有技术，在现代技术越来越精密化的今天，技术调查官存在"技术盲区"或者不能胜任某项技术的审查工作已经成为不可避免的问题。技术调查官制度与其他技术事实查明机制的衔接问题、技术调查官不能胜任某项技术事实查明工作的情况下，如何解决涉案技术事实查明问题将成为我国技术调查官制度发展与完善的重要内容。

（五）技术调查官的管理、培训、晋升和考核机制不健全

虽然北上广三家知识产权法院分别制定了关于技术调查官的管理规范，但不同法院之间的规定存在较大差别。技术调查官制度虽然在我国已实施多年，但是至今没有形成统一的关于技术调查官的培训、考核和晋升机制，❶这不利于技术调查官知识的更新，也不利于调动他们工作的积极性。若不能把技术调查官当作一种职业而长期从事，则会导致技术调查官系统内人员"更新"频繁的现象，这会阻碍技术调查官制度作用的发挥。❷

四、指导性案例的作用未能充分发挥 *

指导性案例作为我国司法制度改革的产物，是指由最高人民法院确定并发布的、对全国法院审判、执行工作具有指导作用的案例。❸ 截至 2021 年 10 月 31 日，最高人民法院颁布已持续发布 30 批指导性案例，标志着我国特有的指导性案例制度雏形已然确立。创设指导性案例制度的初衷为统一司法共识，提高司法效率，统一法律适用，从而践行法治统一的治国理念。具言之，最高人民法院指导性案例制度的形成过程是为实现统一司法共识与达致

---

❶ 仪军、李青："我国知识产权领域技术调查官选任问题探析"，载《专利代理》2017 年第 1 期。

❷ 黄玉烨、李青文："知识产权审判中技术调查官的困境与出路——兼评《最高人民法院关于技术调查官参与知识产权案件诉讼活动的若干规定》"，载《电子知识产权》2019 年第 8 期。

* 感谢广东技术师范大学法学与知识产权学院董凡博士为本部分内容的撰写提供了大量有益的建议和帮助。

❸ 胡云腾、于同志："案例制度若干重大疑难争议问题研究"，载《法学研究》2008 年第 6 期。

"同案同判"的正义目标而进行决策的过程,其表现为"目的—手段"的运行框架。❶

关于指导性案例制度的合法性问题,社会各界普遍予以肯定,但不乏反对之声。❷ 然当前业界更关注业已存在的制度运行状况,即指导性案例在司法实践中的适用情况。有实证数据表明,指导性案例的参照率不高,参照效力亦微乎其微。❸ 从指导性案例数量与司法实践中指导性案例应用频率有限的现实情形来看,❹ 指导性案例的实践效果远低于制度设计者的预期。另有实证调查表明,众多法官对指导性案例的重要性给予充分肯定,但在审判中较少关注并援引指导性案例。❺ 截至2021年10月31日,最高人民法院先后发布了31例知识产权方面的指导性案例。❻ 本书以现有的知识产权指导性案例作为研究样本,分析知识产权指导性案例在当前司法实践中的适用情况,并结合知识产权特性与我国司法裁判制度的特点,剖析个中缘由,从而提出知识产权案例指导制度的完善建议,以期为我国知识产权审判制度的优化提供助益。

（一）我国知识产权指导性案例发布规律

截至2019年,在最高人民法院发布的30批共计171例指导案例中,共有10批次31例知识产权指导案例,分别为第5批1例、第7批2例、第10批5例、第11批1例、第12批1例、第16批10例、第17批1例、第19

---

❶ 朱芒:"论指导性案例的内容构成",载《中国社会科学》2017年第4期。
❷ 赵娟:"案例指导制度的合法性评析——以《最高人民法院关于案例指导工作的规定》为对象",载《江苏社会科学》2011年第6期。
❸ 张华:"论指导案例的参照效力——基于1545份已公开裁判文书的实证分析",载《甘肃政法学院学报》2018年第2期。
❹ 北大法宝专业数据库:"最高人法院指导性案例司法应用年度报告（2017）",载http://weekly.pkulaw.cn/Admin/Content/Static/374cc337-9ede-4377-8606-2bd2313f9f78.html,最后访问时间:2021年3月18日。
❺ 来自天津市高级人民法院的调查证明,尽管法官对指导性案例制度示表示认可与期待,但对于指导性案例本身,法官的积极适用性表现一般,有26%的法官尚未学习指导性案例,甚至有14.5%的法官不知有此制度的存在。杨会、何莉苹:"指导性案例供需关系的实证研究",载《法律适用》2014年第2期。
❻ 包括知识产权权属纠纷、不正当竞争纠纷、垄断纠纷三类。

批 1 例、第 22 批 3 例和第 28 批 6 例，总占比约为 18.1%。从时间分布上来看，知识产权指导案例的发布集中在 2013—2019 年，其中 2017 年发布数量最多，共 11 例，2013 年、2016 年和 2018 年发布数量最少，均为 1 例。可见，最高人民法院发布知识产权指导案例并未呈现明显的规律（见表 2-10）。

表 2-10 我国知识产权指导案例发布情况概览

批次	指导案例数量	知识产权（民事）案例数量	知识产权案例序号
1	4	0	—
2	4	0	—
3	4	0	—
4	4	0	—
5	6	1	20
6	4	0	—
7	5	2	29、30
8	6	0	—
9	7	0	—
10	8	5	45～49
11	4	1	55
12	4	1	58
13	4	0	—
14	5	0	—
15	8	0	—
16	10	10	78～87
17	5	1	92
18	4	0	—
19	5	1	100
20	5	0	—

续表

批次	指导案例数量	知识产权（民事）案例数量	知识产权案例序号
21	6	0	—
22	4	3	113～115
23	10	0	—
24	13	0	—
25	4	0	—
26	4	0	—
27	9	0	—
28	6	6	157～162
29	3	0	—
30	6	0	—
合计	171	31	—

据表 2-11 统计，知识产权指导案例的审结日期集中于 2006—2019 年，发布日期集中于 2013—2019 年。案件审结日期距离发布日期最长为 3383 日，逾 9 年之久，最短仅为 272 日。同时，两日期的时间差多集中于 2～3 年，该区间的案例数为 19 例，总占比过半。

表 2-11 知识产权指导案例审结与发布日期统计概览

案件名称	审结日期	发布日期	时间差（日）
深圳市斯瑞曼精细化工有限公司诉深圳市坑梓自来水有限公司、深圳市康泰蓝水处理设备有限公司侵害发明专利权纠纷案	2011.12.20	2013.11.8	689
天津中国青年旅行社诉天津国青国际旅行社擅自使用他人企业名称纠纷案	2012.3.20	2014.6.26	828
兰某某、杭州小拇指汽车维修科技股份有限公司诉天津市小拇指汽车维修服务有限公司等侵害商标权及不正当竞争纠纷案	2013.2.19	2014.6.26	492

续表

案件名称	审结日期	发布日期	时间差（日）
北京百度网讯科技有限公司诉青岛奥商网络技术有限公司等不正当竞争纠纷案	2010.3.20	2015.4.15	1852
山东鲁锦实业有限公司诉鄄城县鲁锦工艺品有限责任公司、济宁礼之邦家纺有限公司侵害商标权及不正当竞争纠纷案	2009.8.5	2015.4.15	2079
意大利费列罗公司诉蒙特莎（张家港）食品有限公司、天津经济技术开发区正元行销有限公司不正当竞争纠纷案	2006.1.9	2015.4.15	3383
北京精雕科技有限公司诉上海奈凯电子科技有限公司侵害计算机软件著作权纠纷案	2006.12.13	2015.4.15	3045
石某某诉泰州华仁电子资讯有限公司侵害计算机软件著作权纠纷案	2007.12.17	2015.4.15	2676
柏某某诉成都难寻物品营销服务中心等侵害实用新型专利权纠纷案	2012.12.28	2015.11.19	1066
成都同德福合川桃片有限公司诉重庆市合川区同德福桃片有限公司、余某某侵害商标权及不正当竞争纠纷案	2013.12.17	2016.5.20	885
北京奇虎科技有限公司诉腾讯科技（深圳）有限公司、深圳市腾讯计算机系统有限公司滥用市场支配地位纠纷案	2014.10.8	2017.3.6	880
吴某某诉陕西广电网络传媒（集团）股份有限公司捆绑交易纠纷案	2016.5.31	2017.3.6	279
洪某某、邓某某诉贵州五福坊食品有限公司、贵州今彩民族文化研发有限公司著作权侵权纠纷案	2015.9.18	2017.3.6	535
张某某诉雷某某、赵某、山东爱书人音像图书有限公司著作权侵权纠纷案	2014.11.28	2017.3.6	829

续表

案件名称	审结日期	发布日期	时间差（日）
王某某诉深圳歌力思服饰股份有限公司、杭州银泰世纪百货有限公司侵害商标权纠纷案	2014.8.14	2017.3.6	935
威海嘉易烤生活家电有限公司诉永康市金仕德工贸有限公司、浙江天猫网络有限公司侵害发明专利权纠纷案	2015.11.17	2017.3.6	475
礼来公司诉常州华生制药有限公司侵害发明专利权纠纷案	2016.5.31	2017.3.6	279
高仪股份公司诉浙江健龙卫浴有限公司侵害外观设计专利权纠纷案	2015.8.11	2017.3.6	573
天津天隆种业科技有限公司与江苏徐农种业科技有限公司侵害植物新品种权纠纷案	2013.12.29	2017.3.6	1163
郭某某、郭某某、孙某某假冒注册商标案	2015.9.8	2017.3.6	545
莱州市金海种业有限公司诉张掖市富凯农业科技有限责任公司侵犯植物新品种权纠纷案	2014.9.17	2017.11.15	1155
山东登海先锋种业有限公司诉陕西农丰种业有限责任公司、山西大丰种业有限公司侵害植物新品种权纠纷案	2015.12.11	2018.12.19	1104
迈克尔·杰弗里·乔丹与国家工商行政管理总局商标评审委员会、乔丹体育股份有限公司"乔丹"商标争议行政纠纷案	2015.12.11	2019.12.24	1474
克里斯蒂昂迪奥尔香料公司诉国家工商行政管理总局商标评审委员会商标申请驳回复审行政纠纷案	2018.4.26	2019.12.24	607
瓦莱奥清洗系统公司诉厦门卢卡斯汽车配件有限公司等侵害发明专利权纠纷案	2019.3.27	2019.12.24	272

续表

案件名称	审结日期	发布日期	时间差（日）
左尚明舍家居用品（上海）有限公司诉北京中融恒盛木业有限公司、南京梦阳家具销售中心侵害著作权纠纷案	2018.12.29	2021.07.15	929
深圳市卫邦科技有限公司诉李某某、深圳市远程智能设备有限公司专利权权属纠纷案	2019.12.30	2021.07.15	563
深圳敦骏科技有限公司诉深圳市吉祥腾达科技有限公司等侵害发明专利权纠纷案	2019.12.06	2021.07.15	587
蔡某某诉广州市润平商业有限公司侵害植物新品种权纠纷案	2019.12.10	2021.07.15	583
广州王老吉大健康产业有限公司诉加多宝（中国）饮料有限公司虚假宣传纠纷案	2019.5.28	2021.07.15	779
重庆江小白酒业有限公司诉国家知识产权局、第三人重庆市江津酒厂（集团）有限公司商标权无效宣告行政纠纷案	2019.12.26	2021.07.15	567

（二）我国知识产权指导性案例的分布情况分析

知识产权指导性案例每篇大概有3～7个关键词。31件指导性案例中共有87个实质性不同的关键词，其中"民事"一词出现频次最高，共出现27次，其侧面反映了知识产权指导案例以民事案件为主。使用频次为6次的关键词共2个，分别为"（侵害）发明专利权"和"不正当竞争"；使用频次为4次的关键词共2个，分别为"侵害商标权（商标侵权）"和"侵害（犯）植物新品种权"；使用频次为3次的关键词共5个，分别为"诚实信用（诚信原则）"、"著作权侵权"、"举证责任"、"保护范围"和"行政"。使用频次为2次的关键词共7个，其余关键词均仅是使用了1次（见图2-1）。

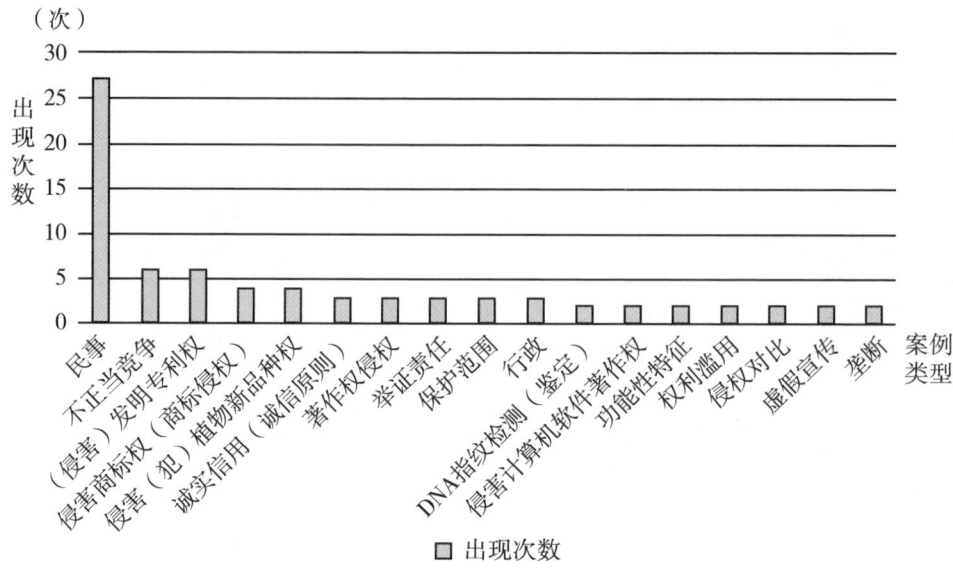

图 2-1　知识产权指导案例高频关键词分布示意

(三) 我国知识产权指导性案例的司法适用现状

现实中，对指导性案例制度存有不同的意见。我们既不能一味地放大指导性案例对法官裁判的影响，也不能忽视其对司法审判的指导意义。尤其应当看到，成文法体系下的指导性案例具有集逻辑与经验、理性与直觉于一体的优势，在实践中完全有其适用的空间。以下通过信息检索与数据统计，较为直观地检视知识产权指导性案例在司法实践中的适用现状与问题。

根据《〈最高人民法院关于案例指导工作的规定〉实施细则》第 3 条规定，❶ 指导性案例包括标题、关键词、裁判要点、案件事实、裁判理由等内容，其中以裁判要点、案件事实与裁判理由最为重要。"裁判要点"是最高人民法院结合裁判文书与案件事实高度提炼所形成的结论，具备内容逻辑性与表达规范性；"裁判理由"系证成裁判要点的理论基础，而"案件事实"则是支撑裁判要点与裁判理由的现实基础。学界普遍认为将指导性案例的裁判要点或裁判理由明确作为裁判文书的裁判理由视为适用指导性案例的情形。为

---

❶ 《〈最高人民法院关于案例指导工作的规定〉实施细则》第 3 条规定：指导性案例由标题、关键词、裁判要点、相关法条、基本案情、裁判结果、裁判理由以及包括生效裁判审判人员姓名的附注等组成。指导性案例体例的具体要求另行规定。

显现指导性案例在司法裁判中的应用价值，本书与北大法宝网发布的《最高人民法院民商事指导性案例司法应用年度报告（2017）》的指导案例援引标准相同，即采用司法裁判中明确标识、注明指导性案例编号的援引方式统计了我国知识产权指导性案例的援引情况（见表2-12）。

表2-12 我国知识产权指导案例援引情况概览

序号	案例序号	检索时间范围	检索结果（件）	援引裁判观点数量（件）	适用比例（%）	备注
1	指导案例第20号	2013.11.9—2021.10.31	7	7	100	
2	指导案例第29号	2014.6.27—2021.10.31	6	3	50	援引裁判要点，且属于隐性援引
3	指导案例第30号	2014.6.27—2021.10.31	4	0	—	
4	指导案例第45号	2015.4.16—2021.10.31	5	2	40	
5	指导案例第46号	2015.4.16—2021.10.31	212*	0	—	
6	指导案例第47号	2015.4.16—2021.10.31	6	4	66.7	
7	指导案例第48号	2015.4.16—2021.10.31	0	0	—	
8	指导案例第49号	2015.4.16—2021.10.31	0	0	—	
9	指导案例第55号	2015.11.20—2021.10.31	1	0	—	
10	指导案例第58号	2015.11.20—2021.10.31	3	0	—	
11	指导案例78号	2017.3.6—2021.10.31	1	1	100	

续表

序号	案例序号	检索时间范围	检索结果（件）	援引裁判观点数量（件）	适用比例（%）	备注
12	指导案例79号	2017.3.6—2021.10.31	1	1	100	
13	指导案例第80号	2017.3.16—2021.10.31	3	0	—	
14	指导案例第81号	2017.3.16—2021.10.31	4	3	75	
15	指导案例第82号	2017.3.16—2021.10.31	293**	8	27.6	有案件二审中认定一审被告的实施行为与指导性案例裁判要点不符，进而推翻一审部分判决***
16	指导案例第83号	2017.3.16—2021.10.31	3	2	66.7	明示援引裁判要点和裁判理由
17	指导案例第84号	2017.3.16—2021.10.31	0	0	—	
18	指导案例第85号	2017.3.16—2021.10.31	5	3	60	
19	指导案例第86号	2017.3.16—2021.10.31	0	0	—	
20	指导案例第87号	2017.3.16—2021.10.31	0	0	—	
21	指导案例第92号	2017.11.24—2021.10.31	1	1	100	
22	指导案例第100号	2018.12.19—2021.10.31	0	0	—	

续表

序号	案例序号	检索时间范围	检索结果（件）	援引裁判观点数量（件）	适用比例（%）	备注
23	指导案例第113号	2020.1.14—2021.10.31	0	0	—	
24	指导案例第114号	2020.1.14—2021.10.31	0	0	—	
25	指导案例第115号	2020.1.14—2021.10.31	0	0	—	
26	指导案例第157号	2021.7.30—2021.10.31	0	0	—	
27	指导案例第158号	2021.7.30—2021.10.31	0	0	—	
28	指导案例第159号	2021.7.30—2021.10.31	0	0	—	
29	指导案例第160号	2021.7.30—2021.10.31	0	0	—	
30	指导案例第161号	2021.7.30—2021.10.31	0	0	—	
31	指导案例第162号	2021.7.30—2021.10.31	0	0	—	
合计			100	33	33	

注：在最高人民法院发布的31件知识产权指导性案例中有1件是刑事案件，在此不予统计。

* 其中有16件为2018年12月河南省平顶山市中级人民法院审理的南京彼格菲斯商贸有限公司商标纠纷系列案件；在该系列案件中分别援引指导案例46号、指导案例82号。

** 其中有16件为2018年12月河南省平顶山市中级人民法院审理的南京彼格菲斯商贸有限公司商标纠纷系列案件；在该系列案件中分别援引指导案例46号、指导案例82号。

*** 参见重庆市第一中级人民法院（2018）渝01民终2179号民事判决书。

根据表2-12可知，截至2021年10月31日，我国30例民事知识产权指导性案例中已有 11 例适用于具体司法审判中，约占 36.7%。通过"威科先行法律信息库"检索平台上检索指导性案例编号（例如，检索"指导性案例 20 号"），共检索到 100 例实际案例引用指导性案例编号的情形；其中，有 33 件司法案件实际援引指导性案例的裁判要点或者裁判理由。

根据表 2-13 统计结果可知，援引知识产权指导性案例的法院主要集中于中级人民法院，共计 16 例，约占 33 例实际案例的 48.5%；高级人民法院与基层人民法院次之，分别为 9 件和 5 件。由此可见，中级人民法院较为重视知识产权指导性案例的研习与司法适用。与此同时，引用知识产权指导性案例的法院分布较为集中，主要集中在知识产权事业发展繁荣的城市，如北京市、上海市、广州市、南京市。

表 2-13 我国民事知识产权指导案例实际援引情况概览

序号	指导性案例	援引指导性案例的案件号	援引指导性案例的法院
1	指导案例第 20 号	（2019）最高法民申 1439 号	最高人民法院
		（2019）最高法民申 1435 号	最高人民法院
		（2019）最高法民申 1442 号	最高人民法院
		（2018）粤民终 166 号	广东省高级人民法院
		（2018）粤民终 1196 号	广东省高级人民法院
		（2018）粤民终 1197 号	广东省高级人民法院
		（2018）粤民终 1194 号	广东省高级人民法院
2	指导案例第 29 号	（2018）沪 0115 民初 9518 号	上海市浦东新区人民法院
		（2016）浙行申 221 号	浙江省高级人民法院
		（2015）浦民三（知）初字第 1887 号	上海市浦东新区人民法院
3	指导案例第 45 号	（2019）沪 73 民终 4 号	上海知识产权法院
		（2017）沪 0104 民初 18960 号	上海市徐汇区人民法院

续表

序号	指导性案例	援引指导性案例的案件号	援引指导性案例的法院
4	指导案例第47号	（2018）粤民终2490号	广东省高级人民法院
		（2018）粤05民初28号	广东省汕头市中级人民法院
		（2017）粤05民初134号	广东省汕头市中级人民法院
		（2015）泉民初字第218号	福建省泉州市中级人民法院
5	指导案例第78号	（2016）沪73民初866号	上海知识产权法院
6	指导案例第79号	（2016）沪73民初866号	上海知识产权法院
7	指导案例第81号	（2020）鲁01民终14028号	山东省济南市中级人民法院
		（2019）苏05民终1626号	江苏省苏州市中级人民法院
		（2016）粤0106民初12068号	广州市天河区人民法院
8	指导案例第82号	（2021）黑10知民初7号	黑龙江省牡丹江市中级人民法院
		（2019）苏民终470号	江苏省高级人民法院
		（2019）苏民终471号	江苏省高级人民法院
		（2017）渝0112民初1753号	重庆市渝北区人民法院
		（2016）苏02民初71号	江苏省无锡市中级人民法院
		（2018）豫10民初57号	河南省许昌市中级人民法院
9	指导案例第83号	（2019）浙02知民初367号	浙江省宁波市中级人民法院
		（2016）粤73民初428号	广州知识产权法院
10	指导案例第85号	（2019）鄂01行初340号	湖北省武汉市中级人民法院
		（2018）浙01民初733号	浙江省杭州市中级人民法院
		（2017）川民终743号	四川省高级人民法院
11	指导案例第92号	（2018）苏01民初1611号	江苏省南京市中级人民法院

（四）知识产权指导性案例司法适用的问题表征

通过上述统计数据可以发现知识产权指导性案例的司法适用仍存在一些问题亟须解决与完善。

1. 指导性案例的适用频率有限

根据表 2-12 统计所示，2013—2021 年，我国法院实际援引知识产权指导性案例的案件只有 33 件，这对于法院每年所审理的知识产权案件数量而言可以忽略不计。质言之，知识产权指导性案例在实践中的司法适用频率非常有限。而且，四川省高级人民法院为进一步了解指导性案例的司法适用情况，统计了 30 500 份裁判文书，发现参照适用指导性案例的裁判文书仅占 0.58%，占判决案件总数（6334 件）的 2.73%。❶ 其中包括援引知识产权指导性案例的裁判案件。再者，根据 2017 年 4 月"北大法宝"发布的《最高人民法院民商事指导性案例司法应用年度报告（2016）》的统计数据可知，截至 2016 年 12 月 31 日，仅有 5 份裁判文书引用知识产权指导性案例中的相关内容作为裁判理由，而第 24 号指导性案例竟被援引 194 次之多。❷ 由此可见，除去上述数据统计口径存在差异的客观情形外，在我国知识产权纠纷呈"井喷式"爆发的关键期，知识产权指导性案例事实上尚未实现其应然价值，无法为相同或相类似案件提供一定参考。

2. 指导性案例的涵摄范围有限

根据图 2-1 统计数据可知，31 例知识产权指导性案例所载明的关键词共有 87 个，覆盖著作权、商标权、专利权以及不正当竞争等主要内容。但是，从司法实践的现实需要出发，31 例知识产权指导性案例所关涉的法律关系与提供的裁决方案无法及时应对知识产权纠纷中的疑难重大问题。例如，深度链接侵权判定规则问题、电子产品 GUI 图形用户界面问题、标准必要专利系列问题、电子游戏作品性质的定性问题，等等。上述种种问题，都是立法、司法同社会科技与经济发展不协调、不平衡所致。由此可知，现存的知识产权指导性案例所确立的裁判规则与当前司法审判中面临的疑难重大、复杂问题存在较大差距，所覆盖的案件范围与可以发挥的社会实效较为

---

❶ 陈明国、左卫民："中国特色案例指导制度的发展与完善"，载《中国法学》2013 年第 3 期。

❷ 最高人民法院指导性案例司法应用年度报告（2016），载 http://weekly.pkulaw.cn/Admin/Content/Static/28a11fc9-3f22-4d24-a34d-88e1faea781e.html，最后访问日期：2019 年 12 月 30 日。

有限。❶

3. 指导性案例的案件储备有限

现阶段,我国指导性案例不定时地持续发布,其中关于知识产权方面的指导性案例仅有 31 例,远远无法满足解决知识产权纠纷的实际需要。因此,我国最高人民法院在确保知识产权指导性案例"质"的同时,应当适当提高知识产权指导性案例"量"的产出。从裁判规则的需求以及统一适用法律的必要性方面考量,我国有必要扩大案件储备基数,为将来指导性案例从"个案智慧"到"类案经验"过渡做准备,❷形成覆盖面广、规范性强、释法精准、储备量充足的指导性案例群。

五、确定知识产权损害赔偿的规则不尽合理

目前,我国人民法院审理知识产权侵权案件时在确定损害赔偿数额方面有以下三个不合理之处。

(一)缺乏知识产权侵权损害赔偿归责原则的规定

尽管我国现行知识产权各单行法都对侵权损害赔偿以及确定赔偿数额的方式作出了规定,但是并未明确规定知识产权侵权损害赔偿的归责原则,由此导致在知识产权侵权诉讼中,原被告双方时常就侵权损害赔偿是适用无过错责任原则还是过错责任原则进行争论。事实上,知识产权学者、律师、法官等也没有统一结论。既有主张知识产权侵权损害赔偿归责原则适用无过错责任原则的学者(以下简称"无过错责任派"),也有主张适用过错责任原则或者推定过错责任原则的学者(以下简称"过错责任派")。无过错责任派认为,知识产权各单行法都没有规定其权利受到侵害的损害赔偿归责原则,并且明确规定了实施侵权行为就应当承担相应的侵权责任。例如,现行《著作权法》第 52 条、第 53 条是行为人侵犯他人著作权依法承担法律责任的依据,但这两个条文都没有规定行为人承担侵权损害赔偿责任需要行为人具有"主观过错"。同样,现行《专利法》第 65 条仅仅规定了专利侵权的定义

---

❶ 李瑛、许波:"论我国案例指导制度的构建与完善——以知识产权审判为视角",载《知识产权》2017 年第 3 期。

❷ 谢春晖:"从'个案智慧'到'类案经验':指导案例裁判规则的发现及适用研究",见《深化司法改革与行政审判实践研究(下)——全国法院第 28 届学术讨论会获奖论文集》(2017 年 5 月)。

以及解决侵权纠纷的司法途径和行政处理方式，并没有规定损害赔偿的归责原则。该法第71条专门规定了侵权损害赔偿数额的计算标准，同样没有关于归责原则的规定。现行《商标法》第57条规定侵犯商标专用权的行为，第63条规定了商标侵权损害赔偿数额计算标准，但也没有关于过错责任原则的规定。

（二）法定赔偿被大量适用

自2008年《国家知识产权战略纲要》实施以来，我国知识产权有关立法与修法工作倾向于严格知识产权保护。新修正的《商标法》（2019）将侵犯商标权行为的法定赔偿数额上限从300万元提高到了500万元，《专利法》（2020）加大了侵犯专利权行为的赔偿力度，将最高赔偿额从1万元到100万元提高为3万元到500万元，并且明确了网络服务提供者对专利侵权的连带责任，其目的在于大幅提高侵权违法成本，加强对专利权人合法权益的保护。总体而言，为营造良好营商环境，促进创新，我国更加严格地保护知识产权，通过提高侵权成本和加重赔偿数额来打击知识产权恶意侵权行为，以此规范创新市场。

为了准确了解我国法院审理的专利侵权诉讼案件中确定损害赔偿数额的方式，笔者在"威科先行"法律数据库中采取随机抽样的方式统计了2018年1月1日至2020年12月31日全国法院审理的专利侵权案件共计583件，除去原告败诉、法院仅判决被告承担停止侵权等类型的案件外，有效案件数量共计473件。通过逐一研读判决书中法院确定赔偿数额所适用的方法，发现共有455件案件适用的是法定赔偿，占96.2%，实际损失、侵权人获利和许可费倍数这三种赔偿方式的适用比例均非常低。

另外，笔者还抽样统计了2018—2020年我国法院所审理的全部商标侵权案件，共1500件，其中99.67%的案件适用的是法定赔偿方法，其他三种方法的适用比例非常低。著作权、商业秘密侵权诉讼案件等领域法定赔偿的适用比例与专利和商标侵权案件类似。

（三）惩罚性赔偿的适用率非常低

我国《商标法》是知识产权法中率先确立惩罚性赔偿制度的法律，为了解商标侵权惩罚性赔偿制度在我国司法实践中的实施状况，笔者对2014年5月1日至2018年12月31日"威科先行"法律数据库中公布的关于商标侵权惩罚性赔偿的判决书进行了实证统计和分析。

通过将"案由"限定为"民事案件"项下的"知识产权权属、侵权纠纷""关键词"限定为在"全文"状态、"审结日期"限定在2014年5月1日至2018年12月31日，"文书类型"限定为"判决书"，搜索"商标"一词后，在结果中继续搜索"惩罚性赔偿"一词，笔者采用上述方法共筛选出160件相关判决书。其中法院在判决中援引《民法总则》（已废止）条款涉及"惩罚性赔偿"的案件共有8件，在判决书中单纯论及"惩罚性赔偿"的共有10件，原告未主张、被告在抗辩中论及"惩罚性赔偿"的共10件，原告虽然提出了适用"惩罚性赔偿"，但因被告不构成商标侵权而败诉的共6件。虽然这些类型的商标案件与"惩罚性赔偿"有关，但严格来说，因这些案件没有在"惩罚性赔偿"的适用问题上产生争议焦点，其不属于商标侵权惩罚性赔偿案件。排除这些类型的案件后，真正与商标侵权惩罚性赔偿有关的案件共126件，笔者将其分为五种类型：A 原告主张惩罚性赔偿、法院最后适用的案件；B 原告未主张惩罚性赔偿、法院最后适用的案件；C 原告在"诉讼请求"中明确主张惩罚性赔偿、法院最后未适用的案件；D 原告在"事实与理由"中明确主张惩罚性赔偿、法院最后未适用的案件；E 被上诉人在上诉中提及/主张惩罚性赔偿、法院最后未适用的案件。

统计结果表明，原告主张惩罚性赔偿、法院最后适用或者考虑的案件共11件，原告未主张惩罚性赔偿、法院最后适用的案件共15件，两类案件（A和B）均为法院最终适用惩罚性赔偿的案件，共26件，占20.6%。原告在一审或者二审诉讼中提出惩罚性赔偿，但法院未适用的案件（C、D和E）共100件，占79.4%；其中原告在诉讼中提出惩罚性赔偿，法院未适用也未说明理由的共86件，说明不予以适用理由的案件共14件（见表2-14）。

根据"威科先行"法律数据库中公布的判决书，2015年我国各级人民法院共审理8766件商标侵权案件，2016年审理19 719件，2017年审理31 580件，2018年审理43 193件。不难发现，法院每年审理的商标侵权案件中涉及惩罚性赔偿的案件占比不足0.1%。这说明，虽然《商标法》中规定了"惩罚性赔偿"条款，但在司法实践中涉及惩罚性赔偿的案件非常少。即使在涉及惩罚性赔偿的案件中，原告在"诉讼请求""事实与理由"或者在上诉中提出适用惩罚性赔偿条款，但法院最终予以适用的案件更少，多数案件法院并不适用惩罚性赔偿，有的案件在判决书中说明了不适用的理由，多数案件甚至没有说明理由。

表2-14　2014—2018年我国涉及惩罚性赔偿的商标侵权案件

年份	案件情况										总计（件）
	A	B	C	D	E	小计（件）	F	G	H	I	
2014年	0	1	0	1	1	3	0	0	2	0	5
2015年	2	11	0	6	6	25	0	0	1	0	26
2016年	1	0	1	12	2	16	0	5	0	0	21
2017年	5	1	7	32	4	49	4	3	4	3	63
2018年	3	2	2	11	15	33	4	2	3	3	45
总计	11	15	10	62	28	126	8	10	10	6	160

说明：

A：原告主张惩罚性赔偿、法院最后适用的案件

B：原告未主张惩罚性赔偿、法院最后适用的案件

C：原告在"诉讼请求"中明确主张惩罚性赔偿、法院最后未适用的案件

D：原告在"事实与理由"中明确主张惩罚性赔偿、法院最后未适用的案件

E：被上诉人在上诉中提及/主张惩罚性赔偿、法院最后未适用的案件

F：法院援引《民法总则》中的条款、提及"惩罚性赔偿"的案件（法院未适用）

G：法院单纯论及"惩罚性赔偿"并未适用的案件

H：原告未主张惩罚性赔偿、被告在抗辩中提及的案件（法院未适用）

I：原告主张惩罚性赔偿、但最后法院认定侵权不成立的案件（法院未适用）

在适用惩罚性赔偿的26件商标侵权案件中，其中有18件案件法院在判决书中明确说明适用惩罚性赔偿，另外8件法院并未明确说明适用，但考量了惩罚性赔偿因素。在这18件明确说明适用惩罚性赔偿的案件中，有9件是2015年山东省青岛市中级人民法院审理的"卡尔文·克雷恩商与厦门塞瑞达电子商务有限公司等侵害商标权纠纷"系列案件。从法院适用惩罚性赔偿的

理由来看，均包含侵权主观恶意明显和情节严重两个因素。在认定"主观恶意是否明显"时，法院一般从侵权行为人是否明知其属于侵权行为、是否属于再次侵权、是否属于屡禁不止、收到律师函后是否继续从事侵权行为等方面考虑；在认定"情节严重"时，法院一般从侵权行为持续的时间、侵权产品销售的地域范围、侵权人获利等方面考虑。

值得注意的是，在判赔数额问题上，只有4件案件明确说明了惩罚性赔偿适用的基础赔偿数额和倍数，其中（2015）惠城法民三初字第15号判决书在权利人损失的基础上法院给予两倍的惩罚性赔偿，（2014）惠城法民三初字第200号、（2017）京民终413号和（2017）京73民终1991号判决书中法院在侵权人获利数额的基础上给予惩罚性赔偿。其余的14件案件，法院对赔偿数额的确定均综合考量多种因素，并没有说明惩罚性赔偿的数额或者倍数是多少（见表2-15）。

表2-15 判决书中明确说明适用惩罚性赔偿的商标侵权案件

序号	案号	判赔金额（元）	倍数	理由概述
1	（2014）东二法知民初字第356号	50 000	—	被告侵权恶意明显，且在接到原告律师函后仍未停止侵权行为，情节严重
2	（2015）青知民初字第13号	500 000	—	被诉三家网店侵权行为恶意明显，应适用惩罚性赔偿原则。再综合考虑原告商标的知名度、被告主观过错严重、情节恶劣
3	（2014）闵民三（知）初字第413号	14 000	—	由于被告系再次销售侵权产品
4	（2015）闵民三（知）初字第164号	120 000	—	被告实施被控侵权行为，主观上具有恶意
5	（2015）惠城法民三初字第15号	30 000	2	被告使用了侵权原告商标权的商标，对消费者造成一定的误导，其实质上是一种搭乘"顺风车"的行为

续表

序号	案号	判赔金额（元）	倍数	理由概述
6	（2014）惠城法民三初字第 200 号	8000	1.6	对于惩罚性的赔偿部分，有两个因素可从轻酌定被告的赔偿责任，一是被告的获利；二是被告属于"被动侵权"，主观过错较小
7	（2017）津 0116 民初 544 号	60 000	—	被告的侵权行为属于《商标法》第 63 条规定的恶意侵犯商标专用权情节严重的情形，故应当加重赔偿责任
8	（2017）京民终 413 号	5 000 000	约 1.2	被告在多个省市、通过多种渠道，并且在工商行政部门已经查处的情况下继续从事侵权行为，考虑到涉案商标的显著性、知名度以及被控侵权行为所造成的损害后果的严重性，应当适用惩罚性赔偿
9	（2017）京 73 民终 1991 号	7 910 000	3	被告主观恶意明显，侵权情节严重
10	（2018）陕民终 247 号	100 000	—	上诉人置生效判决于不顾，仍然大量销售侵权产品，属重复侵权，主观恶意较深，情节严重，应承担惩罚性赔偿责任

注：（2015）青知民初字第 5 号、（2015）青知民初字第 7 号、（2015）青知民初字第 8 号、（2015）青知民初字第 9 号、（2015）青知民初字第 10 号、（2015）青知民初字第 11 号、（2015）青知民初字第 12 号、（2015）青知民初字第 22 号这 8 件案件的判赔金额为 100000 元，审理法院、类型、理由与（2015）青知民初字第 13 号案件相同。

另有 8 件案件的判决书中，法院在确定赔偿数额时考量了惩罚性赔偿因素，但并没有明确说明适用惩罚性赔偿条款，也没有说明给予几倍的惩罚性赔偿（见表 2-16）。

表 2-16 判决书中考量惩罚性因素的商标侵权案件

序号	案号	判赔金额（元）	倍数	理由概述
1	（2017）粤 13 民终 1150 号	60 000	—	被告应当赔偿原告相应的经济损失，其包括原告的维权成本及惩罚性赔偿的部分
2	（2018）粤 13 民再 17 号	400 000	—	同上
3	（2016）苏民终 718 号	300 000	—	依照上述法律规定，要突出发挥民事损害赔偿在制裁侵权行为中的作用，依法加大赔偿力度，加重恶意侵权、重复侵权行为的赔偿责任，有效遏制侵权行为的发生。在确定具体赔偿额时应考虑被告的主观恶意和权利人的损失
4	（2017）苏民终 220 号	700 000	—	理由同上，另本案在确定具体赔偿额时，重点考虑涉案商标的知名度、被告的侵权情节、原告的合理开支等因素
5	（2016）黔 01 民初 1558 号	600 000	—	被告在判决生效后，仍然继续侵权并扩大侵权范围及规模，其侵权主观恶意明显
6	（2017）粤 73 民终 2097 号	200 000	1.33	法定赔偿并非单纯的补偿性赔偿，其是具有一定惩罚性因素的赔偿方式，故在酌定赔偿数额时本院将考虑侵权行为是否具有适用惩罚性赔偿的条件
7	（2015）深中法知民初字第 556 号	1 000 000	—	本案考量了惩罚性赔偿，并综合考量涉案商标的显著性和知名度、攀附商誉之恶意等侵权情节和原告维权成本
8	（2017）粤民终 701 号	1 000 000	—	同上

在法院未适用惩罚性赔偿的 100 件案件中，法院说明不予适用理由的共 14 件，其余案件未作任何说明。法院不适用惩罚性赔偿的理由大致可以分为

两类：一类是未满足"恶意侵犯商标权，情节严重"的要求，共 5 件；❶另一类是虽然满足"恶意侵犯商标权，情节严重"的条件，但由于权利人的损失、侵权人的获利或者涉案商标许可使用费均无法确定，导致计算惩罚性赔偿数额的基础并不存在，故无法适用惩罚性赔偿，共 8 件。❷另有 1 件案件的判决中法院认为："因原《商标法》中没有惩罚性赔偿的相关规定，原告的该项上诉理由于法无据。"❸从上述统计研究和分析结果中不难发现，自 2013 年《商标法》规定惩罚性赔偿制度以来，涉及惩罚性赔偿的商标侵权案件非常少，即使商标权人主张适用惩罚性赔偿条款，法院也很少适用。惩罚性赔偿的适用比例低，严重制约着该制度作用的发挥。

值得注意的是，自 2020 年以来我国各级法院在审理商标侵权诉讼案件过程中，适用惩罚性赔偿的案件数量断崖式增长，其中的缘由值得进一步探究。

六、知识产权"三合一"审判改革进程缓慢

知识产权案件审判"三合一"改革是我国司法体制改革的重要组成部分。然而不可否认的是，立法的缺位、多机构之间协调、诉讼思维的差异亦使审判模式改革在实践中遇挫。因此有必要正确审视"三合一"改革中存在的问题，为进一步完善"三合一"模式提供理论支撑。

（一）缺少合法依据

党的十八大以来，中央持续推进司法改革，使法治观念深入人心。十八届三中全会后，党中央强调凡属重大改革都要于法有据。❹于法有据、依法改革的核心价值理念为知识产权司法保护树立了基本方向。因此，法院的审

---

❶ 包括（2015）廊民三初字第 6 号、（2016）苏 12 民终 1408 号、（2017）鄂 06 民初 317 号、（2017）浙 01 民终 9104 号、（2018）鲁民终 714 号等判决书。

❷ 包括（2017）沪民终 342 号、（2017）浙民终 197 号、（2016）沪 73 民初 443 号、（2015）沪知民初字第 731 号、（2015）沪知民初字第 731 号、（2017）津 0116 民初 537 号、（2017）沪 0112 民初 5615 号、（2017）沪 73 民终 245 号等判决书。

❸ 江西省高级人民法院（2015）赣民三终字第 8 号民事判决书。

❹ 新华网："推进深化改革 中央强调'于法有据'"，载 http：//www.xinhuanet.com//politics/2014-03/02/c_119567364.htm，最后访问日期：2019 年 8 月 5 日。

判机制改革也必须在我国现行的法律框架内进行。目前，多地"三合一"模式变革多数表现为案件集中管辖、提级管辖以及受案集中移送等，其依据多为上级法院的指导性文件而并非国家的正式法律规范。如《国家知识产权战略纲要》《最高人民法院关于在全国法院推进知识产权民事、行政和刑事案件审判"三合一"工作的意见》等，但这些文件并无法律上的效力，事实上我国也从未以正式的法律规范确认审判模式的合法性。❶虽然司法实践中以行政化手段推行的制度改革能迅速在组织内部实现机构整合及人员调整，且这些变动在实践中提升了知识产权审判的效率与质量，但实际上"三合一"模式已经突破了三大诉讼法关于地域管辖和移送管辖的规定。例如，根据《民事诉讼法》相关规定，只有本不属于该法院管辖的案件，才能够移送到有管辖权的人民法院；❷而在"三合一"改革实践中，基于案件的集中审理原则，即使某法院对案件有管辖权也会移送到指定的法院。从理论上来看，司法的前提是依据法律，法院在现行法律未作出实质修改之前开展试点工作确有"事实违法"的嫌疑。❸同时，试点法院之间、试点法院与非试点法院之间适用的程序和审判制度皆有差别，亦会导致类案不同判的结果，不仅无法达到"三合一"的预期效果，也与司法改革的根本目的相背。此外，改革走在立法之前会导致相关法律规范无法统筹调整，审判机制与配套措施的衔接问题会愈发凸显，立法缺位的先天劣势之下改革探索之路难免受阻。例如，三大诉讼法并未就"三合一"在证据收集规则、证明规则、责任分配上有明文规定，《人民法院组织法》对"三合一"合议庭的组成也没有明确规定；各法院对"三合一"运行的不同理解，使审判模式不仅在当下的机制运行中容易出现问题，在将来的全国推行中也会存在一定困难。

（二）缺乏统一性

司法权的行使需要整体性思维，审判模式的设计应该立足于知识产权司

---

❶ 吴如巧、姚柯纯："试论我国环境法庭'三审合一'审判模式"，载《江西理工大学学报》2017年第4期。

❷ 《民事诉讼法》第36条。

❸ 胡淑珠："试论知识产权法院（法庭）的建立——对我国知识产权审判体制改革的理性思考"，载《知识产权》2010年第4期。

法保护体系的全局。❶ 如前所述，从司法改革的总体布局出发，"三合一"模式改革应充分对接知识产权法院体系建设，发挥点面协同效应。2014年，北京、上海、广州三个城市成立了知识产权法院。作为司法改革在知识产权司法领域的重大推进，知识产权法院的建立也是"三合一"改革中专业化、集约化思路的进一步延伸。具言之，正是专业化的审判模式为专业法院的建设奠定了基础，知识产权法院的成立可谓水到渠成。然而，在最高人民法院普遍推进"三合一"的背景下，北上广三家知识产权法院仍只采取民事、行政"二合一"的审判模式。对此，有学者认为，知识产权法院的"二合一"是一种改革上的退步，属于"逆潮流"之举。❷

追本溯源，知识产权法院采取"二合一"虽然欠缺整体性思维，但也是出于对司法实践的现实考量。近年来，虽然我国知识产权案件数量激增，但总体来说民事案件居多，而行政、刑事案件偏少。2013年我国地方各级人民法院共新收知识产权民事一审案件88 583件，行政一审案件2886件，侵犯知识产权罪一审案件5021件。2019年地方各级人民法院共新收知识产权民事一审案件399 031件，行政一审案件16 134件，侵犯知识产权罪一审案件5242件。❸ 可以看出，法院每年新收侵犯知识产权刑事案件的数量约占全部知识产权案件数量的1.25%。且知识产权刑事案件需要公安部门、检察院和法院之间的协调配合，因此出于较为稳妥的考虑，暂且将知识产权刑事案件排除在知识产权法院的管辖之外也无可厚非。但是，如今知识产权法院对技术类知识产权民事和行政案件享有管辖权，当事人对其判决不服的需要上诉至最高人民法院知识产权法庭；而侵犯专利、商业（技术）秘密和计算机软件著作权的刑事案件则由普通法院的刑事审判庭管辖，当事人对刑事判决不服的只能上诉至中级人民法院或者高级人民法院，这种刑民分离、审级混乱的案件管辖体系割裂了专门法院进行专属管辖的统一性，❹ 既不利于司法标准的统一，也加重了当事人的诉讼负担。

---

❶ 梁平："司法改革语境下知识产权法院的设立与运行机制研究"，载《知识产权》2019年第2期。

❷ 冯晓青、徐相昆："我国知识产权法院发展现状及其改革研究"，载《邵阳学院学报（社会科学版）》2015年第6期。

❸ 最高人民法院知识产权审判庭：《中国法院知识产权司法保护状况》，人民法院出版社2019年版，第2-5页。

❹ 吴汉东："中国知识产权法院建设的理论与实践"，载《知识产权》2018年第3期。

另外，除了纵向上知识产权法院与普通法院之间存在区别、欠缺整体性考量外，横向上各地"三合一"模式改革也存在不平衡、多元化、审判"下合上分"的现象。❶我国幅员辽阔，各地经济发展存在差异，因此"三合一"试点主要集中在经济较为发达、知识产权案件相对较多的地区；在西部欠发达地区，知识产权案件相对较少，"三合一"的改革意义不大。此外，目前试点"三合一"的法院中，许多法院一审合一，二审又分立，出现"下合上分"现象，未能发挥"三合一"统一裁判标准的机制优势。在全国多地已形成不同实践经验的情况下，如何在多元的改革经验中整合出良效的改革路径对最高人民法院来说仍然是一种挑战。

（三）配套措施尚不完善

司法改革的根本目的在于解决司法地域化与分散化的弊端，从多点开花的"三合一"试点到北上广三家知识产权法院的建立，再到最高人民法院知识产权法庭的成立，都表明我国知识产权审判制度变革从不断分散、扩张走向集约化发展模式。❷以此思路为落脚点，裁判标准更为统一、审判人员更为专业、诉讼程序衔接更为流畅的知识产权审判模式成为我国知识产权审判改革的必然选择。"三合一"不仅仅是为了一并审理民事、行政和刑事问题，更在于对民事、行政和刑事法律制度的共同综合运用，以解决技术性因素所带来的不同审判庭认定与判断的困难，从而实现司法资源的优化。❸为了避免"形"合而"神"不合，除了组织形式上的审判庭合并之外，在诉讼程序、证据采用以及审判力量等配套措施构成上仍有诸多问题亟待解决。

在"三审分立"的审判模式下，由于诉讼思维不同，民刑交叉、民行交叉案件中诉讼程序衔接不畅的情况存在已久，"三合一"未能彻底改变这一弊病。在民刑交叉案中，"先刑后民"还是"先民后刑"的理念之争依然存在。"先刑后民"的观点认为，公益先于私权原则要求在民刑交叉案件中优先追究犯罪嫌疑人的刑事责任，且刑事案件的裁判结果可作为处理民事案件的

---

❶ 易继明："构建知识产权大司法体制"，载《中外法学》2018年第5期。

❷ 马一德："知识产权司法现代化演进下的知识产权法院体系建设"，载《法律适用》2019年第3期。

❸ 易玲："知识产权三审合一的'合'与'分'——兼谈日本知识产权专门化审判模式及我国的路径选择"，载《政治与法律》2011年第11期。

依据，以刑事诉讼为主线衔接民事诉讼，统筹知识产权诉讼体系，有利于受害人的救济实现；❶"先民后刑"的观点认为，知识产权犯罪本质上也是知识产权民事侵权行为，只不过行为人既需要承担民事责任，也需要受到刑事处罚。而判定知识产权侵权成立与否属于民事诉讼的范围，故应先就民事侵权问题作出判定，刑事法官在此基础上再作出是否构成犯罪的判断。❷然而，"先刑后民"关注的是侵权行为是否构成犯罪而忽略知识产权权属本身。以侵犯商业秘密罪为例，诉讼程序上"先刑后民"可能会造成刑事审判认定行为人有罪而商业秘密本身并不成立的现象；而"先民后刑"由于民事诉讼在取证上没有强制性要求，也易导致侵权人藏匿或毁灭证据，影响刑事取证的及时性。同时，民事诉讼先于刑事诉讼也不利于及时打击犯罪，有违知识产权刑事保护的初衷。虽然"三合一"可以通过集中审理的方式解决其中的矛盾，但在追究侵权人责任先后上，依然无法弥合诉讼理念之间的差异。此外，由于刑事案件有可能跨行政区域，不同省市之间公安部门、检察机关的协同和案件移送等问题在实践中也很难解决。

"三合一"模式推行的基础在于民事、刑事、行政诉讼程序在某些方面具有共通性，但审判庭的合并不直接意味着诉讼体系固有特点的融合。三大诉讼法证据规则和证据标准的差异一直是"三合一"在审判过程中的把握难点。同样以民刑交叉案件为例，在证明力标准上，刑事案件采用的证据证明标准为"排除合理怀疑"，❸民事案件则适用"优势证明规则"。❹在证明责任分配上，除刑事自诉案件外，公诉案件中均有公安机关或检察院承担举证责任；而民事诉讼的证明责任分配历来是"谁主张，谁举证"。一般来说，鉴于刑事案件的证明标准较高，从保护社会法益、严格保护知识产权、打击知识产权犯罪的角度看，在"三合一"模式中统一采用刑事案件的证明标准似乎并无不妥。然而在司法实践中，由于知识产权客体的无形性特点，证据收集

---

❶ 王多：《知识产权刑事诉讼体制的集成改革模式——兼论以审判为中心对"三审合一"的辩证规制》，见《法院改革与民商事审判问题研究——全国法院第29届学术讨论会获奖论文集（上）》2018年。

❷ 孙海龙、董倚铭：《知识产权审判中的民刑冲突及其解决——以构建协调的诉讼程序和专业审判组织为目标》，载《法律适用》2008年第3期。

❸ 《刑事诉讼法》第48条、第195条。

❹ 《最高人民法院关于民事诉讼证据的若干规定》第73条。

难度大（尤其在网络环境下），即使在适用民事诉讼证据标准的情况下被侵权一方往往都无法就自己遭受的实际损失顺利举证，直接造成知识产权诉讼周期过长、权利无法及时得到救济的问题。

审判组织缺乏固定性、审判资源的分配不平衡也是制约"三合一"模式进一步推进的重要原因。目前，除了知识产权法院以外，普通法院"三合一"的审判人员主要由知识产权审判庭全体及部分民事、刑事、行政审判庭的成员组成。相对知识产权法院而言，普通法院的"三合一"合议庭由内部行政指令组成，相关人员没有专门的独立编制，且人员时常由法院进行调动。例如，在开展试点"三合一"的"南山模式"中，刑事审判庭和行政审判庭的审判人员存在临时性的特点，难以保证审判组织和人员的相对固定。❶另外，专业化审判资源分布不均也在一定程度上拉低了"三合一"的集约效应。2019年，广州知识产权法院新收案件12 896件，同比增长27.86%；办结13 488件，同比增长43.37%。法官人均结案499件，同比增长123件。❷知识产权法院的法官几乎每天就要审结两个案子，加之技术类知识产权案件的专业化程度高，审理难度大，法官的工作量十分繁重，审判人员的不足与案件数量激增的矛盾突出。相比之下，2019年全年贵州省法院共受理各类知识产权案件1860件（含旧存152件）；审结1649件，结案率88.70%。❸案件的受理量和审结量只有广州知识产权法院的1/10。不难看出，因地区经济发展不平衡导致知识产权案件量差异巨大。对于知识产权法院而言，超额的工作量不仅意味着法官负担沉重，案件质量得不到保证，也意味着刑事案件纳入知识产权法院统一管辖的计划将继续被搁置。

---

❶ 沈强："从'三审合一'到知识产权专门法院 兼论知识产权审判模式和体制的改革"，载《电子知识产权》2010年第8期。

❷ 中国知识产权资讯网："广州知识产权法院发布年度知识产权司法保护状况和典型案例"，载http://www.cipnews.com.cn/Index_NewsContent.aspx?NewsId=122166，最后访问日期：2020年10月13日。

❸ 新华网："贵州法院发布知识产权司法保护状况"，载http://www.gz.xinhuanet.com/2020-04/28/c_1125915599.htm，最后访问日期：2020年10月13日。

本章小结

《国家知识产权战略纲要》颁布实施十多年以来，最高人民法院着力推进知识产权审判领域改革与创新，强化知识产权审判监督指导。尤其是党的十八大以来，人民法院为深入贯彻实施国家知识产权战略和创新驱动发展战略，以严格保护、深化改革、完善制度、统一规则为着力点，不断推进知识产权审判体系和审判机制改革，知识产权专门审判工作取得丰硕的成果。目前，我国已经形成四家知识产权法院、26个知识产权法庭和最高人民法院知识产权法庭为一体的知识产权专门审判模式。知识产权法院（庭）自成立以来审理了大量技术类知识产权案件，着力解决侵权成本低、维权成本高等问题，初步建立了知识产权案例指导制度，设立法官选任制度和技术调查官制度。我国知识产权司法审判体系趋于完备，知识产权司法审判机制日臻完善，知识产权保护司法改革持续创新，知识产权司法保护绩效显著提高。但是，随着国家知识产权战略的深入实施，我国知识产权司法审判体系仍然存在不尽如人意的地方。知识产权法院（庭）级别管辖混乱，缺乏统一的知识产权上诉法院，技术调查官的设置不科学，指导性案例的作用未能充分发挥，确定知识产权损害赔偿的规则不合理，知识产权民事、行政和刑事案件"三合一"审判缺乏机构协调，这些问题严重制约着我国知识产权案件专门化审判道路的前进。

知识产权司法体制深化改革的关键在于设立知识产权上诉法院或高级法院，使得专门法院系统拥有技术类知识产权案件的终审权。[1]我国建立知识产权专门法院的初衷就是提高技术类知识产权案件审判的专业化水平，这就要求技术类知识产权案件自一审至二审均应当由专业的法官通过专门的程序来审理，以保障案件裁判标准在最大程度上的统一。知识产权法院建设应坚持系统化思维，以统一裁判尺度、提高诉讼效率为目标，顶层设计知识产权

---

[1] 吴汉东："中国知识产权法院建设：试点样本与基本走向"，载《法律适用》2015年第10期。

法院体系，自上而下整体推进。❶ 综观全球，通过专门法院体系审理技术类知识产权案件已经成为世界上主要国家司法改革的潮流。知识产权专门法院体系的建设和完善是一项巨大的工程，我国有必要借鉴域外知识产权法院的经验，并结合现实国情，建立有中国特色的知识产权专门法院。

---

❶ 许春明："浅谈知识产权法院体系框架的构建"，载《中国发明与专利》2015年第1期。

CHAPTER 03 >> 第三章

知识产权法院建设的比较研究

20世纪60年代,德国成立了联邦专利法院,这是世界上第一个专门审理知识产权案件的法院。自此以后,美国、英国、韩国、日本、泰国、欧洲及我国台湾地区均成立了知识产权法院。研究这些国家或地区知识产权法院的运作情况,可以为我国知识产权法院的建设提供有益经验。

第一节 德国联邦专利法院

一、设立背景:上诉委员会裁决法律救济的缺失

德国联邦专利法院(Bundespatentgericht)的建立源于德国专利局(Patentamt)上诉委员会(Beschwerdesenate)裁决的法律救济缺失。20世纪50年代,当事人会利用德国专利局纠纷处理程序中的法令维护自身权利。根据《德国专利法》的规定,原告可以要求败诉的被告支付993马克,约合200美元的律师费,但是德国专利局的上诉委员会只判给胜诉当事人547马克,剩余的律师费需由当事人自行支付。❶ 当时,《德国专利法》规定专利局上诉委员会的决定是最终救济,对其不得另

---

❶ Pakuscher K.Ernst, The Symbiosis of Lawyers and Natural Scientists as Judges of the Federal Patent Court in the Federal Republic of Germany, Tulane European & Civil Law Forum, Vol.9,(1994), pp.215-226.

行提起诉讼。而根据《德意志联邦共和国基本法》(Grundgesetz)第19条第4款的规定，如果公民权利受到行政机关的侵害，可以向独立的法院寻求救济，即使《德国专利法》没有规定类似的补救措施。原告方律师认为，德国专利局的法令可以被定性为行政行为，故可以根据《德意志联邦共和国基本法》第19条第4款进行司法审查，并以此为由向位于慕尼黑的巴伐利亚州行政法院提起诉讼，要求法院撤销专利局上诉委员会的裁决。后经各方同意，对行政法院的决定直接向德国联邦行政法院提起上诉。1959年6月13日，时任首席大法官的沃纳(Werner)主持审理了此案。德国联邦最高法院裁定，德国专利局上诉委员会不构成独立的法院。同时指出，一个机构要被承认为一个独立的法院，其法定人数中至少有一名律师。然而，由于德国专利局上诉委员会中没有律师，其成员均为联邦政府的公务员，所以专利局抗告与无效委员会只能是行政机构，因此，其决定必须经过行政法院的审查。❶此案带来的直接影响是，由于行政法院缺乏相关技术能力，大量的技术专利申请案件得不到迅速和有效的裁定，所以，迫切需要建立独立的专利法院。当时，联邦德国在工业和知识产权领域拥有单独立法权，新法院应由联邦管辖，但根据《德意志联邦共和国基本法》的规定，除联邦法院之外，各州拥有组织法院的专有权。为了解决该矛盾冲突，《德意志联邦共和国基本法》在较短的时间内完成了修订，规定联邦拥有建立知识产权法院的专有权。

1961年7月1日，位于慕尼黑市的德国联邦专利法院正式成立，其属于联邦司法部的业务范围，负责审理专利等工业知识产权效力的案件。至此，世界上第一个知识产权专门法院诞生。

二、法官配置：技术法官与法律法官相互配合

根据《德意志联邦共和国基本法》、《德国法院组织法》及《德国法官法》的规定，德国联邦专利法院的法官由法律法官和技术法官组成，法律法官

---

❶ Entscheidungen des Bundesverwaltungsgerichts [BVerwGE] 8, 350; Blattfür Patent-, Muster-und Zeichenwesen [Bl.F.PMZ] 1959, 258; Gewerblicher Rechtsschutz und Urheberrecht [GRUR] 1959, 435; Neue Juristische Wochenschrift [NJW] 1959, 1507; Betriebsberater [BB] 1959, 646.

必须精通法律并受过职业培训，具备《德国法官法》规定的任职资格。❶ 截至 2015 年，德国联邦专利法院的法官共有 118 名，其中技术法官（technical judge）占法官总数的一半以上，大部分为在相关技术领域拥有多年工作经验的科学家或技术专家，拥有自然科学或技术学科的高等教育背景，并通过国家级或学术性的结业考试。通常来说，技术法官还需具备一定程度的法律知识，尤其需要对《德国专利法》十分了解。在案件审判过程中，技术法官与法律法官拥有相同的权利和义务。❷ 法官任职为终身制，原则上不被免职，其职位调动也不得违反法官本人的意愿。在职权行使上，法官只受法律约束而不受任何行政命令或其他指令的干涉，在职权行使及人身意愿不受影响的情况下接受职务监督。

德国联邦专利法院设立主席团为法官分配审判事务。主席团由十名法官委员和一名主席组成，主席由法院院长担任，法官委员每四年选举一次，其中必须有一名法官委员具备法学背景。根据德国宪法的基本原则，诉讼涉及的法院和法官必须预先确定。因此，在案件分配上，德国联邦专利法院会每年预先拟定一份案件分配计划，为已提起诉讼案件安排审判庭及法官，该计划不得随意修改。❸

德国联邦专利法院共有 29 个审判庭，包括 23 个上诉审判庭（13 个技术上诉审判庭、8 个商标上诉审判庭、1 个实用新型上诉审判庭、1 个品种保护上诉审判庭）、5 个无效庭和 1 个上诉兼无效审判庭。各审判庭设立事务处负责案件的文档管理、法庭记录等行政事务。各庭具体职责范围及法官分配如表 3-1 所示。

---

❶ 参见《德国专利法》第 65 条第 2 款。
❷ Dordick B.Samuel, Lay Jurors: The True Casualties of the Apple v.Samsung Smartphone Patent Wars, Temple International & Comparative Law Journal, Vol.29, Issue 2（Fall 2015）, pp.239-274.
❸ 参见德国联邦专利法院信息手册中文版第 7 页原文：这就意味着，在法律纠纷和诉讼中，主管的法院和主管的法官必须是预先确定好的。通常每年会事先拟定一份所谓的事务分配计划（《德国专利法》第 68 条，法院组织法第 21e 条），给每个审判庭分配已提起的起诉和上诉案件，确定各法官的审判任务以及各审判庭具体的法官配置。这个在一年中适用的事务分配计划在其有效期内只有在满足法律规定的前提下才能得以修改，任何人都可以从联邦专利法院的网站上（www.bundespatentgericht.de）查阅该计划的内容。

表 3-1 德国联邦专利法院各审判庭具体职责范围及法官配置

审判庭类型	人员构成	审判长类别	审判员类别	职责范围
法律上诉审判庭	3名法官	1名法律法官	2名法律法官	裁决对德国专利局请求的异议纠纷以及对德国专利与商标局（German patent und Merkenamet）有关费用所作裁决而提起的上诉
技术上诉审判庭	4名法官	1名技术法官	2名技术法官和1名法律法官	处理针对德国专利与商标局的审查部门所作裁决不服而提起的上诉案件。裁决范围为专利的授予、维持、撤销或限制
商标上诉审判庭	3名法官	1名法律法官	2名法律法官	针对德国专利与商标局的商标部门所作裁决而提起的上诉案件
实用新型上诉审判庭	3名法官	1名法律法官	法律法官和技术法官人数不特定，根据具体诉讼确定，总数为2人	负责审理针对有关实用新型和集成电路布图设计保护而提起的诉讼案件
品种保护上诉审判庭	4名法官（如果针对德国联邦品种局所作裁决而提起的诉讼是涉及"品种名称的变更"的，则由3名法律法官进行审理）	1名法律法官	2名技术法官	负责审理针对德国联邦品种局异议委员会所作裁决而提起的上诉

续表

审判庭类型	人员构成	审判长类别	审判员类别	职责范围
无效庭	5名法官	1名法律法官	1名法律法官和3名无效争议所在特定技术领域的技术法官	职权范围：针对由德国专利与商标局授予的专利以及由欧洲专利局颁发的德国境内的专利权提出的无效宣告诉讼，以及针对专利权强制许可的授予或撤销提起的诉讼

注：审判庭由4名法官组成的情况下，可能会出现表决数相同的情况，此时按法律规定以审判长的意见为准。参见《德国专利法》第70条第2款。

从表3-1中可以看出，德国联邦专利法院中除了法律上诉审判庭和商标上诉审判庭仅由法律法官组成合议庭之外，其他的27个审判庭均由法律法官和技术法官共同组成合议庭，但是其中合议庭成员人数、技术法官人数和职责各不相同。审理专利诉讼案件的重点和难点是在查明涉案技术事实的前提下准确适用法律。技术法官与法律法官共同组成合议庭参与专利案件审判的模式在德国联邦专利法院中发挥着重要作用，该合议庭组成模式有利于迅速查明技术事实，准确适用法律解决专利纠纷，同时可以保障专利案件的高质量审判效果，充分体现了专利法为技术发展服务的理念，使德国专利制度以及专利品质得到世界的认可。❶

三、案件管辖：专门审理知识产权行政案件

德国是世界上最早设立专门知识产权法院的国家，作为专利纠纷发生频率最高的欧洲国家，❷在知识产权案件专门审判方面的经验也被很多国家借鉴。德国法院系统分为普通法院和专门法院。其中普通法院分为四级，即地方法院、地区中级法院、州高等法院和联邦最高法院；专门法院又包括财政

---

❶ 陈存敬、仪军："知识产权审判中的技术事实查明机制研究"，载《知识产权》2018年第1期。
❷ Love J.Brian, Helmers Christian, Gaessler Fabian, Contreras Jorge L, Litigation of Standards-Essential Patents in Europe: A Comparative Analysis, Berkeley Technology Law Journal, Vol.32, Issue 4（2017），pp.1457-1488.

法院、社会法院以及专利法院等。德国联邦专利法院具有独立性，在审判级别上，其与州高等法院级别相同，当事人对其裁决不服的，可以上诉至德国联邦最高法院。

德国尽管设立了专门知识产权法院，但与知识产权有关的纠纷案件并不是统一由该法院管辖。为了缓解法院案件积压的顽疾，提高专利案件审判的专业性和准确性，德国实行专利侵权与确权诉讼相分离的双轨制度：普通法院审理专利民事侵权案件，联邦专利法院审理专利确权案件。❶然而这也意味着，当一个专利纠纷案件同时涉及侵权问题和效力认定问题时，负责审判侵权问题的法院可能会暂停审理，直到联邦专利法院就专利的效力作出裁决。❷当然，在德国这种情况并不经常发生，因为法院通常不愿意中止诉讼，除非有明确的证据表明案件所涉及专利的效力存在争议。❸有数据表明，在所有专利诉讼案件中，只有不到一半的案件被准许延期审理。❹

德国12个指定地区法院（Landgericht）的专利诉讼分庭（部分法院有多个专利诉讼分庭）主要负责审理第一审专利侵权案件。❺如果当事人不服地区法院作出的一审判决，可在一个月内向有关地方高等法院（Oberlandesgericht）提起上诉。❻如果当事人对地方高等法院的判决不服，还可以上诉至联邦最高法院。❼德国联邦专利法院是联邦体制下一个独立的法院，主要审理不服专利局的决定提起的异议、宣告专利无效的诉讼和有关专利强制许可的诉讼

---

❶ 针对不服专利行政机关裁决的行政诉讼由联邦专利法院管辖，而平等主体的专利民事纠纷由各州的普通法院管辖。参见《德国专利法》第65条和第143条。

❷ Dordick B.Samuel, Lay Jurors: The True Casualties of the Apple v.Samsung Smartphone Patent Wars, Temple International & Comparative Law Journal, Vol.29, Issue 2 (Fall 2015), pp.239-274.

❸ Fei Charleen, Justice Delayed is Justice Denied: The Principle of Bifurcation in the German Patent Litigation System, Wake Forest Journal of Business and Intellectual Property Law, Vol.14, Issue 4 (Summer 2014), pp.619-670.

❹ Graham J.H.Stuart, Van Zeebroeck, Nicolas, Comparing Patent Litigation across Europe: A First Look, Stanford Technology Law Review, Vol.17, pp.655-708.

❺ Kwon Janice, Vallone Mark, Bifurcation of Validity and Infringement Determinations, Journal of the Patent and Trademark Office Society, Vol.98, Issue 4 (2016), pp.956-969.

❻ Tilman Müller-Stoy, Alexander Haertel, National Patent Litigation-Germany, les Nouvelles 295 (2018).

❼ Weiss B.Matthew, Options for Federal Circuit Reform Derived from German Legal Structure and Practice, Note, Columbia Science and Technology Law Review, Vol.16, Issue 2 (Spring 2015), pp.358-384.

案件。[1]

四、损害赔偿：以填补损失原则为基础

德国侵权法体系以填补损失原则为基础，虽然在计算侵权损害赔偿数额时会考虑侵权人主观恶意、避免侵权人获利、预防侵权等因素，但德国法不承认惩罚性赔偿制度。[2] 整体来看，德国知识产权侵权损害赔偿制度构建以《德国民法典》为基础，涵盖《德国专利法》《德国版权法》《德国实用新型法》等多部法律，包括侵权人获利、权利许可费等计算依据的法律体系。从计算标准来看，德国与美国、日本的计算方式相似，但在影响计算方法的相关因素以及证明标准上仍存在差异。

《德国民法典》第 249 条第 1 款规定："负有损害赔偿义务的人，必须恢复若损害未发生时权利人应处的状态。"根据这一规定，侵权人必须补足权利人在被侵权前后所产生的利润差额。此外，根据《德国民法典》第 252 条，赔偿义务人要赔偿的损失也包括利润损失，即在正常情况下或在特殊情况下，由于权利人所采取的措施和预期措施，极有可能获取的利润。因此，根据《德国民法典》的规定，侵权损害赔偿的范围还包括知识产权人的所失利益。以专利侵权为例，《德国专利法》第 139 条规定了专利权侵权损害赔偿的构成要件与计算方法。其一，从主观要件来看，侵权人必须具有故意或过失；其二，从客观要件来看，侵权人的行为必须属于违反该法第 9～13 条使用专利发明的行为；其三，从计算方法来看，专利权人可以选择三种计算方式，分别是侵权人获利、权利人所失利益以及专利许可费。其中权利人所失利益是一种预期利润，是专利权人应得而因侵权行为未得的利益。具体而言，德国司法实践认可了两种所失利益的类型：一是专利权人的销量损失，具体是指若侵权行为未发生，专利产品本应销售的数量与实际销量之间的差额；二是价格侵蚀，是指专利权人本可以提升专利产品的价格，但由于侵权产品的竞争，不得不降低价格，这种预期提升的价格与降低的价格之间的差

---

[1] 郭寿康、李剑："我国知识产权审判组织专门化问题研究——以德国联邦专利法院为视角"，载《法学家》2008 年第 3 期。

[2] ［德］马格努斯：《侵权法的统一：损害与损害赔偿》，谢鸿飞译，法律出版社 2009 年版，第 132-133 页。

额就是价格被侵蚀的部分。❶ 在德国主流观点看来，通过计算侵权人获利来推定权利人的损失实质上是一种拟制。❷ 侵权人获利的数额等于侵权人的销售额减去可扣除成本后的利润，再用该利润乘以涉案专利在侵权产品中的贡献率。合理许可费等于参考基准乘以合理许可费费率。❸《德国专利法》并未规定权利人所失利益、侵权人获利以及专利许可费三种计算方式的适用顺序，因此，权利人可以自由选择适用何种方式计算赔偿数额。此外，《德国民事诉讼法》第287条还赋予法官以自由裁量权，由法院估测损害赔偿数额。❹

五、程序衔接：可以直接裁决专利权的效力

德国联邦专利法院成立之前，德国专利局设有无效委员会，负责处理不服专利局决定的专利无效宣告请求案件，当然，对专利局无效宣告委员会的处理结果不服的，当事人可以向行政法院提起行政诉讼。德国联邦专利法院成立后，法院内部设有上诉庭和无效庭，主要负责审理德国专利局无效委员会的行政行为，从而取消了行政法院对专利行政诉讼案件的管辖权。❺ 并且，德国联邦专利法院与州高等法院平级，如果当事人不服其裁判结果只能上诉至联邦最高法院。❻

为了避免专利行政诉讼冗长的问题，德国对专利复审无效程序进行了彻底的司法改革，将其作为一级司法程序。❼ 在德国的专利诉讼中，专利侵权诉讼和无效诉讼不在同一案件中审理。由于决定专利的有效性是一种行政行

---

❶ Alexander Harguth, Patents in Germany and Europe—Procurement, Enforcement and Defense, Netherlands: Wolters Kluwer, 2011.

❷ Klett Sonntag Wilson, Intellectual Property Lawin Germany: Protection, Enforcement and Dispute Resolution, Muünchen: Verlag C.H.Beck, 2008.

❸ Schonknecht M., Determination of Patent Damages in Germany, IIC, 2012, (3): 309-322.

❹ ZPO, § 287.

❺ McEniery Ben, The Time Is Nigh: A Proposal for an International Patent System, Chicago-Kent Journal of Intellectual Property, Vol.16, Issue 1（2016）, pp.167-202.

❻ 黄超、韩赤风："德国专利纠纷诉讼解决机制及其借鉴"，载《法律适用》2018年第13期。

❼ 马一德："知识产权司法现代化演进下的知识产权法院体系建设"，载《法律适用》2019年第3期。

为，无效诉讼完全属于联邦管辖范围——联邦专利法院。❶也就是说，专利无效宣告请求首先由当事人向德国专利局无效宣告委员会提起，由其审理后作出决定，如果当事人不服无效宣告委员会的决定，可以直接上诉至德国联邦专利法院，由联邦专利法院对专利权的效力作出最终判决。因此，德国在专利民事和行政案件诉讼程序的衔接方面的特点在于：其一，将专利局对专利效力的审查作为一个司法性质的救济程序；其二，德国联邦专利法院完全有权在专利无效诉讼中决定专利权的效力。❷这种程序设置既保留了行政机关审查和决定知识产权效力的权力，又可以在最大程度上减少或避免知识产权确权行政程序中的"循环诉讼"现象。

第二节　美国联邦巡回上诉法院

一、设立背景：特殊历史环境下的产物

美国联邦巡回上诉法院（U.S.Court of Appeals for the Federal Circuit，CAFC）于1982年10月1日根据《美国联邦宪法》（United States Constitution）第3条设立，由美国关税和专利上诉法院（Court of Customs and Patent Appeals）与美国索赔法院上诉部门（Appellate Division of the Court of Claims）合并组成。CAFC的设立除了因美国司法系统面临改革困境外，还受特殊历史环境的影响。

在成立CAFC之前，《美国专利法》的适用存在若干具体问题：首先，地区巡回上诉法院的法官一般缺乏专利法律知识，并且具备技术背景的法官很少；其次，不同的地区巡回法院处理专利案件的方式存在很大差异，有的地区的巡回法院相当"敌视"专利，而有的地区的巡回法院对专利较为"友好"，

---

❶ Fei Charleen, Justice Delayed is Justice Denied: The Principle of Bifurcation in the German Patent Litigation System, Wake Forest Journal of Business and Intellectual Property Law, Vol.14, Issue 4 (Summer 2014), pp.619–670.

❷ Pakuscher K.Ernst, Patent Procedure in the Federal Republic of Germany, International Tax & Business Lawyer, Vol.4, Issue 1 (Spring 1986), pp.86–104.

这直接导致"择地起诉"（Forum Shopping）现象猖獗；❶最后，联邦法院系统缺乏可以为全国重要法律问题提供快速和明确答案的机制。同时，专利诉讼案件的激增也使美国联邦法院系统不堪重负。20世纪六七十年代，美国专利申请量从1963年的90 982件增加到1977年卡特政府第一年的108 377件，增长17%，❷专利申请数量的增长导致专利诉讼成比例地增加，这大幅度增加了美国关税和专利上诉法院中五名法官的工作量。到20世纪70年代后期，关税和专利上诉法院提出了更多的审查请求，要求五名法官分别参加每一专利案件，进一步增加了法官的工作量。❸专利上诉案件的大量增加也使美国联邦最高法院面临巨大的工作压力。因此，联邦法院必须进行结构性变革，以应对联邦系统中不断增加的专利诉讼案件数量。

除了联邦法院系统本身的问题，美国的经济环境也是CAFC成立的重要因素之一。20世纪70年代以来，美国实体经济增长乏力，如何使专利推动科技成果商业化成为卡特政府的重点关注方向。因此，即使CAFC在之后的建立过程中存在很多争论，但最终均有广泛的共识，即需要针对专利制度的失败及其对美国创新的不利影响采取一系列措施。现任CAFC的法官波琳·纽曼（Pauline Newman）表示："经济衰退和工业停滞导致了这个法院的建立，其将有助于通过加强经济激励来振兴工业创新。"❹

然而，成立CAFC的过程并非一帆风顺。1971年，时任首席大法官的沃伦·伯格（Warren Burger）成立了一个由哈佛大学法学院教授弗罗因德（Paul A. Freund）领导的委员会，以研究和解决联邦最高法院案件数量不断增加的问题。该委员会建议设立一个国家上诉法院，以减轻联邦最高法院的负担。1972年，由参议院司法委员会主席参议员罗曼·赫鲁斯卡（Roman Hruska）率领的国会委员会得出了类似的结论。但是，国会并未采取任何行动，司法系统改革似乎将面临失败的局面。直到1979年2月，迫于经济形势的下滑

---

❶ Feerick John, Fordham Conference on International Intellectual Property Law and Policy-Welcoming Remarks, Fordham Intellectual Property, Media & Entertainment Law Journal, Vol.4, Issue 1（Summer 1993）, pp.1-2.

❷ U.S.Patent and Trademark Office.U.S.Patent Statistics, Calendar Years 1963-2003（2004）.

❸ R.Carl Moy, Moy's Walker on Patents § 2：36（4th ed.2004）.

❹ 美国联邦巡回上诉法院网站，载http：//www.cafc.uscourts.gov/the-court/court-jurisdiction.html，最后访问日期：2019年12月19日。

和专利制度失灵的压力,卡特总统敦促国会设立 CAFC。❶ 虽然在第 96 届国会中因两院的会议委员未达成一致意见导致创建 CAFC 的尝试失败了,但是美国的司法会议接受了这一想法,并在第 97 届国会上采取了行动。1982 年 4 月 2 日,继任的里根总统签署了 HR4482 法案,将美国关税和专利上诉法院与索赔法院的上诉部门合并为新设立的 CAFC。❷

二、法官配置:均具有技术专业教育背景

CAFC 的法官由总统任命,并需要得到参议院的确认。根据《美国宪法》第 3 条,法官任职期间只要"表现良好",便可以终身任职。目前,CAFC 共有 18 名法官,其中 12 名为一线(active)巡回法官,法官如果符合一定的资格,可以被选任为资深法官(Senior Status)。每位巡回法官均可以聘请 1 名司法助理(Judicial assistant)和不超过 4 名法官助理(Law clerk),每位资深法官均可以聘请 1 名司法助理和 1 名法官助理。其中,首席法官由有资格的法官轮流担任。在 CAFC 的现任法官中,有 6 名是专利法官,其中有 2 名是公司专利部门的化学专家,他们担任法官前为法学教授、执业律师、专利审查员或相关技术领域的专家。

为了应对不断增加的案件量,CAFC 采取了多项措施:一方面,在人力资源使用上,由法官助理对案件进行初步审查和整理,以实现案件的繁简分流;另一方面,2006 年 9 月 18 日 CAFC 通过一项永久性、强制性的上诉调解计划,其通过具有知识产权专业知识和经验丰富的调解员提供的调解服务,为各方当事人提供无风险、无约束力的机会,以保密、及时、低成本的方式解决纠纷。❸ 实践表明,上诉强制调解制度的实行减少了 CAFC 裁判案件的数量,极大地缓解了案件积压问题。❹

---

❶ Federal Civil Justice System—Message to Congress on Proposed Legislation, 1 PUB.PAPERS 342 (Feb 27, 1979).

❷ H.R.4482, 97th Cong. (1982).

❸ Court of Appeals for the Federal Circuit.Annual Review:A-United States:The Fiftieth Year of Administration of the Lanham Trademark Act of 1946:Part I-Ex Parte Cases, The Trademark Reporter, Vol.87, Issue 6 (November–December 1997), pp.746–748.

❹ Becker Richard, Mediation in the New Mexico Court of Appeals, Journal of Appellate Practice and Process, Vol.1, Issue 2 (Summer 1999), pp.367–380.

三、技术事实查明：充分保障当事人的质证权利

为了查明技术事实，美国设有专业法官（professional judges）制度，CAFC 的 12 名现役法官中，有 6 名具有技术背景，并且每个法官配备的法官助理也均具有技术知识背景。在美国现行的教育体系下，法学硕士和博士一般具有技术背景，因此，美国法院的法官本身多具备技术知识。在专利等技术类知识产权案件的审判过程中，法官完全可以凭借自身专业技术知识对涉案技术事实进行判断和查明。❶ 除此之外，可以协助法官查明技术事实的方法还包括专家证词（Testimony by Experts）、专家证人（Court-Appointed Experts）和特别专家。❷

（一）专家证词

美国专利侵权诉讼案件审判的两个重要部分是专家的证词和对这些专家的盘问。❸ 在地区法院审理的大多数专利侵权案件中，当事人将至少召集两名专家证人、一名技术专家对侵权和无效进行辩护，以及一名金融专家对损害赔偿进行辩护。这些技术专家往往是大学教授，或者是在该行业工作过的个人。

很多人要求根据《美国联邦证据规则》和该规则下的判例法（包括美国联邦最高法院在 Daubert v.Merrell Dow Pharmaceuticals 案中的裁决）将专家排除在证词之外，理由是他们缺乏资格或他们的意见不可靠。❹ 但是，从判例法中可以看出，联邦法院正在接受专家证词。此类证词已不再被禁止了，原因之一是《美国联邦证据规则》对这类证词给予了足够的重视。如果初审法官认为专家的证词将有助于阐明专利法中的一个难题，或将法律应用于复杂

---

❶ Ivkovic Sanja Kutnjak, Exploring Lay Participation in Legal Decision-Making: Lessons from Mixed Tribunals, Cornell International Law Journal, Vol.40, Issue 2（Spring 2007）, pp.429-454.

❷ 陈存敬、仪军："知识产权审判中的技术事实查明机制研究"，载《知识产权》2018 年第 1 期。

❸ Federal Rule of Evidence 702 provides: Testimony by Experts, If scientific, technical, or other specialized knowledge will assist the trier of fact to understand the evidence to determine a fact in issue, a witness qualified as an expert by knowledge, skill, experience, training, or education, may testify thereto in the form of an opinion or otherwise.

❹ McKelvie R.Roderick,Problems of Complex Litigation,Federal Circuit Bar Journal,Vol.9,Issue 4（2000）, pp.529-540.

的事实,那么这种证据将被接受,并且法官可能会严重依赖该证据。❶

(二)专家证人

专利案件是最难理解的技术类案件之一。因此,解释复杂的技术概念和特征是任命专家证人的一个重要原因。根据美国联邦最高法院在 Markman v.Westview Instruments,Inc.案中的判决,允许法院指定专利侵权案件的专家证人。❷ 鉴于《美国专利法》《美国联邦证据规则》与普通法之间存在较大的差异,在现有条件下,制定资格标准并要求专家证人担任"相关领域的普通技术人员"(POSA)具有合理性。在专利侵权诉讼中,圣丹斯(Sundance)法官要求专家证人至少是"相关领域的普通技术人员"。但是,这增加了各方当事人的诉讼费用。目前,法院聘用专家证人的方式由法官自行决定。❸ 无论是双方当事人聘请的专家证人,还是法院聘请的专家证人,均应当接受双方当事人的询问。

在审理专利侵权诉讼案件中任命专家证人为法院带来了一些显著的好处。但是,每个中立的专家证人都会面临巨大的风险,法院在决定是否聘请专家证人以及聘请哪位专家证人时必须仔细权衡这些利弊。另外,也有学者建议聘请技术顾问,以书面形式规定技术顾问的职责,明确指示技术顾问不要进行任何独立调查或向双方提供与顾问进行单方面沟通的机会,以此来帮助法官查明涉案技术事实。❹

(三)特别专家

依据《美国联邦民事程序法》,法院可以指定特别专家参与诉讼,但需要双方当事人同意。按照法院指定的范围,并且在双方当事人同意的权限

---

❶ Pollack G.Howard, The Admissibility and Utility of Expert Legal Testimony in Patent Litigation, IDEA: The Journal of Law and Technology, Vol.32, Issue 4 (1992), pp.361-382.

❷ Deason E.Ellen, Court-Appointed Expert Witnesses: Scientific Positivism Meets Bias and Deference, Oregon Law Review, Vol.77, Issue 1 (Spring 1998), pp.59-156.

❸ Wu Dolly, Patent Litigation: What About Qualification Standards for Court Appointed Experts? Boston College Intellectual Property & Technology Forum, F.4. (September 2010), pp.1-36.

❹ Hartman Josh, Krevans Rachel, Counsel Courts Keep: Judicial Reliance on Special Masters, Court-Appointed Experts, and Technical Advisors in Parent Cases, Sedona Conference Journal, Vol.14, 2013 pp.61-76.

内，该特别专家可以接受询问并听证，在此基础上制作报告并向法官提出建议，双方当事人有权对该专家制作的报告提出异议或提出更正请求。❶

四、案件管辖：专门审理知识产权上诉案件

在知识产权案件管辖问题上，美国的处理方式并未脱离其原有的法院体系。美国实行联邦法院与州法院双轨并行的制度，一般来说，联邦法院仅受理与联邦法律相关的案件，州法院则是处理纠纷的主要司法机构，联邦最高法院拥有最高权威。而知识产权案件的特殊之处在于，不少案件涉及专业知识，其对法官的要求较高，因此美国在立法上对知识产权案件的审理依其类型规定了不同的受理法院。根据《美国法典》（United States Code）第28卷（司法制度和司法程序卷）的规定，联邦地区法院对版权、专利、外观设计、商标、植物品种保护的案件及与此相关的不正当竞争案件享有初审管辖权。需要注意的是，该管辖权并不具有完全的排他性，联邦地区法院只对其中的版权、专利、植物品种保护及不正当竞争案件具有专属管辖权；对于其他的知识产权案件（如商标纠纷案件），当事人可选择向联邦地区法院或者州法院起诉。❷

CAFC对知识产权上诉案件享有专属管辖权，其有权受理对专利侵权、植物品种保护诉讼判决不服的案件；此外，不服美国专利商标局、专利评审与复审委员会、商标评审与复审委员会等机构裁决的行政案件，CAFC也享有专属管辖权。❸ 严格来说，CAFC并不是专门的知识产权法院，因其管辖范围不仅限于知识产权案件，还受理国际贸易、政府合同、对政府的金钱请求、退役军人等相关案件。但不可否认的是，知识产权案件（尤其是专利案件）的审理已经成为该法院的主要工作。根据CAFC统计，2018年受理的案件中，专利案件占67%。❹

---

❶ 陈存敬、仪军：《知识产权审判中的技术事实查明机制研究》，载《知识产权》2018年第1期。

❷ 28 U.S.Code § 1337.Commerce and antitrust regulations；amount in controversy，costs；28 U.S.Code § 1338.Patents，plant variety protection，copyrights，mask works，designs，trademarks，and unfair competition.

❸ 28 U.S.Code § 1295.Jurisdiction of the United States Court of Appeals for the Federal Circuit.

❹ 美国联邦巡回上诉法院网站，载http：//www.cafc.uscourts.gov/the-court/court-jurisdiction.html，最后访问日期：2019年12月19日。

五、损害赔偿规则：所失利益与合理许可费

美国法院对知识产权侵权行为所判决的赔偿数额十分巨大。1997—2016年，美国专利诉讼案件的损害赔偿数额平均为 580 万美元；除去简易判决（summary judgment）[1]和缺席判决（default judgment）的案件外，在过去的 20 年里，美国专利诉讼案件的损害赔偿数额平均为 800 万美元。[2]2009 年美国得克萨斯州东区法院所审理的 Centocor v.Abbott Laboratories 案，判决被告赔偿 16.7 亿美元，是美国专利侵权损害赔偿数额之最。2012 年特拉华州联邦地区法院审理的 Carnegie Mellon University v.Marvell 案，判决被告赔偿 11.7 亿美元，[3]2013 年密苏里州东部联邦地区法院审理的 Monsanto v.DuPont 案，判决被告赔偿 10 亿美元。[4]总体来看，美国法院所审理的专利侵权案件中，判赔数额高于 5000 万美元的案件占 10%，25% 的案件判赔数额高于 1000 万美元，近 50% 案件的判赔数额在 200 万美元以上。并且，陪审团判赔的赔偿数额是法官判赔数额的 14～20 倍。这说明，美国专利等知识产权侵权损害赔偿之数额非常高，已经成为美国知识产权案件诉讼的一大特点。[5]

从整体来看，美国专利侵权损害赔偿制度可以划分为两部分：一是所有专利类型均可适用的侵权损害赔偿条款，二是仅有外观设计专利可以适用的侵权损害赔偿条款。对于第一种类型的专利侵权损害赔偿，其成文法规定肇始于 1952 年《美国专利法》，该法典第 284 条规定："法院应根据权利人的主张，判给权利人足以弥补侵权行为的损害赔偿金，赔偿金数额在任何情况下都不得低于侵权行为人使用本发明的合理许可费，法院还需确定利息和诉讼费用。如果

---

[1] 根据《布莱克法律词典》（第 8 版）的解释，summary judgment 是指对于重要事实（material fact）不存在实质争议，且动议人有权将其主张或者抗辩作为法律问题（a matter of law）（由法官进行裁判）而获得判决。法庭根据当事人所提出的证据，来判断重要事实是存在实质争议还是仅存在法律争议。这一制度允许快速处理纠纷而无须经过庭审程序。

[2] Pricewaterhouse Coopers, 2017 Patent Litigation Study, London, England: Pricewaterhouse Coopers, 2017: 1-32.

[3] Carnegie Mellon Univ.v.Marvell Tech.Grp., Ltd., No.CIV.09-290, 2012 WL 3679564（W.D.Pa. Aug.24, 2012）.

[4] Monsanto Co.v.E.I.du Pont de Nemours & Co., No.09-cv-686, U.S.District Court, Eastern District of Missouri（St.Louis Aug.1, 2012）.

[5] 李青文："美国联邦巡回上诉法院的运作及对我国的启示"，载《南海法学》2020 年第 1 期。

陪审团未对损害赔偿进行裁决,则法院应对赔偿金额进行评估。在这两种情况下,法院均可以将赔偿金额增加至评估金额的三倍。本款规定的增加的损害赔偿不适用于第 154 条（d）项规定的临时权利。法院可以获得专家证词,以帮助确定在当时情况下损害赔偿或合理许可费的数额区间。"第二种专利侵权损害赔偿类型,即仅有外观设计专利适用的赔偿计算方式,可以依据侵权获利来确定侵权损害赔偿的数额。外观设计专利权人既可以选择适用《美国专利法》第 284 条,也可以直接适用《美国专利法》第 289 条,根据侵权获利评估侵权损害赔偿的数额。但在权利人选择前者时,对所失利益和合理许可费只能择一适用。❶

所失利益,又称所失利润,是指专利权人因侵权行为人制造、销售假冒产品所丧失的可得利润。对于所失利益具体涵盖专利权人的哪些利润,《美国专利法》并无明确规定,但根据法院所作判例及学者观点,可以大致归纳出四种所失利益的类型：销量损失、价格侵蚀、预期所失利润和非专利部分的损失。其中销量损失是所失利益中最常见的类型。从所失利益的内涵来看,这一标准的核心是计算应得利润与实际利润的差额。换言之,是指"若非"（but for）侵权产品存在,则专利权人本应获得多少利润。总的来看,根据经济学基本原理与相关判例,美国法院对于所失利益的计算规则可以大致归纳如下：所失利益 = "若非"利润 – 实际利润 = "若非"收入 × "若非"利润率。❷可见,计算所失利益的关键在于构建一个虚拟的"若非"世界。这需要专利权人通过计算被侵权前的销售利润得出侵权期间专利产品的预期利润,这一过程对于权利人而言过于专业,侵权损害赔偿诉讼中的原告方往往选择聘请经济学领域的专家证人进行计算。❸

从《美国专利法》第 284 条的规定来看,计算所失利益的目的在于确定"足以补偿"侵权的损害赔偿金额,而合理许可费是损害赔偿金的最低数额。可见,《美国专利法》设置合理许可费标准,旨在为专利权人提供兜底保护。即便专利权人无法通过证明自己的所失利润获得赔偿,也能够通过合理许可费的计算实现诉求。但从 2007 年开始,部分专利权人试图拓宽合理许可

---

❶ 黄武双、阮开欣、刘迪等：《美国专利损害赔偿：原理与判例》,法律出版社 2017 年版,第 4-6 页。

❷ Grain Processing Corp.v.American Maize-Products Co., 185 F.3d 1341, 51 USPQ2d 1556（Fed.Cir 1999）.

❸ Sun Products Group, Inc.v.B & E Sales Co., Inc., 700 F.Supp.366（E.D.Mich.1988）.

费的边界，通过利用"整体市场价值"规则无限扩大许可费损失。此后，在2009—2015 年，联邦巡回上诉法院撤销了超过半数的合理许可费赔偿。❶ 从2016 年至今，联邦巡回上诉法院对于专利合理许可费的态度又变得宽容，仅在两个案件中撤销了以合理许可费为依据的损害赔偿金。美国法院按照许可费标准确定损害赔偿数额时经常采用分析法（analytical method）、❷ 意愿协商法（willing licensor-willing licensee method）❸ 和 Georgia-Pacific 因素 ❹。

另外，美国知识产权案件审判中还存在惩罚性赔偿。在《美国专利法》的语境下，所谓"惩罚性赔偿"，实质上就是《美国专利法》第 284 条规定的"强化赔偿"（enhanced damages）——"无论是哪种情况，❺ 法院均可以将损害赔偿的数额增加至三倍"。从惩罚性赔偿的适用范围来看，只有符合第 284 条规定的情形才可以适用专利侵权损害的惩罚性赔偿，而有关外观设计专利的损害赔偿（《美国专利法》第 289 条）则不能适用。联邦巡回上诉法院在2007 年的"希捷科技有限公司案"中阐明，增加损害赔偿的案件必须证明存在故意侵权行为。❻ 可见，专利侵权案件要适用惩罚性赔偿，必须满足两个

---

❶ 联邦巡回上诉法院撤销了 16 个案件中的合理许可费损失，认可了 12 个案件中的合理许可费赔偿。John Skenyon，Christopher Marchese；John Land，Patent Damages Law and Practice，§ 3：2.Reasonable royalty damages——"adequate to compensate"for the infringement，database updated in December 2018.

❷ 分析法是指根据侵权行为开始时侵权行为人对侵权产品的预期利润，在专利权人与侵权行为人之间进行分配，然后将分配给专利权人的与其利润率与侵权者销售侵权商品的数量相乘，从而得出合理许可费的金额。See John Skenyon，Christopher Marchese John Land，Patent Damages Law and Practice，§ 3：8.The "analytical" method，database updated in December 2018.

❸ 按照文义解释，所谓"意愿协商"，是指有意愿的许可人与有意愿的被许可人之间达成专利许可协议，根据这一假想中的协商确定的许可费就是侵权损害赔偿中合理许可费的数额。See Horvath v.McCord Radiator & Mfg.Co.，100 F.2d 326，335，40 U.S.P.Q.394（C.C.A.6th Cir.1938）.

❹ 1970 年，联邦第二巡回上诉法院在 Georgia-Pacific Corp.v.United States Plywood Corp. 案中明确列出了一系列与计算专利许可合理使用费金额相关的 15 个因素。这些因素可以分为五大类：涉及相关专利或类似专利的先前许可协议的条件和价格、专利和专利产品的市场力量、专利所有人在建立和维护市场力量方面的政策、专利所有人和侵权人的市场关系、专利发明对最终专利产品的相对重要性（专利特征所带来的利润）。See Georgia-Pacific Corp.v.U.S.Plywood Corp.，318 F.Supp.1116，1121-22，166 U.S.P.Q.235（S.D.N.Y.1970）.

❺ 此处是指无论是陪审团裁决赔偿数额，还是法院来评估损害赔偿数额。See 35 U.S.C.A. § 284 Damages.

❻ In re Seagate Technology，LLC，497 F.3d 1360，1368，83 U.S.P.Q.2d 1865（Fed.Cir.2007）.

要件：第一，案件必须属于《美国专利法》第284条规定的情形；第二，侵权人必须属于故意侵权。

六、程序衔接：实行民事、行政案件"二合一"审判模式

CAFC采取知识产权民事、行政案件"二合一"的审判模式，与德国类似，美国将专利评审与复审委员会对专利权效力的裁决认定为准司法程序，当事人对其裁决不服的可直接上诉至CAFC。然而，CAFC对知识产权刑事案件并无专属管辖权，根据《美国宪法》及《美国联邦制定法》的规定，知识产权刑事案件有其自身的管辖体系。美国司法部下属的联邦调查局（FBI）和国土安全部下属的美国移民与海关执法局（CBP）分别在各自的管辖范围内对知识产权刑事犯罪行为进行刑事调查，美国联邦检察系统分为联邦司法部和90多个联邦司法区的地区检察署，负责对知识产权犯罪行为提起公诉。在美国，知识产权刑事案件由专门机构、专业人员负责，同时，刑事局中负责调查案件的计算机犯罪处与知识产权处有义务向办理知识产权刑事案件的检察官提供专业培训。可以看出，虽然美国并未实行知识产权民事、行政和刑事案件"三合一"审判，但其知识产权刑事案件审判的专业化与体系化程度非常高。尽管如此，还是有部分学者呼吁重新审视、界定CAFC的管辖权，提出由其受理相关刑事案件的建议。❶ 目前，CAFC的法官要花费80%的时间审理专利案件，故也有学者和法官提出案件管辖多样化的建议。然而，因对此问题争议较大，并未得到普遍支持。❷

美国是实行专利确权双轨制的典型国家，行政程序中有针对专利效力审查的环节，譬如授权后的复审（Post-Grant Review）、单方再审查（Ex-Parte Reexamination）、双方再审查（Inter Parties Review）❸，由此导致的过于冗长的审理期间一直被诟病。目前，联邦地区法院在审理专利侵权案件时，可以对专利权的效力进行审查，但其审查专利权效力时的受案理由比专利行政确权

---

❶ Ayers J.Peter, The Jurisdiction of the United States Court of Appeals for the Federal Circuit: Is It Time to Diversify the Portfolio, AIPLA Quarterly Journal, Vol.45, Issue 3（Summer 2017）, pp.431–466.

❷ Dyk B.Timothy, Federal Circuit Jurisdiction: Looking Back and Thinking Forward, American University Law Review, Vol.67, Issue 4（April 2018）, pp.971–984.

❸ Love J.Brian, Miller P.Shawn, Ambwani Shawn, Determinants of Patent Quality: Evidence from Inter Partes Review Proceedings, University of Colorado Law Review, Vol.90, Issue 1（2019）, pp.67–166.

程序要宽泛很多。在诉讼中,当事人不仅可以根据《美国专利法》第101条、第102条、第103条和第112条提出专利无效抗辩,还可以以专利不具备"可实施性"为由提出无效抗辩;而在行政确权程序中,只能以出现了"实质性新的可专利性问题"为由提起专利无效审查请求。❶ 此外,行政机构所要求的证明标准往往也没有法院严格。故专利行政机构的认定结果对法院无约束力,而法院的专利无效程序可以产生禁反言(collateral estoppel)效力,对专利行政机构有约束力。❷ 然而,双轨制确权制度在一定程度上导致专利审查标准不一。在设立CAFC之后,当事人对地方法院和行政机构作出的有关专利权效力的裁判均可上诉至该法院,专利权的审查标准在二审阶段得到统一。需要注意的是,商标侵权案件并未在上诉审阶段实行专属管辖,因此,商标权效力审查的权力分散在各地区法院。❸

第三节 英国专利法院及知识产权企业法院

一、设立背景

英国包括三个独立的司法系统:英格兰和威尔士、苏格兰、北爱尔兰。而在这三个司法体系中,只有英格兰和威尔士的司法体系中设置了专业性知识产权法院。在英格兰与威尔士法院体系中,民事法院分为四级,由郡法院、高等法院、上诉法院民事庭和最高法院组成,高等法院下设王座庭、家事庭和大法官庭,其中专利法院与知识产权企业法院同属于大法官庭。

(一)专利法院(庭)

19世纪,学者希德玛芝(Hindmarch)认为英国的法院不适合处理与专

---

❶ Sterne Robert Greene, Wright E.Jon, Gordon A.Lori, Reexamination Practice with Concurrent District Court Litigation or Section 337 USITC Investigations, Sedona Conference Journal, Vol.10, pp.115–166.

❷ Leung M.Allen, Legal Judo:Strategic Applications of Reexamination versus an Aggressive Adversary (Part I), Journal of the Patent and Trademark Office Society, Vol.84, Issue 6 (June 2002), pp.471–495.

❸ 李青文:"美国联邦巡回上诉法院的运作及对我国的启示",载《南海法学》2020年第1期。

利权相关的案件。在他看来,尽管法官在解决专利案件中的法律问题方面表现得非常出色,但并不能对案件起决定作用,因为陪审团几乎没有能力决定专利案件中的事实问题。陪审团的无能并非其主观意愿,而是缺乏相关教育,尤其是在专利案件中,在他们对提出的事实缺乏透彻理解的情况下,过于容易被感情和偏见所吸引从而影响案件的审判。❶ 随后,专利案件被划归高等法院大法官庭审理,但是,相对于案件数量来说,大法官的人数较少。1932年,设立专利上诉庭以审理当事人对英国专利局行政决定不服提起的上诉案件。1946年,针对法官缺乏相关技术知识导致案件审理时间过长的问题,政府委员会(Committee of Inquiry)提议增加1~2名专业法官来审理专利案件,随后1949年的《英国专利法》(Patents Act 1949)采纳了这一提议。1968年以后,专利案件大量增加,即使增加了专利上诉庭与专业法官也无法有效应对,政府调查委员会提出了设立专门性法院的建议,将法院设在高等法院大法官庭下,同时与专利上诉庭合并。❷ 经过1977年《英国专利法》修订之后,英国正式在高等法院大法官庭之下设立专利法院(庭)。

(二)专利郡法院(知识产权企业法院)

英国专利法院建立后,并未从根本上解决案件堆积的难题。至20世纪80年代末,随着专利诉讼案件的大量增加而法官人数并未增多,专利法院开始变得不堪重负。同时,专利法院作为英国传统的法院,需按照正常诉讼程序审理案件,换言之,案件裁定很可能花费1年左右的时间。越来越多的人担心专利授权程序的进展及实体专利法的协调与诉讼程序的改进并不匹配,昂贵的诉讼费用也使中小企业和其他国家的知识产权人士望而却步。❸

在此契机之下,1987年以德里克·奥顿爵士为负责人的委员会发布报告(Patent Litigation : The Report of a Committee)❹,提出英国应建立一个能为专利法院分担案件审理工作的新法院,以处理法律问题简单、标的金额较小的诉讼。1990年,首个专利郡法院(Patents County Court)在英国埃德蒙顿郡设立,

---

❶ Hindmarch W.M., Observations on the Defects of the Patent Laws of this Country with Suggestions for the Reform of Them, Law Library, Vol.73, pp.1-40.

❷ UK Committee of Inquiry, The British Patent System, 1970, Cmd.4407(U.K.).

❸ Robin Nott, Patent Litigation in England, 16 Eur.Intell.Prop.Rev.1, 3-5(1994).

❹ Oulton Committee(Great Britain), Patent Litigation : The Report of a Committee(1987).

4年之后埃德蒙顿郡法院关闭,将伦敦中心郡法院设为专利郡法院。专利郡法院拥有在英格兰和威尔士引起纠纷的管辖权,虽然该法院是作为高等法院下的专利法院的替代而设立的,但是两个法院都保留了平行管辖权。因此,除了专利、商标授权行政案件外,当事人可以将案件提交到专利郡法院,也可以提交到高等法院下的专利法院。虽然高等法院可以将想提交的案件移交给专利郡法院,但专利郡法院通常不会审理该类案件。❶

设立专利郡法院的主要目的在于使专利郡法院的专利诉讼成为专利法院昂贵诉讼的廉价替代品。❷换言之,专利郡法院将通过对专利诉讼采用更便宜、更快速和更非正式的程序,确保中小型企业和个人不会因为担心维权产生的高昂诉讼费用而停止创新。其中,有几个因素是专利郡法院提高效率和成本效益的关键。首先,当事人可以由特许专利代理人代表,而不用专门聘请大律师。对于拥有知识产权却没有大笔预算为长期复杂诉讼提供资金的小公司而言,诉讼成本更低。其次,专利郡法院的规则进一步提高了案件审理准备阶段的效率,如法院规则要求"诉状中信息更详细",以提醒被控侵权人对侵权索赔的范围。此外,法院规定专家和证人证词应以书面形式提交。在迈克尔·费什(Michael Fysh)法官的指导下,专利郡法院采用了更为精简的程序,其中所有事实和专家证据必须采用书面形式,交叉质证的范围有限,审判的总时间通常不会超过一天。这些做法缩短了案件审理时间。在法院设立的前三年,48%的案件在审判前得到了解决,案件的平均审理周期为44周。根据目前的精简程序,法官通常会在6个月内审结案件。❸最后一个因素是让专利律师担任法官,这样,具有专利实践经验的法官不仅通识法律,并且知晓相关领域的技术,无疑提高了专利郡法院的案件审理效率。

2009年7月,知识产权法院用户委员会(The Intellectual Property Court Users' Committee,PCUC)发布了专利郡法院改革建议报告,试图将专利郡法院的审理范围扩大至涵盖专利、商标、版权等各项知识产权,将专利郡法

---

❶ CHANCERY GUIDE 64(February.2016).

❷ Pegram B.John,Should the U.S.Court of International Trade be Given Patent Jurisdiction Concurrent with that of the District Courts,Houston Law Review,Vol.32,Issue 1(Summer 1995),pp.67-136.

❸ McBride K.Jr.Thomas,Patent Practice in London-Local Internationalism:How Patent Law Magnifies the Relationship of the United Kingdom with Europe,the United States,and the Rest of the World,Featured Article,Loyola University Chicago International Law Review,Vol.2,Issue 1(2004-2005),pp.31-60.

院建设为知识产权郡法院。❶ 该报告被高等法院的法官杰克逊（Jackson）所发布的《民事诉讼成本审查报告》（Review of Civil Litigation Costs）采纳。❷2010年10月1日，改革内容正式生效。❸2013年10月1日，专利郡法院更名为知识产权企业法院（Intellectual Property Enterprise Court），与专利法院同属高等法院大法官庭之下。❹ 以法院的名义提及"知识产权"是为了承认其广泛的知识产权案件管辖权。❺

二、法官配置

专利法院的法官一般从高等法院遴选，通常具有自然科学教育背景，被任命为专利法院法官前需要有相关实践经验。专利法院共有10名法官，针对案件所涉技术进行难度等级区分，技术难度等级为4或5的案件的审判通常由阿诺德·杰（Arnold J）、比尔斯·杰（Birss J）、亨利·卡尔杰（Henry Carr J）或具有适当资格的高等法院副法官审理。❻

专利郡法院的企业法官（Enterprise Judge）是专业巡回法官（Specialist Circuit Judge），主要负责非小额索赔案件的处理。同时，高等法院及专利法院的法官可以根据需要作为专利郡法院的法官开庭。在需要时，知识产权律师协会的某些高级成员也可在专利郡法院任职。小额索赔案件由地区法官处理。❼

三、案件管辖范围

英国建立了专利郡法院、专利法院和大法官庭"三位一体"的知识产权审判体系。专利、注册外观设计、集成电路布图设计、植物新品种等民事案件的一审由高等法院大法官庭下的专利法院或专利郡法院负责；其他非技术类的知识产权民事案件的一审由地方郡法院审讯中心、高等法院大法官庭

---

❶ Intellectual Property Court Users' Committee, Working Group's Final Report on Proposals for Reform of the Patents County Court 14–16（July 31, 2009）.

❷ Lord Justice Rupert Jackson, Review of Civil Litigation Costs: Final Report（2010）.

❸ Civil Procedure（Amendment No.2）Rules, 2010, S.I.2010, No.1953（L.13）, para.8.

❹ Civil Procedure（Amendment No.7）Rules 2013, S.I.2013, No.1974（L.19）, para.26.

❺ Justice（UK）: The intellectual property enterprise court guide Guide 6（July., 2017）.

❻ Justice（UK）: The Patents Court Guide 2（Oct., 2017）.

❼ Justice（UK）: The intellectual property enterprise court guide Guide 7（July., 2017）.

或专利郡法院负责。英国知识产权局（UK Intellectual Property Office）则负责审理知识产权权利归属、权利有效性等行政案件，不服知识产权局局长（Comptroller General）裁决的专利行政一审案件由高等法院专利法庭受理，而其他知识产权行政一审案件（如商标确权行政诉讼案件）则由高等法院大法官庭审理。

（一）专利法院

英国只在伦敦高等法院下设有一个专利法院，受理全国范围内的技术类知识产权案件。专利法院可以受理因侵犯专利、注册外观设计、集成电路布图设计、植物新品种等知识产权引起的民事诉讼初审案件，还可受理不服知识产权局局长有关专利行政裁决的行政案件。

（二）专利郡法院

专利郡法院同样设在伦敦高等法院大法官庭下，可受理专利、外观设计、商标、著作权等与知识产权有关的各种民事一审案件。相较于专利法院，专利郡法院的受案范围更广。然而，它不能受理不服知识产权局局长裁决的行政案件。[1]就专利郡法院的管辖权看来，其设计的主要目的是通过对案件进行分类，分担专利法庭的审判案件的压力。在制度设计构想中，普通高等法院专利庭负责审理专利诉讼中重大或具有指导意义的案件，而专利郡法院则处理规模较小、时间较短、标的较小、法律问题较为简单的诉讼案件。但实际上，大部分的专利诉讼案件都由普通高等法院的专利庭来审理。根据英国知识产权局2019年发布的高等法院知识产权案件统计报告，2015年，英国共审理69件侵权或撤销诉讼案件，其中，专利法院审理48件，专利郡法院审理18件，大法官法庭审理3件。2016年，英国审理专利侵权或撤销诉讼案件共46件，其中，专利法院审理34件，专利郡法院审理11件，大法官法庭审理1件。[2]

---

[1] 参见《1988年英国民事诉讼规则》第63章。

[2] 参见英国知识产权企业法庭，载https://www.gov.uk/government/publications/counting-patent-and-non-patent-cases-at-the-high-court-20152016，最后访问日期：2019年11月20日。

（三）重叠管辖及管辖权转移

英国专利法院和专利郡法院在管辖上有重叠。对于这部分案件，英国民事诉讼程序上以损害赔偿额将案件分为两类：损害赔偿额超过50万英镑的案件，专利法院或大法官庭可以受理，而专利郡法院无法受理；但如果坚持在专利郡法院起诉，原告必须放弃超过损害赔偿额上限的部分；损害赔偿额在50万英镑以下的案件，当事人有权在两个法院之间选择管辖法院。

（四）上　　诉

知识产权民事初审案件可基于事实或法律问题而提起上诉，依案件适用程序、审理法官、案件裁决性质的不同上诉至专利郡法院、高等法院大法官庭或者上诉法院民事庭，但上诉必须取得低级或上诉法院的许可。上诉人申请准许提出上诉的通知书，必须在下级法院作出决定起21天内提出，且只有当上诉真正有成功的希望或有其他令人信服的理由时，法院才会批准申请。❶对于专利法院高等法官所作出的最终裁决，当事人可以上诉到上诉法院，再不服可上诉至最高法院。

四、技术事实查明机制

在技术类案件的审判中，英国设立了专家陪审制度，根据《民事诉讼规则》，法院可委托一名技术陪审员（Assessors）协助法官处理技术事实认定问题，技术陪审员可以根据法官指令参与诉讼程序，向法官提供技术报告，并由法院向当事人送达。同时，技术陪审员出具的任何报告副本均应送达双方当事人。技术陪审员不出庭作证，亦不接受当事人的交叉询问。

技术陪审员是完全隶属于法院的专家，其完全忠实于事实和真理，具有较高的独立性。但是，技术陪审员在技术类案件审判中不享有对事实及法律的裁判权。❷技术陪审员需要具备特殊的资格，其必须具备专业技术特长，

---

❶ Ian Kirby, Jennifer Dixon, National Patent Litigation-United Kingdom, Special Issue: International Patent Enforcement, 53 les Nouvelles 323.

❷ Taylor Catherine, The Cessation of Innovation: An Inquiry into Whether Congress Can and Should Strip the Supreme Court of Its Appellate Jurisdiction to Entertain Patent Cases, Student Notes, Chicago-Kent Law Review, Vol.92, Issue 2（2017）, pp.679-712.

这是判断专利的有效性要求以及审理案件的客观需要。❶ 技术陪审员制度的最大问题可能存在于该制度的运作与实施中。❷ 在专利、商业秘密、集成电路布图设计或其他技术含量较高的案件的审判中，许多律师和陪审团顾问倾向于避免在技术方面具有特殊专长的、受过良好教育的陪审员参与案件审判。因为具有丰富专业知识的陪审员可能使整个陪审团成为"一个陪审员"，其他陪审员将服从于该技术陪审员。❸

五、损害赔偿的适用规则

（一）英国专利侵权损害赔偿的计算

英、美两国对于专利侵权损害赔偿的计算方式大致相同，均采用权利人所失利益、侵权人获利与合理许可费规则。英国对于专利侵权损害赔偿的规定见于《专利法》第61条，该条规定了计算专利侵权损害赔偿的方式，包括权利人所失利益及侵权人获利，❹ 而合理许可费则通过判例法予以确立。

1. 所失利益计算规则

英国法院适用频率最高的专利赔偿数额计算方式是所失利益规则。如果专利权人本可以通过生产、销售专利产品获益，却因侵权人生产、销售侵权产品与自己竞争而导致利润损失，这些利润损失就是权利人所应当获得的利益。与美国对于所失利益的分类相同，英国司法实践同样承认专利权人因侵权行为导致的销量减少、价格侵蚀、实际损失与预期利润等。

2. 侵权人获利计算规则

英国法院对于侵权获利的计算规则与美国、日本、德国等存在较大差异。在美、日、德三国的计算规则中，侵权人的固定成本，即不实施侵权行

---

❶ Graver Tank & Mfg.Co.v.Linde Air Prods.Co., 339 U.S.605, 609（1950）.

❷ Wallace J.Gregory, Toward Certainty and Uniformity in Patent Infringement Cases after Festo and Markman: A Proposal for a Specialized Patent Trial Court with a Rule of Greater Deference, Note, Southern California Law Review, Vol.77, Issue 6（September 2004）, pp.1383-1416.

❸ Riley K.Benjamin, Trying a Trade Secret Case: A Road Map, Litigation, Vol.43, Issue 3（Spring 2017）, pp.47-51.

❹ The U.K.Patents Act 1977, Section 61（1）.

为也需要付出的成本,如厂房设备费用、投资成本、人力成本等,不能在侵权人的销售额中扣除。能够在侵权人利润中扣除的成本仅包括可变成本,即为实施侵权行为而付出的成本。但由于英国在理论上认为侵权人获利是一种返还性救济,因此不适用边际利润计算方法,而应当计算侵权人实际获得的纯利润。除了扣除固定费用与可变成本外,还需要扣除专利技术方案对产品的贡献之外的利润。

3. 合理许可费规则

英国计算合理许可费的依据主要有两种:其一是专利权人已经许可他人实施涉案专利,将权利人已经收取的专利许可费推定为与侵权人之间的合理许可费数额;其二是在专利权人未曾收取专利许可费的情况下,根据行业中通常的许可费率进行推定。❶

(二)英国知识产权惩罚性赔偿制度

惩罚性赔偿制度起源于英国。20世纪60年代经过激烈的存废之争,惩罚性赔偿制度最终虽然被保留,但英国法律委员会认为,必须对惩罚性赔偿制度的适用保持审慎态度,应当通过法律严格限制并使之逐步合理化。❷ 总体而言,惩罚性赔偿是指赔偿数额超出了专利权人的损害范围,是填补原则的例外。只有在侵权人主观存在极大恶意时才可以适用。

六、知识产权民事与行政案件诉讼程序的衔接

如果不服知识产权局局长有关专利授权的行政裁决,可以提交到高等法院专利法庭;其他知识产权行政案件(如商标确权行政案)可以提交到高等法院大法官庭,而专利郡法院不能受理不服知识产权局局长裁决的行政诉讼案件。

在专利无效判定的司法与行政衔接方面,专利侵权案件的被告若提出专利无效抗辩,可以直接在审理专利侵权案件的一审专利法庭或专利郡法院一并解决,该审理法院有权宣告专利无效,判决之后通知英国知识产权局即可。

---

❶ 和育东:"专利侵权损害赔偿计算制度:变迁、比较与借鉴",载《知识产权》2009年第5期。

❷ Consultation Paper No.132(1993)Aggravated, Exemplary, and Restitutionary Damages esp Part VI. 转引自张新宝、李倩:"惩罚性赔偿的立法选择",载《清华法学》2009年第4期。

第四节　日本东京知识产权高等法院

1948年《日本专利法》修改之后，对不服日本专利局（JPO）裁决（appeal/trial decision）的案件均由东京高等法院专属管辖。以此为契机，东京高等法院于1950年设立第五特别部（Special Division），集中处理请求撤销行政裁决的诉讼案件以及有关知识产权的上诉案件。之后，第五特别部业务办理范围发生变化，东京高等法院于1958年、1959年、1985年以及2002年分别增设了第6、第13、第18以及第3民事部用于专门审理知识产权案件。这些专业部名义上仍是"民事部"（Civil division），实际上称为专利部、工业产权部或知识产权部。2004年4月1日，上诉民事部改名为知识产权部，独立于其他民事部之外。同时根据《日本民事诉讼法》等法律修改案的规定，设立第6特别部，即知识产权大合议部。2005年4月1日，上诉知识产权部并入知识产权高等法院并分别改名为第1至第4部以及大合议部。❶

一、设立背景："知识产权立国"政策的产物

20世纪80年代，作为世界制造强国的日本因为泡沫经济崩溃陷入经济发展停滞的困境。在经济形势持续下行的状况下，经过广泛讨论，日本政府认为产业政策应该由"产品制造"转变为"产品创造"，由智力创造带来的产品附加值可以促进经济增长，成为国家财富的来源。因此，知识产权作为智力创造保驾护航的"工具"进入公众视野。随后，日本政府大力推行"知识产权立国"的政策，创造、保护和开发知识产权逐渐成为社会共识。

在此背景下，如何构建完善的知识产权案件审判体系成为司法改革的重点。2001年6月，司法制度改革委员会在其建议中提出，作为推进知识产权国际战略的重要部署，多个国家已采取措施改善知识产权的相关程序问题，日本政府应重视这些发展趋势，并将知识产权相关问题指定为最重要的议题

---

❶　沈昊："日本知识产权高等法院建设及其对我国的启示"，载《中国发明与专利》2020年第4期。

之一。委员会同时建议，为了提高知识产权案件的审理效率，东京和大阪地区法院的专利部门应作为"专利法院"发挥作用，并采取必要措施进一步改善知识产权案件审理系统。❶2002 年 7 月，由内阁成立的知识产权战略委员会通过《日本知识产权战略纲要》，指出日本需建立实质性的专利法院，并在此基础上就其上诉系统、管辖权、证据收集、专家参与等方面进行改革。2003 年 3 月，《知识产权基本法》生效，该法对知识产权政策、政府责任作出基本规定。同年 7 月通过的《知识产权创造、保护和利用战略方案》进一步提出，应设立知识产权高等法院，以加强争议解决职能，提升知识产权保护。政府一系列的动作旨在向国内外传递一个信息，即日本将知识产权保护作为一项基本国策。❷2004 年 4 月，《日本民事诉讼法》进行了修改，规定发生在日本东部和西部的专利及相关案件的一审管辖权分别属于东京和大阪地区法院，东京高等法院作为二审法院，对全国范围内涉及专利、实用新型、集成电路布图设计以及软件程序作品的上诉案件均具有管辖权。《日本民事诉讼法修正案》的通过使知识产权法院体系的发展进入新阶段，也在一定程度上推动了知识产权高等法院的设立。❸当然，知识产权高等法院的设立颇具争议，主要原因在于这个新法院会给日本法院系统带来挑战。针对该法院的组织地位问题，日本司法制度改革动议办公室知识产权诉讼工作组、加强知识产权保护基础特别工作小组、商界代表以及其他相关部门共同参与讨论。其初步想法是，鉴于成立知识产权高等法院的"宣告性"，应当将它列为完全独立的第九个高等法院。然而，该想法由于诸多方面的障碍没有被采纳：第一，新高等法院的设立可能会引起关于管辖权的争议；第二，本可在同一法院解决的案件可能会提交到不同的上诉法院，造成司法资源浪费；第三，新高等法院的设立可能会妨碍当地民众的利益，特别是涉及《日本版权法》以及《日本反不正当竞争法》的诉讼案件；第四，在日本司法系统中，类似争议的解决方式一般是对现有法院进行改革，而不是建立新的专门法院。出于对上述问题的综合考虑，最终多方达成了一致意见，即将知识产权高等法院作为一个具有高度独立

---

❶ 张玲："日本知识产权司法改革及其借鉴"，载《南开学报（哲学社会科学版）》2012 年第 5 期。

❷ Katsumi Shinohara, Outline of the Intellectual Property High Court of Japan, AIPPI Journal, May 2005.

❸ Katsumi Shinohara, A Retrospective and a Prospective Look at the First Year of the Intellectual Property High Court, AIPPI Journal, September 2006.

性的"特别支部"设立在东京高等法院内部,该方案最终也获得了国会的批准。❶ 2004年6月18日《日本设立知识产权高等法院法》颁布,并于2005年4月1日开始正式实施,将上诉知识产权部并入知识产权高等法院并分别改名为第1至第4部以及大合议部。❷ 为了充分发挥该法院的专业性与独立性,在一些司法行政事务上(如法院业务的分配、法官的指派、不方便时法官的替换、法院日程安排等),知识产权高等法院拥有独立权限。

二、法官配置:不要求具备技术知识

日本知识产权高等法院对法官的技术背景没有严格要求,因为日本的法官大多是能够处理各种诉讼的"通才型"法官,具有自然科学或相关技术领域专业背景的很少。对于普通法官来说,获得与本领域技术人员同等水平的科学知识非常困难。一名法官开始处理知识产权案件,仅仅是由于定期轮岗被分配到知识产权法院而已。因此,除了之前有知识产权案件审判经验的法官之外,其他法官通常缺乏知识产权法领域的专业知识。❸

日本普遍认为,知识产权案件归根到底属于法律纠纷,专利法等知识产权法律与其他普通法律的基本原则是相同的,而事实认定、法律解释和逻辑推理才是审理知识产权案件的核心。知识产权高等法院的法官可以通过个案来提升他们的专业知识,同时加深对高度专业化案件中涉及的技术问题的理解,并通过当事人提出的论据及证据,确定典型技术问题的解决方案,推动相关法律解释的完善。经过大量的审判实践之后,法官在作出判决时可以达到与本领域技术人员相同的水平。当然,知识产权高等法院的法官也会寻找机会拓展他们的专业知识,如参加各种研讨会、讲习班、专题讨论会和培训班,并参观一些技术型的实验室和工厂。❹

三、管辖范围:专门审理技术类知识产权案件

日本的司法审判实行四级三审终审制,早在20世纪五六十年代,日本

---

❶ 饭村敏明.知的财产诉讼的制度改正的概要と实効ある制度运用.知财管理,Vol. 55, No. 3, 2005.
❷ 日本东京知识产权高等法院官网,载http://www.ip.courts.go.jp,最后访问日期:2019年11月21日。
❸ [日]田村善之、何星星、巢玉龙:"日本知识产权高等法院研究",载《科技与法律》2015年第3期。
❹ 沈昊:"日本知识产权高等法院建设及其对我国的启示",载《中国发明与专利》2020年第4期。

就在东京、大阪的地方法院与高等法院相继设置知识产权分部，在设置知识产权高等法院之后，日本又对多部相关法律进行修正，知识产权案件的审判体系也逐渐完善。根据规定，在初审阶段，东京、大阪地方法院对技术类知识产权案件有专属管辖权，包括侵犯专利权、实用新型专利权、集成电路布图设计权的案件以及计算机程序著作权侵权案件。对于非技术类案件，东京、大阪地方法院及全国各地方法院都有权受理。❶

日本知识产权高等法院并非实质意义上独立的高等法院，而是东京高等法院的分支机构，其管辖范围主要包括请求撤销知识产权行政案件裁决的一审案件以及知识产权民事上诉案件等。其中，请求撤销裁决诉讼主要指对特许厅作出的裁决不服而提起的行政诉讼，该类案件由东京高等法院专属管辖，具体审理工作由知识产权高等法院负责。❷ 知识产权民事案件中，涉及发明专利权、实用新型专利权、集成电路布图设计权的技术类案件，也是由知识产权高等法院专属管辖。对于其他知识产权案件，各地方法院处理第一审，其上诉案件则按地域由其他高等法院受理。其中，按地域管辖上诉至东京高等法院的知识产权案件，均由知识产权高等法院代为审理。❸ 此外，东京高等法院受理的民事、行政案件中，若案件争议焦点涉及技术问题，也可由知识产权高等法院受理。

四、技术事实查明：技术调查官与专家委员相配合

知识产权高等法院设置了技术调查官帮助法官处理案件中的技术问题。2017年，日本全国共有21名技术调查官，其中知识产权高等法院有11名。此外，东京地方法院有7名，大阪地方法院有3名。❹ 其中多人具有在机械、化学或电力领域担任日本专利局审查员或上诉审查员的经验，少数人有专利律师的经验。在知识产权高等法院任期结束后，他们将返回专利局或原公司。除了只涉及法律问题的纠纷案件外，任何由审判委员会决定的专利和实用新型诉讼都将指派一名技术调查官。在组织上，技术调查官不隶属于特定的法官，而是在个案中对办案法官进行协助。地区法院的上诉案件，将根据

---

❶ 文学："东京知识产权高等法院掠影"，载《中华商标》2005年第12期。
❷ 参见《日本特许法》第178条第1款、《日本知识产权高等法院设置法》第2条第2款。
❸ 参见《日本民事诉讼法》第6条第3款、《日本知识产权高等法院设置法》第2条第1款。
❹ 李菊丹："中日技术调查官制度比较研究"，载《知识产权》2017年第8期。

具体情况决定是否指派技术调查官。根据2004年修订的《日本民事诉讼法》第92条第8款的规定,从2005年4月起,技术调查官可在法官的指示下,在口头辩论阶段可以向当事人提问或向当事人确定案件事实。因此,知识产权高等法院的技术调查官并非传统的"幕后角色",他们往往能够在具体审判工作中发挥更重要的作用。

2003年《日本民事诉讼法》修订时,将专家委员制度纳入其中,目的在于更加快速、准确地对涉及技术问题的诉讼案件作出裁判。与技术调查官不同,专家委员是处于法院顾问的立场上,用更易于理解的方式解释技术问题,这也使他们的解释更为前沿和客观。

专家委员是由最高法院任命的兼职人员,任期为两年,其职责是根据法院指令在案件审理中明确诉讼案件的内容,并依据其领域内的专业知识,从公平和中立的角度解释有争议的专业技术问题,推进案件审理进程。委员成员由全国各个专门技术领域具有专业知识的大学教授或公共机关的研究人员组成(见图3-1)。❶在案件审理中,法院将从众多专家成员中任命一名适合特定案件内容的专家,并根据具体案情决定专家委员是否参与诉讼中的问题审议、证据审查以及和解程序。截至2020年,日本共有2100多名专家委员会成员参与了知识产权诉讼,案件裁判的公信力得到不断加强。❷

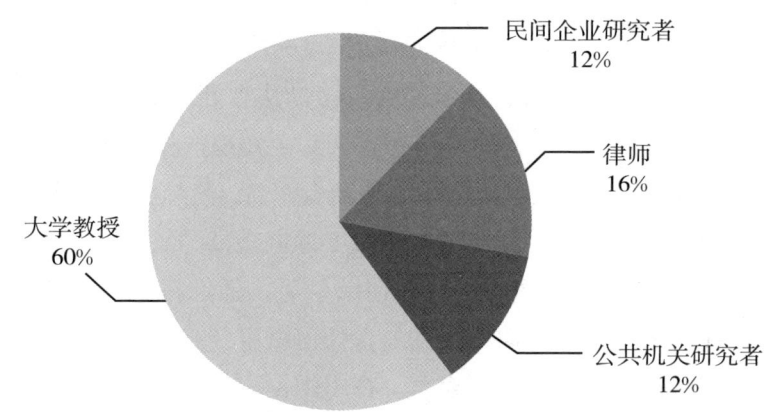

图3-1 日本知识产权诉讼专家委员会人员组成

---

❶ 日本东京知识产权高等法院网:"专门委员介绍",载http://www.ip.courts.go.jp/documents/expert/index.html,最后访问日期:2020年10月15日。

❷ 沈昊:"日本知识产权高等法院建设及其对我国的启示",载《中国发明与专利》2020年第4期。

五、损害赔偿规则：致力于提高权利人获得的赔偿数额

早在 20 世纪 90 年代，日本就出现了专利损害赔偿金额过低而抑制创新动力的状况，导致日本在激烈的国际经济竞争中处于劣势。为实现创新激励目的，日本于 1998 年修改了专利法，通过设置多种损害赔偿的计算方式，以降低专利权人的举证难度，提高权利人最终获得的赔偿金额。

《日本专利法》第 102 条规定"损害额的推定"，第 103 条规定："侵犯他人专利权或独占许可权的人，推定其主观上对侵权行为具有过失。"总体来看，日本专利侵权损害赔偿制度有以下几个特点：其一，从主观要件来看，只有在侵权行为人存在故意或过失时，权利人才有权请求其进行损害赔偿，但在专利侵权中，推定行为人主观上存在过失；其二，从计算赔偿数额的方法来看，主要依据权利人的应获利益、侵权人的侵权利润及专利许可费用进行计算；其三，设置了减轻损害赔偿数额的情形，在侵权行为人主观侵权恶意程度较低时，法院可以酌情确定赔偿数额。

（一）损害赔偿计算方法之逸失利益规则

日本专利侵权损害赔偿数额的计算主要依据《日本民法》第 709 条与《日本专利法》第 102 条，二者通过"逸失利益"的金额主张损害赔偿的数额、侵权人的所获利益及专利许可费推定损害赔偿数额。

"逸失利益"一词见于《日本民法》第 709 条关于民事侵权损害赔偿的规定，是指在不存在侵权行为的情形下，权利人本应实现、但因侵权行为的发生而最终丧失的利益。❶ 在专利侵权案件中，侵权行为与权利人应得利益之间的因果关系极难证明。为了减轻专利权人的举证负担，修改后的《日本专利法》第 102 条第 1 款规定，在权利人可以证明其所预售的产品可以替代侵权人的涉案侵权产品时，对于专利权人销售能力范围内的赔偿额可以推定为"侵权人的产品销售数量" × "专利权人销售单位产品的利润"。❷ 从立法逻辑上看，《日本专利法》第 102 条第 1 款是对《日本民法》第 709 条的特别

---

❶ [日] 田村善之：《逸失利益の推定覆滅後の相当実施料額賠償の可否》，《知的財産法政策学研究》（31）号：第 1–11 页。

❷ [日] 田村善之：《日本知识产权法》（第四版），周超、李玉峰、李希同译，知识产权出版社 2011 年版，第 304–310 页。

规定。在两个条文中专利权人均依据实际损失推定赔偿数额,这体现了"逸失利益"计算方法严格坚持"损害填补"的基本原则。❶

(二)损害赔偿计算方法之侵权人所获利益规则

设置侵权人所得利益这一计算方法的初衷,是减轻在《日本专利法》第102条第1款"逸失利益"规则中权利人的举证责任,同时弥补填补损失原则下的赔偿数额计算方法难以将侵权者获利纳入计算依据的缺陷。在司法实践中,这一规则被适用的次数远远多于"逸失利益"规则(见表3-2)。

表3-2 2009—2013年日本地方法院专利侵权损害赔偿计算方法的适用统计

计算方法	请求主张	法院认定
第102条第1款(逸失利益)	16件	6件
第102条第2款(侵害利得)	79件	20件
第102条第3款(实施许可费)	53件	6件
计算方式并用	24件	9件
适用《日本民法》第709条规定等	16件	1件

注:内阁官房知的财产战略推进事务局:"面向激励创新的专利侵权诉讼动向调查结果(1)"(2015年3月30日),载 http://www.kantei.go.jp/jp/singi/titeki2/tyousakai/kensho_hyoka_kikaku/tf_chiizai/dai2/siryou02.pdf,最后访问日期:2019年11月21日。

具言之,这种计算方法用侵权产品的销售数量×侵权产品单位利润,所得数额推定为权利人的损失。在侵权人获利规则的适用中,法院主要考量两种因素:专利权人本身是否实施技术方案及侵权人所获利益的性质。

(三)损害赔偿计算方法之实施许可费规则

如果侵权人未经许可而生产带有专利技术方案的产品,将会挤占专利权人的市场份额,损害权利人排他权利的行使。在权利人已经实施了技术方案的情况下,这种市场份额的损失可以适用"逸失利益"或侵权人所获利益的规则。当权利人尚未实施专利技术方案时,只能通过《日本专利法》第102条第3款的规定,以实施许可费规则推定损害赔偿数额。因此,实施许可费

---

❶ [日]高林龍编:《知的财产権侵害と損害賠償》,成文堂2011年版,第17-20页。

规则被认为是日本专利侵权损害赔偿计算的最低标准。❶ 日本法院在计算专利实施许可费时，主要衡量以下因素：第一，专利权人与侵权人之间的市场关系；第二，该专利在市场中的价值；第三，侵权人实施专利侵权行为的严重程度。

六、程序衔接：民事、行政案件"二合一"

日本东京知识产权高等法院在知识产权案件的审理上效仿美国，实行民事、行政"二审合一"的模式。该模式的主要特点在于：通过知识产权高等法院的专属管辖权衔接民事与行政案件，统一裁判标准。同时，该模式也促成了日本"二元制"专利权效力认定机制的建立。

（一）知识产权民事、行政案件之间的衔接

当事人对于特许厅审判部作出的决定不服，可以到知识产权高等法院提起诉讼。若对诉讼结果仍然有异议，当事人可继续上诉至最高法院。❷ 对于技术类案件的上诉与不服特许厅专利无效审决所提起的撤销之诉，知识产权高等法院拥有专属管辖权，这使技术类案件的审判标准得以统一。此外，日本的知识产权刑事诉讼则与普通刑事诉讼没有较大差别，知识产权刑事诉讼没有特殊的审理程序，刑事法律在罪名上甚至都没有针对侵犯知识产权行为的特殊规定，知识产权相关法律所规定的罪名均被称为"违反××法罪"，没有根据具体违法行为对罪名进行细化。例如，《日本特许法》中规定的七种刑罚，在判决时均用"违反专利法罪"的名称。知识产权刑事诉讼案件并无专门审判机构也是"二审合一"模式的表现。❸

（二）建立"二元制"的专利权效力认定机制

在专利权效力认定方面，日本在2004年之前采取行政机关确权授权的单一模式。日本最高法院曾于2000年进行判例变更，在"基尔比案"中赋予法院判断专利是否明显存在无效理由的权利，但立法上对此一直未作出明文

---

❶ ［日］高林龍：［特許法第102条に基づく損害賠償について］パテント，Vol.59 No.1，2006年，第71页。

❷ 李明德："关于我国知识产权法院体系建设的几个问题"，载《知识产权》2018年第3期。

❸ 沈昊："日本知识产权高等法院建设及其对我国的启示"，载《中国发明与专利》2020年第4期。

规定。❶ 2004年《日本特许法》修订后，根据该法的规定，法院有权在相关诉讼中裁定涉案专利权的效力。该法还规定，在关于侵犯专利权或专用实施权的诉讼中，如果涉案专利确实存在被宣告无效的理由，专利权人或专用实施权人不得向对方当事人行使其权利。涉案专利权是否无效应由审理案件的法院来认定，而无须等待特许厅审判部的裁定。❷ 需注意的是，该条款并未赋予法院改变特许厅决定的权利。法院认定的无效理由仅对正在进行的侵权诉讼有效，即该无效理由并不具备对世效力。当事人可在诉讼进行的同时向特许厅提出专利无效审判的请求，只有特许厅作出的效力裁决才能发生对世效力。因此，该条款实际上赋予了法院在专利侵权诉讼中对专利权有效性享有间接判断的权力。

然而，由于法院与特许厅均有权判断专利的效力，二者作出的效力裁决难免会存在冲突。为尽量避免这种冲突，一方面，日本在立法中规定了法院与特许厅之间的专利侵权案件信息通知机制，案件受理后，双方会就特许厅是否提出审判请求、当事人是否提出无效抗辩等问题进行简单沟通；另一方面，为避免法院与特许厅在专利效力上的裁决不同导致过多的再审申请，日本于2011年再次修改《日本特许法》，根据该法规定，涉及专利权效力的判决作出后，若特许厅又对效力作出不同的认定，当事人不得以此为由申请再审。

第五节　韩国专利法院

1998年3月，韩国专利法院（Patent Court Korea）于汉城（今首尔）正式成立，旨在保障专利、商标领域案件裁判标准的统一性和可预测性，更好

---

❶ 根据日本大审院时代的判例，即使专利存在被宣告无效的理由，只要专利无效审判的判决尚未生效，法院应认为专利有效，不得在诉讼中未解决先决问题而判断专利无效。2000年4月11日，日本最高法院在基尔比案中进行判例变更，认为法院在审理专利侵权诉讼中有权对专利是否存在明显无效理由进行判断，若确实存在这种理由，则法院对基于该专利权的停止侵权、赔偿损失等诉求不予支持。

❷ 《日本特许法》104条第3款。

应对 21 世纪信息技术发展的新需求。❶

一、设立背景

要探究韩国专利法院的设立背景，必须厘清韩国专利法与专利审判体系的发展脉络。韩国专利制度起源于 1908 年的《韩国专利令》，是借鉴《日本专利法》所形成的专利法案。"二战"后，《韩国专利法》颁布，奠定了专利审判体系的法制基础。根据《韩国专利法》的规定，专利案件分为两类：一是专利有效性案件，由韩国知识产权局（KIPO）审查委员会以及知识产权局上诉审查委员会进行行政审查；二是专利侵权案件，由民事法院进行管辖，但原则上法院只能就专利纠纷涉及的法律问题作出裁判，不能进行"事实审"，❷ 导致韩国最高法院进行审查的内容仅限于上诉委员会提供的调查结果。这一审判制度实质上剥夺了国民接受法官审判的权利，引发了民众对《韩国专利法》违宪的质疑。

1993 年，韩国最高法院要求韩国宪法法院就专利法相关条款进行违宪审查。1994 年，针对专利法院的设立产生了争议，韩国专利局主张建立类似于德国模式的专利法院，由具有技术背景的法官裁定专利诉讼，而韩国最高法院则提出采用日本的专利审判模式，最终决定成立专门处理涉及专利和商标案件的法院。❸ 作为纪念韩国引入现代法律制度 100 周年而进行的广泛司法改革的一部分，1994 年 7 月，《韩国法院组织法修正案》颁布，将建立专利法院提上议程。1998 年，韩国专利法院正式成立。

二、组织机构及其职能

韩国专利法院由进行审判的裁判部和主管司法行政事务的事务局构成，同时配置有咨询委员会和调解委员会，形成了裁判部、事务局和委员会三层机构体系（见图 3-2）。

---

❶ 杜潇潇："论韩国专利法院建设及其对中国的借鉴意义"，载《中国发明与专利》2020 年第 5 期。
❷ 王晶晶："韩国专利法院介绍"，载《中国发明与专利》2015 年第 1 期。
❸ Choe Kong-Woong, The Role of the Korean Patent Court, Federal Circuit Bar Journal, Vol.9, Issue 4（2000）, pp.473-478.

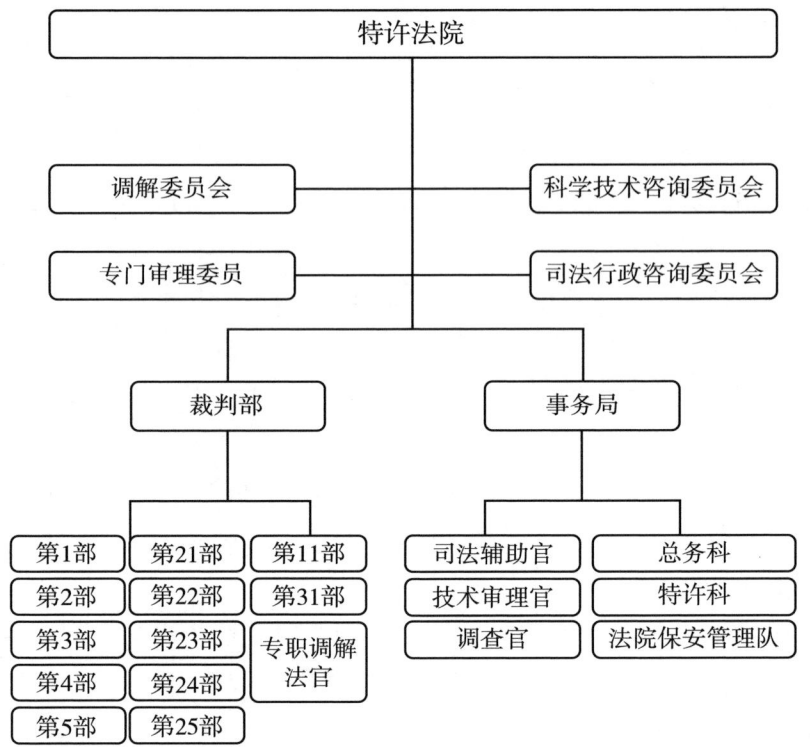

图 3-2 韩国专利法院的组织结构

（一）裁判部

韩国专利法院设有 5 个裁判部，负责与知识产权有关的民事诉讼以及针对行政机构裁定不服提起的行政诉讼。其中，民事案件裁判部为第 21～25 部，无效、撤销案件裁判部为第 1～5 部。同时，为了对具有先例意义或影响力较大的案件进行统一审理，韩国专利法院还设立了特别部，对此类特殊案件进行审理。其中，特别部的民事案件裁判部为第 11 部，行政案件裁判部为第 31 部。❶

（二）委员会

专利法院内部设立调解委员会、科学技术咨询委员会以及司法行政咨询委员会。其中，调解委员会旨在更为完善地处理当事人之间的纠纷；科学技

---

❶ 张玲玲："韩国专利法院经验之我鉴"，载《中国知识产权》2017 年第 10 期。

术咨询委员会负责为司法部门提供科学技术的意见，提出改进专利审判的措施，协助建立技术顾问池；司法行政咨询委员会人员由学术界、产业界、行政部门以及知识产权诉讼专家组成，旨在扩大各界之间交流的机会，提高公众司法参与度。❶

三、以技术调查官和审理官为核心的技术事实查明机制

技术类知识产权案件的审判难点在于涉案知识产权的技术含量高，导致事实查明难度大，审理周期长。为了对案件中专业性较强的争议焦点进行准确、快速的审理，韩国专利法院建立了以技术调查官、技术审理官为核心，以专门审理委员、技术说明会为辅助的技术事实查明机制。

（一）核心机制：技术调查官和审理官

从身份定位来看，韩国专利法院的技术审理官和调查官，旨在辅助法官进行案件涉及技术的事实查明和判断，帮助法官理解知识产权审判中的技术难题，解决法律与技术融合的案件焦点。❷

从具体职责来看，根据韩国最高法院《技术审查官规则》第4条，韩国技术调查官的职责主要包括就案件技术和专业问题、提供咨询和建议，在受院长或审判长许可的前提下，也可以查阅诉讼案件卷宗，认定技术证据，调查、认定事实，向诉讼参加人提问或在有关案件中就技术问题发表意见。值得注意的是，韩国专利法院在确定技术调查官的具体职责时，将商标等非技术类案件排除在外。换言之，尽管韩国专利法院的管辖范围包括专利和商标案件，但为了集中资源审理技术类案件，技术调查官的工作范围仅仅包括专利等技术类案件。❸ 而技术审理官在专利等案件审理过程中，可以随时为裁判部就技术项目提供咨询；在征得裁判长许可后，可以向诉讼关系人进行技术方面的提问，也可以在裁判部审判的合议过程中陈述有关技术项目的意见。可见，技术审理官在技术案件审判时享有意见陈述权。❹

---

❶ 杜潇潇："论韩国专利法院建设及其对中国的借鉴意义"，载《中国发明与专利》2020年第5期。
❷ 杜颖、李晨瑶："技术调查官定位及其作用分析"，载《知识产权》2016年第1期。
❸ 童海超：《网络赋权》，方志出版社2017年版，第225页。
❹ ［韩］金容燮："韩国知识产权法院的作用和发展方向"，见中国社会科学院知识产权中心、中国知识产权培训中心：《知识产权：技术创新与制度完善》，知识产权出版社2016年版，第330-349页。

从人员选拔来看，根据《技术审查官规则》第 2 条，担任技术审理官和调查官需要具有在知识产权局工作 5 年以上的经验，或者是作为国家工作人员长期从事技术工作，或者拥有相关科学技术领域的高级教育经历。❶

（二）辅助机制：专门审理委员团和技术说明会

2007 年《韩国民事诉讼法》在修改时设置了专门审理委员制度。专门审理委员是在专业性案件诉讼中由法院依职权或当事人申请任命的专家，他们可以参与案件审理过程，提供专业说明或就专业问题发表意见，让法官获得专家的帮助。❷

尽管技术调查官、审理官与专门审理委员的功能都是帮助法官理解案件中的技术问题，辅助法官查明技术事实，但二者在工作职责和岗位性质上均有差异。从职责来看，技术审理官具有意见陈述权，可以参与案件的合议；而根据《韩国民事诉讼法》第 164 条第 2 款，专门审理委员不能参加合议，只能在庭审中阐述意见。从编制来看，技术调查官和技术审理官都是公务员，只参与专利法院的案件，属于韩国专利法院编制内的工作人员。但专门审理委员可以参与所有案件的诉讼程序，并不仅仅限于专利法院审理的案件。此外，专门审理委员团虽然从组织结构上属于专利法院的一部分，但其成员属于受法院委任担任该职位，并不是公务员。❸值得注意的是，为了规避专利审理委员在编制上不受专利法院管理带来的泄密风险，韩国对此作出了特殊规定，即专门审理委员对参与的案件具有保守秘密的义务，在适用刑法的受贿罪时，被视为公务员。

若在案件审判中需要对专利、实用新型等技术进行理解，在当事人申请的前提下，可以由专利法院组织技术说明会。当事人与技术专家均可以参加说明会，并利用实物、模型分析、视频展示等方式，向法官充分阐释各自的技术方案和主张，强化法官对技术的理解。❹

---

❶ 高级教育经历指拥有博士学位或拥有硕士学位且具备 10 年工作经验。参见强刚华：《试论中国知识产权法院技术调查官制度的建构》，载《电子知识产权》2014 年第 10 期。

❷ ［韩］孙汉琦：《韩国民事诉讼法导论》，中国法制出版社 2010 年版，第 51 页。

❸ ［韩］金容燮："韩国知识产权法院的作用和发展方向"，见中国社会科学院知识产权中心、中国知识产权培训中心：《知识产权：技术创新与制度完善》，知识产权出版社 2016 年版，第 330-349 页。

❹ 杜潇潇："论韩国专利法院建设及其对中国的借鉴意义"，载《中国发明与专利》2020 年第 5 期。

四、案件管辖范围

韩国是亚洲最早建立知识产权法院的国家,但仓促的革新也导致其知识产权案件审判被很多学者诟病,韩国也在不断通过立法改善其法院的审级、管辖等制度。专利法院设立之初,韩国知识产权诉讼效仿德国的双轨制做法,专利法院管辖有关发明专利、实用新型专利、外观设计专利、商标等授权确权二审案件,而相关民事侵权诉讼则由地方法院受理。地方法院与高等法院依旧分别有一审及二审管辖权,韩国大法院则作为三审管辖法院。

2015年11月12日,韩国国会颁布《民事诉讼法修订法律(法律第13521号)》和《法院组织法修订法律(法律第13522号)》,对知识产权案件的统一管辖作出了新的规定。根据立法规定,自2016年1月1日起,涉及专利权的第一审侵权案件由首尔、大田、大邱、釜山和光州这五个知识产权地方法院受理,这些集中的知识产权地区法院都在高等法院的管辖区域内。在首尔市,专利侵权案件将仅由首尔中央地方法院受理,同时,首尔中央地方法院有权管辖全国专利侵权诉讼一审案件。例如,釜山市的专利纠纷原告既可以在釜山地方法院起诉,也可以在首尔中央地方法院起诉。

韩国专利法院则作为全国知识产权案件的上诉法院,管辖的第一类案件是全国与知识产权有关的民事诉讼和对特许厅等审决不服而请求撤销的诉讼。具体而言,与知识产权有关的民事诉讼主要指与专利权、实用新型、外观设计、商标、植物新品种保护有关的案件,以侵害上述权利为由,请求禁止、废除、信用恢复等及请求损害赔偿诉讼,请求上述权利的转让、注销登记诉讼等与权利的归属有关的诉讼等。该类民事诉讼的一审可以向地方法院提起,对一审法院的判决不服上诉的案件,与诉讼标的金额无关的案件,皆由作为二审法院的韩国专利法院负责。对于专利法院的判决,只能够以违反法律作为上诉的理由诉至作为三审法院的大法院。

韩国专利法院管辖的第二类案件是指旨在撤销以下审决和决定的诉讼:对于专利权、实用新型、外观设计、商标权有关的特许厅的驳回决定,特许权有效期间的驳回延长登记等审判和与之有关的无效审判,权利范围确认审判,专利权有效期间的延长登记,无效审判等特许庭(特许审判院)的审决以及对植物品种保护和地理标识无效、撤销审判等的审决。审决撤销诉讼为两审制，一审由专利法院专属管辖，针对专利法院的判决，涉及法律问题的部分可上诉至大法院。

五、损害赔偿的适用规则

韩国专利法院在设立之初，只管辖有关专利权授权、确权案件。自 2016 年 1 月 1 日后，韩国专利法院专属管辖涉及专利权、商标权、植物新品种保护权相关的侵权诉讼。❶

《韩国专利法》第 128 条规定了侵权损失、侵权获利、合理使用费和法定赔偿等四种赔偿种类，并细化了侵权损失的计算方法。此外，第 131 条还规定了权利人有权要求侵权人采取恢复商誉的补救措施。对于上述四种赔偿方法，韩国并没有规定适用顺位，专利权人可以主张对自己有利的赔偿种类，充分维护自身利益。

《韩国民法》未规定惩罚性赔偿。然而，2019 年和 2020 年韩国分别通过了《韩国专利法》和《韩国反不正当竞争与保护商业秘密法》的修正法案。根据该法案，任何故意侵犯他人专利权和商业秘密的人将会受到惩罚性赔偿的处罚。

六、知识产权民事、行政案件"二合一"审判模式

在专利法院设立之初，韩国知识产权审判借鉴德国双轨制的做法，实行民事、行政案件审判分离的诉讼管辖模式。专利法院仅管辖有关发明专利、实用新型专利、外观设计专利、商标等授权确权二审案件，而侵权诉讼由地方法院受理。这种双轨制管辖模式引发了诉讼滞后、判决矛盾、费用增加等问题。❷ 韩国国会于 2015 年颁布的《民事诉讼法修订法律》和《法院组织法修订法律》对知识产权案件的统一管辖作出了新的规定。自 2016 年 1 月 1 日起，专利法院开始专属管辖专利权和商标权的侵权二审案件。❸ 如此一来，知识产权案件的管辖权得到集中，知识产权案件裁判的专业性得以增强。

---

❶ ［韩］金珉徹："韩国专利法院"，载《科技与法律》2015 年第 6 期。
❷ ［韩］金珉徹："韩国专利法院"，载《科技与法律》2015 年第 6 期。
❸ 韩国专利法院网站："韩国专利法院介绍手册"，载 http://patent.scourt.go.kr/patent/patent_brochure_cn.pdf，最后访问日期：2019 年 12 月 25 日。

韩国专利法院的司法管辖权主要由两部分构成：第一，根据《韩国法院组织法》第28条之4第2项，有关专利权、商标权及品种保护权的二审民事诉讼由专利法院专属管辖；第二，根据《韩国法院组织法》第28条之4第1项及知识产权相关法律的规定，❶对于专利权、商标权及品种保护权的审决撤销诉讼同样由专利法院专属管辖。改革后的专利审判体系将民事侵权诉讼与行政诉讼集中在同一个专利法院进行审理，有利于技术类案件审判标准的专业化、统一化、标准化，使知识产权得到更可靠、更有效的司法保护。

第六节　欧洲统一专利法院

一、设立背景

统一专利法院（Unified Patent Court）的建立是欧洲专利统一授权、统一保护制度的具象化成果，代表了几十年来欧洲各国协调专利保护的努力。在1977年之前，各个国家之间专利管理和诉讼相互独立。在此期间，各国对发明人授予专利权享有单独控制权，并且对涉及专利侵权的案件单独审理。❷根据这一制度设计，发明人必须向其寻求保护的国家专利局提交申请并获得授权后才能在该国家获得保护。在专利侵权案件中，专利权人也必须向特定国家的法院提起诉讼。与美国、日本的企业相比，欧洲企业在全球市场上处于劣势，因为分散的欧洲专利制度使他们获得专利授权和行使专利权的成本更高。为了鼓励企业创新，欧洲商业领袖和政治领导人呼吁建立统一专利制度，为专利申请人提供一种有效且具有成本效益的方式来获取专利并在整个

---

❶ 包括《韩国专利法》第186条第1款、《韩国实用新型法》第33条、《韩国外观设计保护法》第166条第1款、《韩国商标法》第162条、《韩国植物新品种保护法》第103条第1款、《韩国农水产品品质管理法》第54条第1款。

❷ Mahne P.Kevin, A Unitary Patent and Unified Patent Court for the European Union: An Analysis of Europe's Long Standing Attempt to Create a Supranational Patent System, Journal of the Patent and Trademark Office Society, Vol.94, Issue 2（2012）, pp.162-191.

欧洲实施专利权。[1]

经过欧洲各国的努力，1973年《欧洲专利公约》（European Patent Convention，EPC）得以签订，并通过该公约成立了欧洲专利局（European Patent Office，EPO）。[2]根据公约规定，EPO的任务是管理新的欧洲专利。[3]在这种制度下，发明者既可以向他们寻求保护的各个国家申请专利，也可以向EPO申请专利。如果发明人向EPO提交专利申请，EPO将作为处理中心，确定该发明是否符合专利授权标准。虽然EPO负责处理专利申请，但它并不负责基于其授予的专利引起的侵权诉讼，专利权人必须在发生侵权行为的国家进行诉讼。此外，各国之间关于专利有效性标准的不同也给发明人带来了挑战，欧洲各国法院审理专利有效性案件的标准不一致使相关案件的结果可能产生偏差，给专利权带来了不确定性。[4]

专利保护的不一致使欧洲各国不断进行协调尝试。EPC通过后不久，1975年欧洲各国又签署了《共同体专利公约》（Community Patent Convention，CPC）。CPC旨在通过统一的专利法院系统来补充EPC的空缺，以确保成员国之间统一进行专利执法。[5]遗憾的是，CPC并没有获得支持，也从未实施。这种失败使欧洲的专利制度设计没有达到两个公约的最初意图。鉴于此，欧盟委员会开始积极寻求两项密切相关的提案，以推进欧洲专利制度。第一项提案是根据《欧盟运作条约》使用欧盟加强合作程序，通过关于专利保护的单一法规；[6]第二项提案是统一《专利法院协议草案》和《法院规约草案》。[7]2011年3月10日，欧盟理事会批准25个欧盟国家"在创建单一专利

---

[1] Casey Kevin R., European Patent Situation, The, Delaware Law Review, Vol.9, Issue 2（2007）, pp.107–112.

[2] Convention on the Grant of European Patents art.4, Oct.5, 1973, 1065 U.N.T.S.199, 259.

[3] Convention on the Grant of European Patents, supra note 19, art.4.

[4] Fiona Nicolson et al., Europe's New Patent Regime—Preparing the Ground, 50 Les Nouvelles 63, 64（2015）.

[5] Council Agreement 89/695/EEC, Agreement Relating to Community Patents, 1989 O.J.（L 401）1.

[6] Council of the European Union, Proposal for a Regulation of the European Parliament and of the Council Implementing Enhanced Cooperation in the Area of the Creation of Unitary Patent Protection, 17578/11 LIM1TE PI 169 CODEC 2203（Dec.1, 2011）.

[7] Council of the European Union, Draft Agreement on the Unified Patent Court and Draft Statute, 13751/11 PI 108 COUR 78（Sep.2, 2011）.

保护领域加强彼此之间的合作"。❶2012年12月17日，欧洲议会和欧盟理事会通过《关于在建立统一专利合作方面实施强化合作的第1257/2012号条例》，旨在实施单一专利保护方面加强合作。❷

在排除了制度障碍和语言障碍后，2013年2月19日，25个欧盟成员国在布鲁塞尔签署《统一专利法院协议》（Uniform patent court agreement，UPC）。建立统一专利法院将增加法律的确定性并降低专利诉讼成本，法院对欧洲专利和欧盟专利拥有专属管辖权，并且法院的裁判将对所有25个欧盟成员国有效。❸

二、法院配置及法官构成

统一专利法院由一审法院（First Instance Court）、上诉法院（Appeal Court）以及法院登记处（Court Registry）组成。一审法院分为三个法庭：地方法庭（Local Division）、区域法庭（Regional Divisions）和中央法庭（Central Division）。单个缔约成员国可根据需求设立地方法庭。缔约成员国可以根据其案件数量增加地方法庭，对于任何单个缔约成员国，最多可以设置四个地方法庭。

中央法庭位于法国巴黎，在英国伦敦和德国慕尼黑设有分部。中央法庭的各个分部将作为特定案件类别的中心部门。例如，巴黎法庭审理有关运输、纺织、建筑、物理和电力的专利案件；慕尼黑分法庭审理有关机械工程、照明、供暖、武器和爆破的专利案件；伦敦分法庭审理有关人类必需品、化学和冶金的专利案件。

统一专利法院共有两种类型的法官：具有法律资格的法官和技术合格的法官。具有法律资格的法官必须具有法律学位以及大量实践经验，技术合格的法官必须是特定技术领域的专家，他们还需要具有与专利诉讼相关的民法和程序法知识。法官库至少包括一名具有每个技术领域经验的技术合格法官。一审法院院长由同级别法官选出，在行政上领导其他法官，并负责案件

---

❶ Council Decision Authorizing Enhanced Cooperation in the Area of Creation of Unitary Patent Protection.

❷ Regulation 1257/2012, Implementing Enhanced Cooperation in the Area of the Creation of Unitary Patent Protection, 2012 O.J.（L 361）1（EU）[hereinafter Unitary Patent Regulation].

❸ Breakthrough on Enhanced Patent System for Europe, Single Market News, 6, 6（2010）.

分配。中央法庭由两名来自不同成员国的具有法律资格的法官和一名技术合格的法官组成。地方或区域法庭的三名法官完全由具有法律资格的法官组成。但是，任何地方或区域法庭都可以请求具有技术合格的第四位法官。

三、案件管辖范围

欧洲统一专利法院在缔约国地域范围内对以下案件有排他性的管辖权：（1）因专利侵权而提起的诉讼及相关辩护答辩，包括涉及许可的反诉；（2）要求宣告不侵犯专利权的诉讼；（3）要求签发保全措施和临时禁令的诉讼；（4）要求撤销专利权的诉讼；（5）有关撤销专利权的反诉；（6）要求基于公开的欧洲专利申请所赋予的临时保护的损害赔偿或补偿的诉讼；（7）与在专利授权前对发明的使用或与在先使用权相关的诉讼；（8）要求根据《欧盟第1257/2012号条例》（有关统一专利保护）第8条支付许可费的诉讼；（9）涉及EPO基于《欧盟第1257/2012号条例》（有关统一专利保护）第9条所作出的决定的诉讼。❶ 除了以上九种专属案件外，其他案件由缔约国国内法院受理。❷ 统一专利法院的管辖一般只针对传统欧洲专利和欧洲统一专利❸，而各国的国家专利并未纳入其管辖范围，这也是其双轨管辖体系的基本内涵。❹

中央法庭受理专利撤销案件、宣告不构成侵权案件、对撤销专利提起反诉的案件、跨区域的侵权案件❺以及EPO依据第1257号条例作出的行政决定的一审行政案件；❻其他一审民事案件由地方或地区分庭受理。

---

❶ 参见UPC公约第32条第1款。

❷ Liu Michael Xun, Balancing the Competing Functions of Patent Post-Grant Proceedings, Journal of Intellectual Property Law, Vol.25, Issue 2 (Fall 2018), pp.157-200.

❸ Axel Casalonga, Opt-Out and Transitional Period in the Unified Patent Court (UPC), 51 les Nouvelles 132 (2016).

❹ Klaus Haft, The Unitary Patent System From An SME's Perspective, 2017, 52 (11):274-277.

❺ 地区法庭审理的侵权纠纷的损害结果涉及3个以上地区法庭，根据被告的申请地区法庭可以将案件移送给中央法庭审理。

❻ 行政案件包括请求确认统一专利的统一效力、记载统一专利所有权变更及其转让情况、公开申请的翻译文本、续展费的收缴等。

上诉法院和注册机构总部设在卢森堡，另设专利仲裁、调解中心和法官培训中心作为统一专利法院附属机构，负责知识产权案件的多元化解决和知识产权法官的培训工作。也有学者指出，替代性的争议解决机制在欧洲今后的专利纠纷解决程序中是必要的，今后也可将专利案件提交设于卢布尔雅那和里斯本的调解和仲裁中心（从属于统一专利法院），但暂时未赋予该机构撤销或限制专利的权力。❶

四、损害赔偿的适用规则

根据UPC第32条第1款的规定，欧洲统一专利法院对于"因已公布的欧洲专利申请所提供的临时保护而引起的损害赔偿或补偿诉讼"具有专属管辖权。❷欧洲统一专利法院审理案件所适用的实体法包括：UPC、2012年12月通过的欧盟第1257号和第1260号条例——《欧洲议会和理事会在创设统一专利保护问题上加强合作实施条例》《欧盟理事会在创设统一专利保护翻译事宜安排问题上促进合作实施条例》，《欧洲专利公约》以及其他对成员国有约束力的国际协定和国内法。其中，欧盟第1257号和第1260号条例并未涉及专利侵权损害赔偿事宜，《欧洲专利公约》也着重于规定专利申请与专利效力的相关问题，只有UPC规定了专利侵权损害赔偿制度。

UPC第68条规定，"（1）应受害方的请求，法院应命令明知或有合理理由知道自己从事专利侵权活动的侵权人向受害方支付与该侵权行为实际造成的损害相当的损害赔偿。（2）受害方应尽可能处于如果没有发生侵权情况下本应处于的境况。侵权人不得从侵权行为中获益。但是，损害赔偿不应是惩罚性的。（3）当法院确定损害赔偿数额时：（a）应当考虑所有合理的因素，例如受害方的消极经济损失，包括受害方蒙受的所失利益，侵权人获得的任何不公利润以及在特定情形中除经济损失以外的其他损失，例如侵权人对专利权人造成的精神损害；或（b）作为（a）的替代方法，在适当情况下，可以根据至少是侵权人要求授权使用有关专利而支付的合理许可费等因素，将

---

❶ Emmanuel Gougé, Valicha Torrecilla, SMEs and Patent Litigation: A European Perspective, SMEs and the Patent Challenge, Part 1: Main Challenges, 52 les Nouvelles 162（2017，9）.

❷ Unified Patent Court Agreement, Article 32: Competence of the Court:（1）（f）actions for damages or compensation derived from the provisional protection conferred by a published European patent application.

损害赔偿一次性确定为赔偿金。(4) 如果侵权人对侵权行为不知情或有合理理由证明不知情的，法院可以裁定追回利润或支付补偿金"。

可见，欧洲统一专利法院所确立的专利侵权损害赔偿标准与《美国专利法》第 284 条规定的制度相类似，具体包括两个相同点：一是二者均以填补专利权人的损害为出发点；二是在确定赔偿数额的计算方式上，均以所失利益及专利许可费作为计算依据。但 UPC 的规定也具有其独特之处：首先，该协议未规定惩罚性赔偿制度，遵循严格的损失填补原则，这与《美国专利法》中的"提高的赔偿"（enhanced damages）存在明显差异；其次，UPC 规定的损害赔偿范围不仅包括经济损失，也包含精神损害，赔偿范围较广，这也体现了欧洲大陆法系国家对于知识产权人身权利的认可与尊重；最后，UPC 设置了善意侵权情形下的赔偿金恢复机制。由于德国尚未作出加入 UPC 的决定，并且英国脱欧影响了 UPC 生效的日程，因此，UPC 至今未正式生效，欧洲统一专利法院也没有正式运行。

五、知识产权民事、行政案件"二合一"审判模式

在欧洲统一专利法院制度的框架下，司法、行政程序之间的衔接也是其制度特色之一。EPO 并非完全不参与其中的事务，欧洲统一专利法院的管辖也并不仅限于民事诉讼领域，EPO 作出的与统一专利保护有关的决定可以上诉至统一专利法院，这也反映出其扮演行政法院的角色。统一专利法院民事、行政二审合一的模式虽然还未实施，但已引起一定的争议，有学者认为这将有效缓解统一专利制度引起的专利司法制度碎片化的问题。❶ 也有部分反对的声音，认为统一专利法院制度并没有整合现有的专利司法制度，该制度只不过是在现有的审判制度基础上增加了一个选择。

UPC 有几个授权后程序来使专利无效或避免专利诉讼。第三方可以对专利和补充保护证书（SPCs）提起撤销诉讼。被控侵权者或第三方可以提起撤销专利的诉讼、无侵犯的声明或侵权诉讼中的撤销反诉。需注意的是，前两

---

❶ Medina, David, How the Unitary Patent Will Fragment European Patent Law, Arizona State Law Journal, Vol.47, Issue 1（Spring 2015）, pp.319-342.

项必须提交至中央法庭。❶ 就传统欧洲专利而言，专利权在某个国家被无效并不影响在其他国家的有效性。但是，由于针对统一专利的无效及侵权诉讼由统一法院集中审理，当事人向欧洲统一专利法院提起诉讼时，一旦专利被宣告无效，法院的裁决将适用于所有参与成员国，专利权人就会丧失在所有成员国的权利。不参与 UPC 的《欧洲专利公约》成员国的任何专利仍然有效，这也是专利权人是否选择接受统一专利法院管辖时必须认真考虑的问题。

第七节　我国台湾地区的"智慧财产法院"

一、设立背景

2008 年 7 月 1 日，我国台湾地区"智慧财产法院"设立。究其设立原因，既是为了解决智慧财产❷诉讼制度的弊端，也是应对国际竞争的要求。

长期以来，台湾智慧财产诉讼程序的不合理造成案件解决效率低下，司法救济不及时。在"智慧财产法院"建立之前，台湾地区采用"公法"与"私法"分离的二元制，即由"普通法院"的民刑庭审理民刑案件，由"行政法院"审理行政案件。该种司法制度设计本意在于严格区分行政权与司法权，但由于智慧财产案件可能会同时涉及民事、刑事以及行政诉讼，因此不同诉讼程序之间的衔接不畅导致了司法资源浪费以及诉讼时间的拖延。在智慧财产案件中，权利的有效性是判断侵权与否的前提，根据我国台湾地区"商标法"和"专利法"的相关规定，如果诉讼当事人在民事侵权案件审理过程中提出对权利有效性的质疑，则"民事法院"必须等待"行政法院"对权利是否有效作出判决结果。行政诉讼的二级二审程序加上民事诉讼的三级三审程

---

❶ Greenleaf R.Kevin, O'Neill W.Michael, Huettermann, Aloys, Understanding the Unified Patent Court, Landslide, Vol.8, Issue 4（March/April 2016），pp.44-46.

❷ 我国台湾地区所指"智慧财产"与大陆使用的"知识产权"乃同义词。故本书在涉及台湾地区相关说明时，使用"智慧财产"一词，在涉及大陆地区相关说明时，使用"知识产权"一词，特此说明。

序通常使一个案件花费数年时间,且由于各法院之间互不隶属,即使针对同一案件内的争议内容,法院之间的决定互不约束,导致各个法院须各自从头至尾调查审理案件,对法律事实进行重复认定,造成司法资源的浪费。另外,虽然普通法院已经设有智慧财产专门人才,❶但事实上只是一种摆设,而未落到实处。❷现有的人才水平尚不足以解决重大专利案件,导致民众对智慧财产案件裁判结果的不信任,当事人纷纷前往他地解决重大专利案件。

自20世纪末始,诸多重视知识产权保护的亚洲国家先后成立专门性知识产权法院。如泰国于1997年12月成立中央知识产权和国际贸易法院;韩国于1998年3月成立专利法院;新加坡于2002年成立知识产权法院;日本在2005年成立知识产权高等法院。我国台湾地区加入世界贸易组织后与美国贸易摩擦不断,导致自2005年起美国将我国台湾地区纳入"301特别条款"的观察名单。在多重外部压力背景下,2003年12月台湾地区司法管理机构正式提出设立"智慧财产法院"的政策,并于2006年2月审查通过了"智慧财产法院组织法草案"及"智慧财产案件审理法草案"。同年3月26日,台湾地区司法管理机构请台湾地区行政管理机构同意将这两个草案送交台湾地区立法机构审议。2007年3月,台湾地区立法机构通过"智慧财产法院组织法"与"智慧财产案件审理法","台湾智慧财产法院"正式成立。❸

二、组织机构及法官配置

(一)组织机构

院长以下,"智慧财产法院"分为审判部及行政部两部分。审判部门共4个法庭,设有司法事务官及技术审查官以协助法官。行政部门设有人事室、会计室、书记处等六个单位,负责法院行政事务,具体架构如表3-3所示。

---

❶ 我国台湾地区各级法院设立的"专庭"或"专股"对法官选任、考核、升迁缺乏自主性,本质上无法解决法官欠缺技术专业能力的问题。

❷ 彭莉:"知识经济下台湾知识产权司法制度的变革——从'专庭'、'专股'到智慧财产法院",载《台湾研究集刊》2007年第4期。

❸ 魏忆龙:"台湾设立智慧财产法院的评析——以泰国、日本、韩国为主的法制比较研究",载《法律适用》2008年第1期。

表 3-3 台湾"智慧财产法院"组织架构

院长									
审判部				行政部					
第一庭	第二庭	第三庭	第四庭	书记处	人事室	会计室	统计室	政风室	咨询管理室
技术审查官 司法事务官				记录科 总务科	文书科	研究发展考核科	诉讼辅导科	法警室	法官助理

（二）法官配置

"智慧财产法院"成立之前，台湾地区没有审理智慧财产案件的专门法庭，因此只能依靠各庭的法官分别进行审理。故一直以来，法庭都缺乏专门审理智慧财产案件的法官。"智慧财产法院"成立之后，除了从既有法官中挑选经验丰富的法官外，也会吸收法律界及相关领域的精英人员作为法官人员补充。台湾地区"智慧财产法院组织法"第 13 条规定，"'智慧财产法院'法官任职前需是符合一定条件的法官、检察官、律师、大学教授、研究院以及有经验的公务人员"，此外还需经过"专利法"、"商标法"以及"著作权法"等相关法律的职前培训后才能上任。截至 2019 年年底，"台湾智慧财产法院"共有 14 名现任法官。❶

由于"智慧财产法院"法官兼办各类案件，且智慧财产案件日渐增多，法官工作负荷相对沉重，审结案件所需平均时长居高不下。以民事二审程序为例，2008 年 7 月至 2017 年 6 月，"智慧财产法院"民事二审案件结案平均

---

❶ 潘滨：" 我国台湾地区'智慧财产法院'的运作及启示"，载《南海法学》2020 年第 2 期。

耗时 203 日，较台湾地区高等法院的 170 日，平均每案多耗时 33 日。❶

三、案件管辖范围

"台湾智慧财产法院"管辖有关智慧财产的一审、二审民事案件、一审行政案件以及二审刑事案件。"智慧财产案件审理细则"又将"智慧财产法院"的管辖进一步细分。

虽然在立法中没有明文规定，但从体系解释角度及台湾地区的实务来看，"智慧财产法院"对智慧财产案件的管辖并不属于完全的专属管辖。根据"智慧财产案件审理细则"的规定，对于智慧财产民事、行政案件，若普通法院对是否为"智慧财产案件"的认定有误而进行审理，其判决亦属有效，上级法院不得以管辖错误为由撤销原判。❷ 依照台湾地区"民事诉讼法"的规定，违反专属管辖构成裁判违法，上级法院应撤销原判决。因此，"智慧财产法院"仅对智慧财产刑事案件实行专属管辖，对智慧财产民事、行政案件则采用优先管辖，在审理层级上，"智慧财产法院"与台湾高等法院级别相同。该法院审理的民事案件、行政案件、刑事案件可上诉至台湾最高司法管理机构进行终审。台湾地区实行三审终审制，"智慧财产法院"对智慧财产行政案件上诉审、刑事案件第一审和第三审均无管辖权。因此，也有很多学者认为，这样的制度设计并不利于案件判决标准的统一。❸

四、技术事实查明机制

为弥补法官在案件审判中对技术事实理解不足的缺陷，"智慧财产法院"设立了技术审查官调查技术事实，协助法官审理案件。在技术审查官制度尚未设立之时，其定位及与法官的关系曾有过争议。一种方案认为，应该学习日本知识产权高等法院的调查官制度，在个案中配置调查官调查澄清技术问题。另一种方案认为，德国联邦专利法院的技术法官更为适合，由不同的案件类型决定不同的技术法官和法律法官的组合来全面审理智慧财产案件。最终，台湾地区采用了日本的模式，缘由在于既要考虑法律法官制度与现有制

---

❶ 载 http://ipc.judicial.gov.tw/ipr_internet/doc/Statistics/10712-5.pdf,最后访问日期：2019 年 12 月 20 日。
❷ 参见台湾地区"智慧财产案件审理细则"第 9 条。
❸ Chen Kuo-Cheng, An Empirical Finding of Taiwan IP Reform: A Reference to a Proposal for a Patent Trial Court in the U.S., AIPLA Quarterly Journal, Vol.41, Issue 1（Winter 2013）, pp.73–106.

度差异过大的现实，也要兼顾到之后专家参审制的融合问题。

　　台湾地区"智慧财产法院组织法"第 15 条规定："智慧财产法院设技术审查室，置技术审查官。"技术审查官多由台湾经济部智慧财产局的资深专利审查官担任，职责为根据法官的命令，办理案件的技术判断、技术资料收集、分析及提供技术意见，并依法参与诉讼程序。在案件审理过程中，技术审查官向法官所作的口头或书面陈述仅属于咨询意见，不能直接作为证据使用。在案件有需要时，其经过质证后方能作为证据使用。且技术审查官所作的技术陈述不予公开，当事人也不得申请查阅。必要时，可以由"智慧财产法院"裁定技术审查官执行调查任务。技术审查官并非审判人员，而是一种类似于诉讼辅助人员的角色，协助法官了解专业技术问题。台湾"智慧财产法院"现有 12 名技术审查官，均系从台湾地区智慧财产局借调的资深专利审查员，涉及机械、化工、医药等领域。

　　除了技术审查官之外，台湾"智慧财产法院"还设置了司法鉴定以及专家咨询制度。司法鉴定为台湾"诉讼法"明确规定的证据种类，司法鉴定人由法院选任经诉讼当事人合意确定，且在诉讼中鉴定人要接受当事人以及法院的询问。设置专家咨询制度旨在技术事实查明上与技术审查官制度互为补充。与技术审查官相似，咨询专家的陈述只能作为咨询意见供法官参考，而不得直接作为证据使用。但咨询专家并非在法院中担任职务，只作为法院在个案中选择的临时性人员。咨询专家来自各专业领域，相对技术审查官来说更能了解各类技术领域的前沿尖端问题。但技术专家并无相关法律知识，也不能全程参与诉讼，因此在技术事实查明实践过程中，"智慧财产法院"多偏向于采用技术审查官的意见。❶

五、民事、行政和刑事案件"三合一"审判模式

　　台湾地区"智慧财产法院"统一管辖智慧财产民事、行政、刑事案件，实现了"三合一"的智慧财产审判模式，这在一定程度上有利于智慧财产案件专门审理，统一裁判标准。同时，台湾地区在建立"智慧财产法院"时也明确了"建立专门法院的重要原因之一是为了改变以往智慧财产民事、行政、

---

❶ 潘滨："我国台湾地区'智慧财产法院'的运作及启示"，载《南海法学》2020 年第 2 期。

刑事案件分离审理的模式，提高智慧财产审判效率"。❶

然而，"智慧财产法院"的管辖制度一直存在非议。首先，智慧财产民事案件一审、二审由同一个法院审理，不符合正常的司法理念，一方面让法院作出自我批判的可能性较小；另一方面，同一法院的法官容易受制于固定的思维习惯。尽管立法规定了回避制度，但"一院二审"的制度弊端依然存在，难以保证二审的公正。其次，如前所述，"智慧财产法院"并非智慧财产案件的终审机构，当事人不服其作出的民事及刑事判决将向台湾地区最高司法管理机构进行上诉，行政判决则由台湾地区最高行政法院终审。况且，"智慧财产法院"仅对民事、行政案件具有优先管辖权，因此普通法院对智慧财产民事、行政案件判决也有效力。基于此，智慧财产案件的裁判标准并不能得到实质统一，随着纠纷的不断增多，判决之间甚至可能出现矛盾。最后，在涉及智慧财产的多项刑事犯罪上诉案件管辖问题上仍存争议。如犯数罪的牵连犯，只有一部分属于"智慧财产法院"管辖的范围，台湾地区规定经地方法院合并审判且一并上诉者，原则上依据台湾地区"智慧财产案件审理法"第25条第2款的规定由智慧财产法院合并审判，如行为人所犯其他刑事犯罪为较重之罪，且案情复杂，耗时较长，"智慧财产法院"可依据"智慧财产案件审理法"第25条第2款的但书规定裁定将案件合并移送到相应高等法院进行审判。但对于案件分别审判、上诉并未合并的情况，"智慧财产案件审理法"并未详细说明。❷

在"智慧财产法院"成立之前，台湾地区一直实行民事侵权与行政无效二元分立体制。当审理智慧财产民事案件时，被告若就所涉智慧财产权提出无效抗辩，则该争议需要先进行行政诉讼程序，民事诉讼则先行中止。民、行诉讼程序的分离既不利于提高案件审判效率，也导致部分当事人滥用权利恶意拖延诉讼。建立专门的"智慧财产法院"后，赋予了法院在民事诉讼中自行审查智慧财产有效性的权力，从而提高了诉讼的效率，在一定程度上缓解了相关当事人滥用诉权的现象。但值得注意的是，虽然台湾地区行政机构不再对智慧财产权效力享有专属判定权力，但不能就此认为司法机构的审

---

❶ Jessie C.Y.Lee, Yvonne Y.F.Lin, Meeting New Global Standards While Maintaining Local Laws, 2009 WL 2029076.（2009）.

❷ 潘滨："我国台湾地区'智慧财产法院'的运作及启示"，载《南海法学》2020年第2期。

理可代替行政程序，智慧财产权效力的最终认定仍然必须经过行政程序。目前，台湾地区的智慧财产权效力认定的重心在逐渐向法院偏移。

本章小结

通过详细分析德国、美国、英国、日本、韩国、欧洲和我国台湾地区的知识产权法院审判体系、制度建设和运作方式可知，不同的国家或地区在知识产权法院的称呼、级别、案件管辖范围、技术事实查明机制、损害赔偿适用规则、临时禁令制度、民事和行政诉讼程序的衔接等方面存在很大差异。在知识产权法院的具体设置和管辖方面，各个国家或地区普遍将技术类知识产权案件和非技术类知识产权案件予以区别对待，对于技术类知识产权案件，由专门的知识产权法院或法庭审理，对于非技术类知识产权案件则仍然由普通法院审理，或者交由几个法院集中审理。设立知识产权专门法院（庭）的国家或地区，均对审判人员的专业素养有着较高的要求。各个国家或地区都认识到了专利、商标等知识产权无效的确认可能带来的程序上的拖沓，所以一般都倾向于赋予知识产权法院在诉讼程序中对知识产权效力进行判决的权力，以此提高审判效率。比如日本的知识产权侵权诉讼案件审判过程中，法院可以就专利、商标等知识产权的效力作出间接评价，美国、德国的知识产权法院有权在诉讼中直接撤销不符合授权条件的知识产权授权决定。举证困难是知识产权侵权损害赔偿认定中的一大难题，一些国家或地区规定了举证责任倒置规则，以此更好地保护权利人的利益。赔偿低、举证难是我国知识产权司法保护面临的突出实践问题，进一步完善举证责任规则，降低证明标准，便于权利人更好地维权是我国完善相关立法的重要任务之一。考虑到知识产权自身的特点，为了尽快制止侵权行为，防止造成难以挽回的损失，各国和各地区都非常重视知识产权侵权诉前禁令制度的立法与实施，同时为了防止错误申请，损害被申请人的合法利益，大都规定了较为严格的限制条件。另外，为确保知识产权案件尤其是专利等技术类案件能够得到公平合理的解决，各个国家或地区都非常重视技术调查官、专门委员会、专家证人等

中国知识产权法院建设研究

在法庭审理案件过程中的作用，充分尊重专业技术人员对案件事实的调查认定意见。与此同时，各个国家或地区对技术调查官、专家证人的任职资格也作了较高的要求，以此保证他们的专业水准。本章考察的主要国家和地区中，美国将专利授权确权行政上诉案件与专利侵权民事上诉案件统一纳入联邦巡回上诉法院的管辖范围，实现了民事行政案件"二审合一"。日本知识产权高等法院有权管辖全国范围内的技术类案件、辖区范围内的非技术类知识产权民事二审案件，以及知识产权授权确权行政一审案件，实行民事、行政"二审合一"、初审与上诉审相结合的审理模式。目前，实行知识产权"三合一"审判模式的只有泰国和我国台湾地区。

随着新的专门上诉法院的诞生，目前泰国的知识产权审判已经建立起三级审判制度，当事人对知识产权与国际贸易法院的一审判决不服的可以上诉至专门上诉法院，再由最高法院终审。中央知识产权和国际贸易法院自设立之初就有一定的独立性，有权管辖全国范围内的知识产权民事、刑事案件以及国际贸易中的民事案件，除此之外还可以受理少量的知识产权行政案件，❶ 具体包括：（1）有关商标权、著作权、专利权的刑事案件；（2）《泰国刑法》第271～275条规定的与贸易相关的违法行为；（3）涉及商标、著作权、专利权的民事案件和由此产生的技术转让协议或者许可协议案件……（10）立法规定由中央知识产权与国际贸易法院管辖的民事、刑事案件。❷ 需要注意的是，中央知识产权与国际贸易法院的管辖范围并不严格局限于知识产权案件或是国际贸易案件。譬如，当某一行为引起数项犯罪，其中一项属于该法院的专属管辖范围时，法院可以决定是否扩大其管辖范围，甚至对所有犯罪行使管辖权。当事人可以对专门上诉法院的判决或命令上诉至最高法院，但刑事和民事案件的程序各不相同。因此，泰国中央知识产权和国际贸易法院可受理知识产权民事、行政和刑事案件，实现"三审合一"的审判模式。这对我国在知识产权法院体系内推行知识产权民事、行政和刑事案件的"三合一"无疑具有重要的借鉴意义。

---

❶ Ryan S.Goldstein, Kristen Bird, Iris K.Woon, Specialized IP Trial Courts Around The World, 18 No.10 Intell.Prop.& Tech.L.J.1（2006）.

❷ Act on the Establishment of and Procedure for Intellectual Property and International Trade Court, B.E.2539（2015）Section 7.

CHAPTER 04 >> **第四章**

中国知识产权法院体系的完善

建立专门的知识产权审判体系，对技术类案件实行专业化审判，是我国建设知识产权法院的目标之一。既然要对技术类知识产权案件实行专业化审判，不仅该类案件的一审应当由专门的知识产权法院审判，二审也应当由专门的知识产权法院来审理。最高人民法院知识产权法庭的建立是我国知识产权司法审判改革进程中的里程碑，标志着我国技术类知识产权案件有了统一的上诉审理机构，其成立有利于统一技术类知识产权民事案件的裁判标准，实现民、行两大诉讼程序和裁判标准的对接。但是，目前我国的知识产权法院体系建设仍有待进一步完善。

第一节 建立独立的知识产权上诉法院

司法权的行使应当具有整体思维。[1]最高人民法院知识产权法庭的设立是技术类知识产权案件审判模式、证明标准体系乃至整个纠纷解决体系的融合。[2]最高人民法院知识产权法庭的设立虽然有利于统一技术类知识产权案件的司法裁判标准，但并非独立的知识产权上诉法院，本身无权设立派出法庭，这

---

[1] 梁平："司法改革语境下知识产权法院的设立与运行机制研究"，载《知识产权》2019 年第 2 期。

[2] 易玲："论知识产权法院体系的健全及其优化路径"，载《湖南大学学报（社会科学版）》2016 年第 6 期。

可能会抑制该法庭效用的发挥；由其直接审理大量的技术类知识产权案件亦不符合最高人民法院的职能定位。未来我国应当将最高人民法院知识产权法庭分离出来，成立独立的知识产权上诉法院，同时逐步增加地方知识产权法院的数量，允许知识产权法院设置派出法庭，赋予知识产权上诉法院直接裁决知识产权效力的权力，以真正建立体系化、专业化的知识产权上诉审理机制。❶

一、知识产权上诉法院的配置

二审案件的审理法院不统一，容易导致法律适用冲突，影响司法公信力。知识产权司法体制改革的关键在于设立统一的知识产权上诉法院，使得专门法院系统拥有技术类知识产权案件的终审权。❷ 如前所述，现在的最高人民法院知识产权法庭并非独立的法院，但已经具备了知识产权上诉法院的模型，下一步，应当将其从最高人民法院分离出来，成为独立的知识产权上诉法院。

（一）知识产权上诉法院之"独立"属性

自 2008 年《国家知识产权战略实施纲要》明确提出"探索建立知识产权上诉法院"后，中共中央、全国人大常委会、最高人民法院等部门连续通过多个文件，对我国建立知识产权上诉审理机制进行"顶层设计"。2014 年设立的三家知识产权法院以及 2020 年设立的海南自由贸易港知识产权法院只是使技术类知识产权案件的一审审判更加专业化，并没有解决该类案件的二审问题。在四家知识产权法院的辖区内，技术类知识产权一审案件由专门的知识产权法院审理，二审则仍然由所在地的省或者市的高级人民法院审理；在非知识产权法院的辖区内，技术类知识产权二审案件也仍旧由各个省份的高级人民法院审理。也就是说，我国技术类知识产权上诉案件的审理并没有做到全国范围内的统一裁判，二审法院的不同仍然容易导致法律适用冲突，影响司法公信力。❸

---

❶ 黄玉烨、李青文："我国知识产权上诉审理机制的变革与优化之策——由知识产权法庭到知识产权上诉法院"，载《东南学术》2020 年第 5 期。

❷ 吴汉东："中国知识产权法院建设的理论与实践"，载《知识产权》2018 年第 3 期。

❸ 刘文学："知识产权法院：司法改革的先行者和排头兵"，载《中国人大》2017 年第 18 期。

最高人民法院知识产权法庭虽为技术类知识产权上诉案件的审理机关，其本身属于最高法的派出机构，只能以最高法的名义对外判决和裁判。设立的最高人民法院知识产权法庭作为全国范围内技术类知识产权上诉案件的审理机构，与我国现行的审级体系并不相符。目前，技术类知识产权一审案件主要由各个地方的中级人民法院和知识产权法院审理，各省的高级人民法院亦可以受理在本省范围内具有重大影响的技术类知识产权案件，这些案件的二审则全部由最高人民法院知识产权法庭审理，这并不符合我国现行的审级体系和案件的审判体系。

如前所述，无论是德国的联邦专利法院、美国的联邦巡回上诉法院，还是日本的知识产权高等法院、韩国的专利法院，其知识产权上诉机构均是一个独立的法院，并不依附于其他任何机构。实践证明，独立的知识产权上诉法院才是知识产权审判专业化的发展方向。"独立"意味着知识产权上诉法院有自己的人、财、物，能够以自己的名义发布裁判文书、制定和公布知识产权审判指导政策。将知识产权法庭独立出来，成为一级专门的法院，有利于保障当事人的再审诉权，维护当事人的程序救济权利；同时也使我国的知识产权案件审判体系变得更加清晰，各级法院的管辖范围、任务职责更加明晰；也有利于知识产权上诉法院根据案件审理的实际需要，采取设置派出法庭等灵活的审判方式，更好地发挥定分止争的作用。当然，作为一个独立的知识产权上诉法院，其机构本身的设置、法官数量和编制、办公地点和设备、案件的管辖范围等需要相关部门依法批准。❶

（二）知识产权上诉法院之"高院"级别

如前所述，无论是德国的联邦专利法院、美国的联邦巡回上诉法院，还是韩国的专利法院，其级别均为上诉法院。值得一提的是，在日本，技术类知识产权一审案件由东京或大阪地方法院专属管辖，二审由知识产权高等法院管辖。❷ 也就是说，日本知识产权一审和二审案件，均实行专业的管辖和审判。

---

❶ 黄玉烨、李青文："我国知识产权上诉审理机制的变革与优化之策——由知识产权法庭到知识产权上诉法院"，载《东南学术》2020年第5期。

❷ ［日］田村善之、何星星、巢玉龙："日本知识产权高等法院研究"，载《科技与法律》2015年第3期。

为了与我国民事案件诉讼审级体系相协调，我国的知识产权上诉法院级别应当定位于"高院"。❶ 在这种审判体系下，各地方专门法院负责技术类知识产权案件的一审，知识产权上诉法院负责该类案件的二审，仍然实行"两审终审制"。最高人民法院依旧负责通过审判监督程序审理的案件，知识产权上诉法院的受案范围应当为原属各高级人民法院所管辖的技术类知识产权案件的范围，普通高级人民法院不再享有此项权利。此种做法有利于在全国范围内进一步统一技术类知识产权案件的司法裁判标准，提升审判的专业化程度。❷

（三）知识产权案件审理机制之"地方"部署

如前所述，日本已经实现了技术类知识产权一审和二审案件的集中化、专业化管辖。美国也有学者提出要建立专门的专利初审法院。❸ 如果我国技术类知识产权案件的司法审判要走上专业化的道路，那么案件自始至终就应当由专门审判机构和专职审判人员进行审理。当建立知识产权上诉法院之后，若其案件的管辖范围为对全国范围内中级人民法院的裁判不服的上诉案件，则会出现技术类知识产权案件的一审由普通法院审理，二审由专门的上诉法院审理的"怪象"。这种情况下，我国知识产权案件的司法审判并不能称为专业化审判。知识产权上诉法院同样为专门法院，其所审理的上诉案件应当为地方各知识产权专门法院审理的一审案件，而不应当包括地方普通法院审理的一审知识产权上诉案件。

但是，目前我国地方知识产权法院仅有四家，其中北京、上海和广州三家自2014年成立以来，共审结了数万起技术类知识产权民事和行政案件。这种集中管辖的方式有利于迅速查明技术事实，积累审判经验，发挥专业优

---

❶ 杜颖、章可："中国知识产权专门法院的建构"，载《财经法学》2016年第6期。
❷ 刘春霖、左娟："论我国知识产权法院的构建愿景及实现路径"，载《河北法学》2016年第4期。
❸ See, e.g., Rai, supra note 105, at 895–897（proposing to address the complicated scientific fact-finding in patent law with the creation of a specialized trial court provided with expert consultants）; Gregory J.Wallace, Note, Toward Certainty and Uniformity in Patent Infringement Cases After Festo and Markman: A Proposal for a Specialized Patent Trial Court with a Rule of Greater Deference, 77 S.Cal.L.Rev 1383, 1410–1415（2004）（proposing to establish a uniform national patent trial court）.

势，提高知识产权案件的审理质量，确保裁判尺度的统一。❶ 实践表明，知识产权专门法院在解决技术类知识产权纠纷、及时维护知识产权人的合法权利、维护知识产权市场经济秩序等方面发挥了重要的作用。但是，四家知识产权法院远不能满足技术类知识产权案件审判的实际需要。虽然近年来我国先后在技术类知识产权案件较为集中的城市成立了26个知识产权审判法庭，但是各知识产权法庭的运作情况不一，案件的审理数量差别较大，与知识产权法院更不可同日而语。更为重要的是，成立的26个知识产权法庭均属于当地中级人民法院的内设法庭，其法官往往是中院知识产权审判庭或者民三庭的法官，并且多数知识产权法庭至今没有建立较为完善的技术事实查明机制，其实际上还不能称为专门、专业、专职的知识产权审判，这导致法庭审理的技术类知识产权案件与原来的中院并没有区别。设立知识产权专门法院的初衷是技术性知识产权案件之裁判尺度，同时考虑到地方主义的干扰以实行跨行政区域管辖，而非简单地将目前地方中级人民法院的知识产权审判庭直接转型。❷

为满足我国技术类知识产权案件的审判需要，推进我国技术类知识产权案件真正地走上专业化的审判道路，在成立知识产权上诉法院的同时，应当增加地方知识产权法院的数量，按照技术类知识产权案件的数量、地域等因素增设若干地方知识产权法院，打破案件管辖的省级行政区划界线，实行知识产权法院跨区域管辖，以满足我国技术类知识产权案件审判的实际需要。关于地方知识产权法院的布局亦可以借鉴我国海事法院设置的经验，在案件集中的城市设立地方知识产权法院，同时根据管辖需要允许地方知识产权法院设立派出法庭，逐步实现跨区管辖知识产权案件法院的结构优化。❸ 这样一来，知识产权上诉法院所受理的上诉案件就应当为各地方知识产权法院所审理的一审民事、刑事、行政案件，当事人对地方知识产权法院所作出的判决、裁定等文书不服的，可以向知识产权上诉法院提起上诉。其他的普通中级人民法院、高级人民法院就不应当再享有技术类知识产权案件的审判权，

---

❶ 冯晓青、徐相昆："我国知识产权法院发展现状及其改革研究"，载《邵阳学院学报（社会科学版）》2015年第14卷第6期。

❷ 管育鹰："关于我国知识产权司法保护战略实施的几点思考"，载《法律适用》2018年第11期。

❸ 张玲玲："完善我国知识产权法院体系的初步构想"，载《知识产权》2018年第3期。

其判决、裁定等也不应当被上诉到知识产权上诉法院。❶

二、允许知识产权上诉法院设立派出法庭

有学者主张,我国可以在北京设立一个全国性的知识产权高级法院,同时在各大区域的中心城市设立 3～5 个巡回法庭或派出机构。❷ 在地方知识产权法院的设置方面,亦有学者主张采取"知识产权法院 + 派出法庭"的模式。❸ 笔者认为,此举并非不可行,但需要修改现行《人民法院组织法》的相关规定,避免"事先违法"现象的发生。根据现行《人民法院组织法》的规定,只有基层人民法院才能够设立派出法庭,❹ 因此,知识产权上诉法院和地方各知识产权法院均无权设立派出法庭,全国范围内的技术类知识产权上诉案件只能向这一个知识产权上诉法院提起上诉。但是,我国幅员辽阔、人口众多,近年来技术类知识产权上诉案件数量也日益增加,各地区的知识产权上诉案件数量差别较大,若全国范围内的当事人均向同一个知识产权上诉法院提起上诉,不仅增加了该上诉法院法官的审判压力,造成案件积压,还导致当事人上诉成本高、维权难。这样一来,知识产权上诉案件的审判将不可避免地造成效率低下,审判周期长,这与知识产权司法专门化改革的目标和初衷不相吻合。因此,为了方便当事人申请上诉、降低当事人的诉讼成本,应当修改《人民法院组织法》的相关规定,允许知识产权上诉法院和专门法院根据案件的审判需要等实际情况设立派出法庭。同时,从"便民"的目标出发,知识产权上诉法院应当采取多样化的审判方式,对于案件事实争议小的案件实行网络化审判,定期指派法官到当地审理案件。

三、赋予上诉法院直接裁决知识产权效力的权力

目前,在我国技术类知识产权案件的侵权诉讼中,法院无权直接对知识产权的效力作出判决,导致知识产权行政确权程序的循环诉讼和反复审理,知识产权民事和行政诉讼交叉,案件的审理程序相当烦琐。成立知识产权上

---

❶ 黄玉烨、李青文:"我国知识产权上诉审理机制的变革与优化之策——由知识产权法庭到知识产权上诉法院",载《东南学术》2020 年第 5 期。

❷ 吴汉东:"中国知识产权法院建设的理论与实践",载《知识产权》2018 年第 3 期。

❸ 李明德:"关于我国知识产权法院体系建设的几个问题",载《知识产权》2018 年第 3 期。

❹ 参见《人民法院组织法》第 26 条。

诉法院后，技术类知识产权案件的审判仍然会面临着程序烦琐、周期长的问题。以北京知识产权法院审理的专利侵权案件为例，一般情况下，当原告向北京知识产权法院提起侵权诉讼后，被告会向国务院专利行政部门（2020年《专利法》修正前为专利复审委员会）就该专利提起无效宣告请求，当事人对其决定不服的，以国务院专利行政部门为被告向北京知识产权法院提起行政诉讼，对一审判决不服的上诉到如今的最高人民法院知识产权法庭，当最高人民法院知识产权法庭对专利权的效力作出终审判决后，北京知识产权法院就原来民事侵权诉讼案件进行审理，当事人对判决不服的又可以上诉到最高人民法院知识产权法庭。这样一来，一件专利侵权案件要经过国务院专利行政部门和法院的五次审理才能尘埃落定，审理周期相当漫长。

知识产权行政确权与民事侵权诉讼程序的衔接问题在其他国家同样存在。为此，在美国的专利民事侵权诉讼中，当被告对专利的有效性提出抗辩时，《美国专利法》允许陪审团对专利有效性的争议作出裁决。❶ 在专利行政诉讼中，对专利申诉和抵触委员会的决定不服的，美国允许当事人可以并且只能向联邦巡回上诉法院提起上诉，❷ 由其对上诉内容进行审查，并对专利的效力作出判决。❸ 与美国类似，《日本专利法》在2004年修改时新增第104条之3，允许法院在侵权诉讼中对专利的效力直接作出判决，但法院根据本款作出的无效判定仅在该案件中有效，并不具有对世效力。❹ 应当肯定的是，美国和日本允许法院在侵权诉讼中直接对专利的效力作出裁决的做法有效地解决了专利诉讼中因效力争议造成的诉讼迟延问题。但是，我国地域广大、人口众多，将来建立的知识产权法院数量也不止四家，与美国联邦专利上诉法院的法官相比，我国知识产权法院中具备技术知识背景的法官仍为少数。虽然我国建立了技术调查官制度，但其人员配置还不能像日本的专门委员会一样几乎能够涵盖所有的技术领域。因专利等知识产权效力的审查属于技术活动，如果我国同样赋予知识产权法院在民事诉讼中直接决定知识产权效力的权力，则目前来说多数法官难以胜任此项工作。

---

❶ See, e.g., Markman v.Westview Instruments, Inc.517 U.S.370, 375（1996）.

❷ 35 U.S.C. § 141.

❸ 35 U.S.C. § 144.

❹ ［日］青山纮一著：《日本专利法概论》，聂宁乐译，知识产权出版社2014年版，第201页。

中国知识产权法院建设研究

为了解决这一问题,最早建立专利法院的德国对专利复审无效程序进行了彻底的司法改造,将其作为一级司法程序。❶ 在德国的专利诉讼中,专利侵权诉讼和无效诉讼不在同一案件中审理。由于决定专利的有效性是一种行政行为,无效诉讼完全属于联邦管辖范围——联邦专利法院。因专利侵权属于民事案件,地区法院(Landgerichte)和上诉法院(Oberlandesgerichte)均有管辖权,❷ 与对专利侵权诉讼管辖不同的是,联邦专利法院完全有权在专利无效诉讼中决定专利权的效力。❸ 我国可以借鉴德国的做法,赋予知识产权上诉法院直接决定知识产权效力的权力。具体来说,将国务院专利行政部门的复审部门作为一级司法机关,对其无效审查决定不服的直接上诉至知识产权上诉法院,如果知识产权上诉法院认为该行政决定合法,则予以维持;如果认为该行政决定违法,此时不能"撤销该行政决定,要求国务院专利行政部门等重新作出具体行政行为",而应当由知识产权上诉法院直接对涉案知识产权的效力作出终审判决,并通知相应的行政部门。赋予知识产权上诉法院直接决定知识产权效力的权力,由专门法官集中审理专利等知识产权的效力争议,既可以避免知识产权确权行政程序中的循环诉讼现象,又可以充分保障当事人在知识产权确权程序中的司法救济权利。以北京知识产权法院审理的专利侵权案件为例,其受理后若被告对专利权的效力有异议,则向国务院专利行政部门对涉案专利提起无效宣告请求,当事人对该复审决定不服的,直接上诉至知识产权上诉法院,由知识产权上诉法院对涉案专利权的效力作出最终裁决。之后,再由北京知识产权法院审理该专利侵权诉讼案件,对其一审判决不服的,上诉至知识产权上诉法院,由知识产权上诉法院作出终审判决。赋予知识产权上诉法院享有决定知识产权效力的权力,实际上是将知识产权案件的民事诉讼案件与行政诉讼案件的终审权集中到了一个法院,其仍然遵循由司法机关最终确定权利有效性的原则,并且也给予当事人一审、二审和再审等充分的救济程序权利。与目前的审判程序相比,知识产

---

❶ 马一德:"知识产权司法现代化演进下的知识产权法院体系建设",载《法律适用》2019 年第 3 期。

❷ Fei Charleen, Justice Delayed is Justice Denied: The Principle of Bifurcation in the German Patent Litigation System, Wake Forest Journal of Business and Intellectual Property Law, Vol.14, Issue 4(Summer 2014), pp.619–670.

❸ Pakuscher K.Ernst, Patent Procedure in the Federal Republic of Germany, International Tax & Business Lawyer, Vol.4, Issue 1(Spring 1986), pp.86–104.

权上诉法院能够直接决定知识产权的效力后，可以减少案件的诉讼环节，这一方面会大幅度缩短技术类知识产权案件的审理周期，简化审判程序，另一方面也减轻了国务院专利行政部门的审查和诉讼负担。❶

四、发挥知识产权上诉法院的指导作用

知识产权案件，尤其是涉及专利、技术秘密、集成电路布图设计等技术类的案件，在技术事实查明、权利保护范围的界定等方面具有诸多共性。其是否属于现有技术、被告的行为是否落入原告的权利范围之内等虽然受法官专业水平和认知能力的影响，但更多的是基于自然法则的约束而具有很大的通用性。由此而产生的技术规范以及与之相匹配的司法裁判规则也应当基本趋同。❷ 这就要求知识产权上诉法院对地方各知识产权专门法院的审判工作进行统一指导和规范，包括技术事实的认定、权利要求的解释、证明标准、判赔数额等方面的内容。另外，知识产权上诉法院还应当负责全国各地方知识产权法院的法官、书记员特别是技术调查官的培训工作，规范法官的审判行为，统一技术调查官参与诉讼活动的程序。我国欲在知识产权案件审判制度中进行试点工作，可以首先选择知识产权上诉法院，然后再将试点经验在其他地方知识产权法院推广，如此一来，新制度的实施自上而下，阻力自然小很多。

最高人民法院作为国家最高司法机关，其知识产权审判庭重点任务是监督知识产权上诉法院和各地方知识产权法院的审判工作，根据党中央、国务院的指示和精神，制定技术类知识产权案件的审判政策，出台相关司法解释，负责审理在全国范围内具有重大影响的知识产权案件和通过审判监督程序的再审案件。建立知识产权上诉法院以后，最高人民法院知识产权审判庭应当恢复其本职职能。知识产权专门审判体系的建立需要完善顶层设计，建立知识产权上诉法院，统一指导和规范地方各知识产权法院的审判工作，是我国司法体制专业化改革的基本趋向。❸

---

❶ 黄玉烨、李青文：“我国知识产权上诉审理机制的变革与优化之策——由知识产权法庭到知识产权上诉法院”，载《东南学术》2020 年第 5 期。

❷ 刘春田："知识产权司法的大国重器"，载《法律适用》2019 年第 3 期。

❸ 黄玉烨、李青文："我国知识产权上诉审理机制的变革与优化之策——由知识产权法庭到知识产权上诉法院"，载《东南学术》2020 年第 5 期。

中国知识产权法院建设研究

北京、上海、广州三家知识产权法院的良好运作为我国知识产权上诉法院的建设提供了经验借鉴,特别是北京知识产权法院,其在合议庭审判模式、知识产权案例指导制度、技术调查官制度、法官的遴选和任免等方面的探索实践,为知识产权上诉法院的建设提供了一种思路和路径。❶我国建立知识产权上诉法院应当借鉴和吸收三家知识产权法院的成功经验和做法,选拔和培养高素质知识产权法官,积累审判经验;科学组建合议庭,打造审理技术类案件专业法官团队;设立技术调查官,辅助合议庭查明技术事实。❷

纵观全球,通过专门法院体系审理技术类知识产权案件已经成为世界上主要国家司法改革的潮流。我国建立知识产权专门法院的初衷就是要提高技术类知识产权案件审判的专业化水平,这就要求技术类知识产权案件自一审至二审均应当由专业的法官通过专门的程序来审理,以在最大程度上保障案件裁判标准的专业性和统一性。知识产权上诉审理机制的设置应坚持系统化思维,以统一裁判尺度、提高诉讼效率为目标,顶层设计知识产权上诉法院制度,自上而下整体推进。❸在技术类知识产权案件的上诉审判机制方面,我国应当逐步将最高人民法院知识产权法庭分离出来,设立独立的知识产权上诉法院,赋予知识产权上诉法院直接审理并决定知识产权效力的权力,合理布局地方知识产权法院的数量,允许知识产权法院设立派出法庭以方便当事人参加诉讼活动。当然,这些措施的落实首先需要修改相关法律规定,做到有法可依。知识产权专门法院体系的建设和完善是一项巨大的工程,我国有必要借鉴域外知识产权法院的经验,并结合我国国情,逐步建立有中国特色的知识产权专门审判体系。❹

---

❶ 北京知识产权法院课题组、陈锦川、刘仁婧:"关于审判权运行机制改革的思考与探索——以北京知识产权法院为分析样本",载《法律适用》2015年第10期。

❷ 张玲玲:"我国知识产权诉讼中多元化技术事实查明机制的构建——以北京知识产权法院司法实践为切入点",载《知识产权》2016年第12期。

❸ 许春明:"浅谈知识产权法院体系框架的构建",载《中国发明与专利》2015年第1期。

❹ 黄玉烨、李青文:"我国知识产权上诉审理机制的变革与优化之策——由知识产权法庭到知识产权上诉法院",载《东南学术》2020年第5期。

第二节　明确知识产权法院的管辖范围

最高人民法院发布的《关于北京、上海、广州知识产权法院案件管辖的规定》（法释〔2014〕12号），对北京、上海和广州三家知识产权法院的案件管辖范围作出了规定。其后，最高人民法院发布《关于知识产权法院案件管辖等有关问题的通知》（法〔2014〕338号），对《关于北京、上海、广州知识产权法院案件管辖的规定》进行了补充说明。2018年12月27日，最高人民法院又发布《关于知识产权法庭若干问题的规定》（法释〔2018〕22号），主要规定了最高人民法院知识产权法庭的案件管辖范围问题。2020年12月最高人民法院发布的《关于设立海南自由贸易港知识产权法院的决定（草案）》规定了海南自由贸易港知识产权法院的案件管辖范围。这四个文件是目前我国知识产权法院案件管辖范围的法律依据。

一、知识产权法院的专属管辖

（一）对技术类知识产权案件享有专属管辖权

我国知识产权法院的案件管辖范围主要包括技术类知识产权案件和与知识产权有关的不正当竞争诉讼案件。从最高人民法院发布的司法解释还可以看出，我国知识产权法院在一定地域内对这两类案件享有专属管辖权。既然是"专属"管辖，那么，该地域内的其他法院对技术类知识产权案件和与知识产权有关的不正当竞争诉讼案件就不得再享有管辖权，只要是特定地域内的这两类知识产权案件，均应当由知识产权专门法院管辖。当成立知识产权上诉法院，并且在全国范围内布局知识产权法院之后，技术类知识产权案件以及与知识产权有关的不正当竞争案件均应当由知识产权法院管辖，其他的普通中级人民法院和基层人民法院不应当再受理此类案件。在全国范围内对技术类知识产权案件实行专属管辖有诸多现实意义，具体来说：第一，有利于提高技术类知识产权案件的裁判水平，在专门知识产权法院内，由技术调查官帮助法官查明涉案技术事实，明确涉案技术争议焦点，由专业的法官负责审判，有利于客观、公正地解决技术类知识产权纠纷案件；第二，有利于统一技术类知识产权案件的裁判标准，特别是在建立知识产权上诉法院之后，这种效果会更加明显。

值得注意的是，我国关于北上广三家知识产权法院案件管辖的司法解释仅将技术类知识产权民事和行政案件纳入知识产权法院的管辖范围，并未将技术类知识产权刑事案件纳入知识产权法院的管辖范围之内。也就是说，我国目前对技术类知识产权刑事案件的审判仍然按照《刑事诉讼法》的规定，由犯罪嫌疑人所在地的普通法院管辖，无论是三家知识产权专门法院还是最高人民法院知识产权法庭，对技术类知识产权刑事案件均不享有专属管辖权。虽然《最高人民法院关于知识产权法庭若干问题的规定》第11条规定："对知识产权法院、中级人民法院已经发生法律效力的本规定第二条第1～3项所称第一审案件判决、裁定、调解书，省级人民检察院向高级人民法院提出抗诉的，高级人民法院应当告知其由最高人民检察院依法向最高人民法院提出，并由知识产权法庭审理。"但是，其第2条第1～3项所称第一审案件判决、裁定、调解书均为技术类知识产权民事和行政案件的判决、裁定、调解书，而不涉及刑事案件。对于知识产权法庭而言，有13家知识产权法庭可以直接审理辖区内的技术类知识产权刑事案件，另外9家知识产权法庭只能审理辖区内技术类知识产权刑事案件的上诉案件。对于我国是否应当将技术类知识产权刑事案件纳入知识产权法院的管辖范围的问题，将在后文详细论述。

（二）其他法院不得再审理技术类案件

从理论上来说，既然知识产权法院对技术类知识产权案件享有专属管辖权，那么其他的普通法院就不得再审理此类案件。但是，26个知识产权法庭对技术类知识产权案件的管辖权，并不能称为严格意义上的专属管辖权。

目前，四家知识产权法院和最高人民法院知识产权法庭对技术类知识产权案件已经实现了"专属管辖"，这也为以后我国知识产权专门审判体系的建设指明了方向。建立知识产权专门法院，对技术类知识产权案件实行专业化审判，就应当对此类案件实行专属管辖，即技术类知识产权案件和与知识产权有关的不正当竞争纠纷案件均应当由专门的知识产权法院来审理,其他的普通法院不应当再对此类案件享有管辖权。

二、知识产权法院的级别管辖

(一)地方知识产权法院(庭)负责技术类知识产权一审案件

目前,我国四家知识产权法院在级别上均属于中级人民法院,既可以审理技术类知识产权案件的一审案件,也可以审理某些知识产权案件的上诉案件。比如《关于北京、上海、广州知识产权法院案件管辖的规定》第6条规定:"当事人对知识产权法院所在市的基层人民法院作出的第一审著作权、商标、技术合同、不正当竞争等知识产权民事和行政判决、裁定提起的上诉案件,由知识产权法院审理。"同时,26个知识产权法庭本身就属于中级人民法院的内设机构,只能以中级人民法院的名义发布判决书。将地方知识产权法院定位于中级人民法院,由其审理技术类知识产权一审案件,对其裁判不服的,上诉至知识产权上诉法院,这既符合我国《民事诉讼法》及《最高人民法院关于审理专利纠纷案件适用法律问题的若干规定》等司法解释的规定,也有利于各知识产权专门法院开展相关工作。

(二)知识产权上诉法院负责审理全国范围内的知识产权上诉案件

《关于知识产权法庭若干问题的规定》第1条规定:"最高人民法院设立知识产权法庭,主要审理专利等专业技术性较强的知识产权上诉案件。知识产权法庭是最高人民法院派出的常设审判机构,设在北京市。知识产权法庭作出的判决、裁定、调解书和决定,是最高人民法院的判决、裁定、调解书和决定。"关于知识产权上诉法院的案件管辖范围,普通的提法是"技术类知识产权上诉案件",但是对于"技术类"又有不同的理解。有学者认为,知识产权案件的特殊性在于工业产权基于行政授权确权之权利的不确定性,故其主张将专利、商标等工业产权纳入知识产权专门法院的受案范围。[1]笔者认为,包括知识产权上诉法院在内的知识产权专门法院的特殊性在于其

---

[1] 易继明:"司法体制改革中的知识产权法庭",载《法律适用》2019年第3期。

案件审判的"专业性",审判者均为专业的法官,审判程序中设有专业的技术事实查明机制,因此,其受理的案件也应当为专业性较强的知识产权纠纷案件。❶

如前所述,由最高人民法院知识产权法庭直接审理全国范围内的技术类知识产权上诉案件,对当事人来说,上诉成本比较大。因此,最高人民法院知识产权法庭可以根据案件情况到实地或者原审人民法院所在地巡回审理案件,通过巡回审判的方式来解决当事人上诉难的问题。但是,这种审判方式也有诸多弊端。对于技术类知识产权上诉案件较少的地区(比如乌鲁木齐、兰州等知识产权法庭)来说,最高人民法院知识产权法庭因审判人员有限,可能不能到这些地方以巡回审判的方式审理上诉案件,那么这些地区的当事人只能去最高人民法院知识产权法庭(北京)进行上诉;对于技术类知识产权上诉案件较多的地区(比如广州知识产权法院及深圳、杭州等知识产权法庭)来说,最高人民法院知识产权法庭仍然会因审判人员有限,只能选择特定的时间和地区以巡回审判的方式审理上诉案件,那么如果当事人的上诉案件正好赶上这个时间段,其可能不需要再去北京上诉,反之其仍然需要去北京进行上诉。如果日后将最高人民法院知识产权法庭从最高人民法院分离出来,建立一个独立的知识产权上诉法院之后,仍然会面临这个问题。

实际上,解决上述问题的方法可以从考虑允许知识产权上诉法院设立派出法庭的角度出发。与德国、韩国、日本、英国、泰国等国家不同,我国地域面积广大,省份众多。近年来在国家东部率先发展、中部崛起、西部大开发等战略的实施下,我国中部和西部地区的经济发展十分迅速,与此相对应,专利、技术秘密等技术类知识产权案件在西部省份也越来越多。正因如此,最高人民法院在西安、成都、兰州、乌鲁木齐等地级市的中级人民法院设立了知识产权法庭,专门跨区域管辖技术类知识产权案件。并且,我国包括广东省在内的南方地区技术类知识产权案件非常多,根据广东省高级人民法院发布的《广东法院知识产权司法保护状况(2019年度)》白皮书显示,2019年,广东知识产权案件审结数超15万件,占全国总数约1/3。在这种现

---

❶ 张旭东:"中国知识产权法院民事案件管辖规定检视——以专利纠纷案件为视角",载《北京社会科学》2015年第9期。

实背景下，如果在全国范围内建立一个知识产权上诉法院，由其以巡回审判的方式审理技术类知识产权上诉案件，则法官的审判压力、当事人的上诉成本等可能非常大。

既然我国幅员辽阔，技术类知识产权上诉案件的数量如此之多，我们就应当增加上诉法院知识产权法官的数量，这是审判实践的必然要求。但是，如果仅增加法官的数量恐怕还不能解决当事人的上诉难问题。因此，我国可以考虑按照地区设立多个知识产权上诉法院派出法庭，分区管辖和审理技术类知识产权上诉案件。比如，在北京、东北地区的长春、华东地区的上海、华南地区的广州、西南地区的成都、华中地区的武汉、西北地区的西安等地区，设立知识产权上诉法院派出法庭，分别管辖临近的若干各省份的知识产权上诉案件，这样可以减轻技术类知识产权案件上诉人申请上诉的负担。

2017—2018年，我国先后在杭州、北京、广州成立互联网法院，按照"网上案件网上审"的案件审判思维，将涉及互联网的案件从现有审判体系中剥离出来，充分依托和利用现代互联网技术，实行起诉、立案、举证、质证、开庭、裁判、执行等全流程网络化，以达到专业、高效、便捷处理涉及互联网纠纷的效果，实现便民诉讼，节约司法资源。我国建立知识产权上诉法院也可以借鉴互联网法院的成功经验，实行网络化审判方式，上诉案件的当事人不必到庭参加诉讼，直接通过网络进行举证、质证、开庭、裁判、文书送达等流程。在知识产权上诉法院实行网络化的审判形式，一方面方便当事人参与诉讼程序，节约诉讼成本，另一方面也有利于节约司法资源，高效解决知识产权纠纷。实际上，《最高人民法院关于知识产权法庭若干问题的规定》第4条和第5条已经有相关规定。

（三）最高人民法院负责技术类知识产权的再审案件

建立知识产权上诉法院之后，最高人民法院就应当恢复其应有的职能。由地方各知识产权法院负责技术类知识产权案件的一审，知识产权上诉法院负责此类案件的二审，特殊情况下，全国范围内重大技术类知识产权案件则由知识产权上诉法院负责一审，最高人民法院负责技术类知识产权案件的再审和在全国范围内具有重大影响的技术类知识产权案件的二审。最高人民法院作为我国最高审判机关,其主要职能是统一司法裁判标准、制定司法解释、指导下级法院的审判工作、出台司法审判政策等,而非直接审理日益增多的各种具体的案件。建立知识产权上诉法院之后,最高人民法院就不应当再直接审理众多的技术类知识产权上诉案件,而应当重点发挥其制定司法政策、行使审判监督职权的职能。

三、知识产权法院的地域管辖

知识产权案件特别是技术类知识产权案件最大的特点是:其既涉及法律问题,又涉及技术事实问题,与婚姻、合同、一般侵权等案件相比,技术类知识产权案件的数量较少。所以,知识产权法院的数量不宜过多。但是,知识产权法院的管辖又必须覆盖全国范围,故无论是地方知识产权法院还是知识产权上诉法院,均应当实行跨区域管辖。

就知识产权上诉法院而言,因其需要审理全国的技术类知识产权上诉案件,故可以将其设立在北京,并且根据案件审理需要按地区设立派出法庭,从而方便当事人上诉。

根据《关于北京、上海、广州知识产权法院案件管辖的规定》第2条、第5条的规定,北京、上海和广州三家知识产权法院对技术类知识产权案件已经实现了跨区域管辖。另外,按照最高人民法院的授权,26个知识产权法庭也实行跨区域管辖。目前,有的省份设立了多个知识产权法庭,比如江苏省有南京、苏州、徐州、无锡等4个知识产权法庭,浙江省有杭州和宁波两个知识产权法庭,山东省有济南和青岛两个知识产权法庭,广东省则有广州知识产权法院和深圳知识产权法庭。对于同一省份有两个知识产权法庭或一个知识产权法院和一个知识产权法庭的情况,需要最高人民法院进行协调。原则上来说,一个省份在省会城市设立一个知识产权法庭,由其负责审理全省范围内的技术类知识产权案件完全可以胜任,没有必要在同一个省份设立两个以上知识产权法庭。对于知识产权行政案件而言,因多为对国家专利、商标等行政部门的决定不服提出的诉讼,因此,这类案件由北京知识产权法院管辖更为适宜。

第四章 中国知识产权法院体系的完善

第三节 推进知识产权"三合一"审判模式的进程

司法改革深入推进以来，知识产权司法保护逐步加强，知识产权"三合一"审判模式改革进一步深入。2008年，《国家知识产权战略纲要》提出研究设立统一受理知识产权民事、行政和刑事案件的专门知识产权法庭；2016年7月，最高人民法院印发《最高人民法院关于在全国法院推进知识产权民事、行政和刑事案件审判"三合一"工作的意见》（法发〔2016〕17号）（以下简称《2016意见》），继续全力推进"三合一"工作；2017年最高人民法院发布的《中国知识产权司法保护纲要（2016—2020）》（以下简称《2017纲要》）中继续提出要全面推进知识产权民事、行政、刑事审判"三合一"；2019年11月24日，中共中央办公厅、国务院办公厅印发《关于强化知识产权保护的意见》提出要深入推进知识产权民事、刑事、行政案件"三合一"审判机制改革。作为一种良效的审判模式，"三合一"有利于统一案件裁判标准、提升案件审判质量、优化司法人力资源配置及锻炼审判人才队伍，从整体上提升我国知识产权保护水平。

然而，在全国大力推行"三合一"的背景下诸多问题仍然值得检视，例如，出于统一司法裁判标准目的而成立的专门法院及法庭在审判模式变革上却未能一贯始终、三大诉讼程序之间仍然协调不畅等。审判模式的变革不仅仅是为了管辖的统一、效率的提升以及程序上的简便，更在于利用集约优势发挥知识产权保护体系的最佳效能。"三合一"作为知识产权法院体系的改革重点，关乎知识产权司法保护的全局，关乎知识产权审判能力及审批体系现代化的成败，影响我国司法体制深入改革。单纯考察"三审合一"模式本身无异于"只见树木不见森林"，在司法改革的总体布局背景下深入理解"三合一"审判模式，有利于更好地发挥知识产权审判的司法保护效能，从而整体提升我国知识产权保护水平。

一、知识产权"三合一"审判模式及其功能

"三合一"改革的发起既是国内司法实践的现实需要，也是为了回应知

识产权司法保护的国际新态势。20余年的探索旨在实现知识产权司法的专业化与集约化，实现良好的运作效果，为知识产权司法体制改革打下坚实的基础。

（一）"三合一"审判模式起源与发展

"三合一"指的是将涉及知识产权的民事、行政及刑事案件集中到一个审判庭或者合议庭进行统一审理。"三合一"改革开展之前，我国知识审判体制为"一元三极"模式，即由普通法院管辖所有知识产权案件，其中知识产权民事、刑事、行政案件实行"三审分立"，分别由各自的审判庭单独审理。[1]由于知识产权案件的独特性，"三审分立"在司法实践中造成了诸多困难。其一，无法保证司法标准的统一性。即使针对同一案件，不同的审判庭适用不同的诉讼程序易造成事实认定的偏差，加之审判庭之间裁判尺度与诉讼理念的差异，不同案件之间的法律适用和裁判结果更无法保证，司法权威受到减损。其二，相关程序的衔接不畅降低了司法效能。如在知识产权民事侵权案件遇到行政确权问题，需要中止诉讼，等待行政确权结束。而在民刑交叉的案件中，"先刑后民"的传统审理原则使得侵权案件需"排"在刑事案件之后进行，这可能会导致被告人有罪却不一定侵权的现象。其三，"三审分立"不利于节约司法资源。同一法院内的不同部门针对同一事实先后介入而反复进行认定不仅浪费了司法资源，也加重了当事人的负担。另外，20世纪90年代多数知识产权大国如美国、法国、德国等国家已经指定由特定的法院或法庭全面受理及裁判知识产权民事、刑事以及行政案件。[2]泰国也于1997年成立中央知识产权和国际贸易法院，受理所有涉及知识产权的民事、行政以及刑事案件。此外，TRIPS也对民事、刑事、行政事项的裁判作出要求，第三部分"知识产权执法"规定："诉讼当事方应有机会要求司法机关对最终行政裁定进行审查，并在遵守一成员法律中有关案件重要性的司法管辖权规定的前提下，至少对案件是非的初步司法裁决的法律方面进行审查"以及"如由于行政程序对案件是非的裁决而导致责令进行任何民事救济，则此类程序应符合与本节所列原则实质相当的原则"。可以看出，条约要求知识产权审判

---

[1] 吴汉东："中国知识产权法院建设的理论与实践"，载《知识产权》2018年第3期。
[2] 陈惠珍、徐俊："论我国知识产权立体审判模式的构建"，载《法律适用》2006年第4期。

机构超出自己的职权范围受理涉及知识产权的行政以及刑事案件已经成为当时的国际惯例。❶ 彼时我国的知识产权司法保护尚处于一个"被动"的状态，但也正因如此加快了我国知识产权审判模式变革的步伐。

（二）知识产权"三合一"模式的制度功能

从1997年党的十五大首次提出"推进司法改革"，到2017年党的十九大提出"坚持全面依法治国"，我国的司法改革经历了从局部摸索试点到全局统筹兼顾、从"法制"到"法治"的过程。❷ 可以说，起源于20世纪90年代的"三合一"试点改革顺应了司法改革的总趋势。党的十八大以来，我国司法体制改革主要聚焦于解决内部司法行政化及外部司法地方化两大问题。从司法的运行机制分析，内部行政化将导致司法运行处于相对低效的状态，而外部地方化将有损司法的权威性及统一性。具言之，对知识产权司法来说，内部需要通过精简程序性事项提升效率，外部则要进行一体化建设提升权威性，二者并行不悖。基于司法专业化思路，"三合一"的内部优化主要表现在以下几个方面。一是针对同一案件涉及的民事、刑事、行政问题集中进行审理，既提升了裁判效率，也保障了司法的统一性。二是优化审判资源配置，提升审判质量。知识产权案件的难点在于对案件涉及事实的专业性认定，在"三审分立"的审判模式下，专业法官资源不足、审判经验欠缺；"三合一"从内部的资源整合出发，可使人尽其才，案尽其用，最大限度地提升案件审判质量，同时还有利于培养一批高素质的知识产权法官。在中央宏观设计层面，对"三合一"模式的政策也是始终坚持，不断推进。微观上，"三合一"是通过调整法院内部的资源配置、协调案件管辖以求提高审判效率、提升司法效能；宏观上，"三合一"是落实司法改革关于破除内部司法行政化的有力手段之一。

如前所述，审判模式的调整是我国司法体制针对知识产权裁判标准不一、司法资源紧缺、管辖分散等问题作出的有力回应，也在一定程度上反映了我国司法体制改革的方向。但限于内部化和区域化的特点，知识产权审判地方保护主义的顽疾仍未破除。因此，立足于解决司法地方化的思路，我国

---

❶ 郑成思：《郑成思文选》，法律出版社2003年版，第382页。
❷ 陈卫东："改革开放四十年中国司法改革的回顾与展望"，载《中外法学》2018年第6期。

适时成立了知识产权法院以及最高人民法院知识产权法庭，形成了知识产权法院与知识产权专业法庭共存的保护格局。一方面，知识产权法院的成立是"三审合一"司法专业化改革思路的进一步体现；另一方面，知识产权法院的建立在行政区域上实现了案件的集中管辖，达到了审判机构的专门化与审判工作的专业化，而"三审合一"则是在具体的案件中力求实现统一化裁判标准及案件审理的专业化，二者在知识产权司法保护体系上如车之双轮、鸟之双翼，共同促进知识产权司法保护体系的完善。

二、知识产权"三合一"审判模式试点的经验

1996年上海浦东新区法院率先突破现行相关法律的基本框架，开展知识产权民事案件、行政案件和刑事案件"三合一"审判改革试点。❶ 随后，全国多个法院亦进行了知识产权"三合一"的试点，形成了"珠海模式""西安模式""武汉模式"等。❷ 截至2013年，全国共有多家法院尝试了知识产权"三合一"的审判模式。❸ 但是，2014年建立的三家知识产权专门法院却未实行"三合一"的审判模式，三家知识产权法院只能审理知识产权民事和行政案件，知识产权刑事案件仍然由普通法院、普通审判庭来审理。其主要考虑到刑事案件审判涉及侦查、公诉、被告人羁押等诸多环节，在知识产权法院成立之初，相应的机构设置、人员配置和制度规范等难以短期内解决。最高人民法院知识产权法庭也实行民事和行政案件的"二合一"，未将知识产权刑事案件纳入管辖范围。但是海南自由贸易港知识产权法院实行知识产权民事、行政和刑事案件审判的"三合一"。从知识产权法院及其诉讼制度的长远发展和效果看，"二合一"模式具有一定的局限性。一方面，知识产权民事、行政和刑事案件分别由不同的审判庭或者不同法院审理，容易导致裁判结果相冲突；另一方面，目前我国每年发生的知识产权刑事案件数量极少，刑事法官花费较多时间处理技术性较强的知识产权刑事案件，造成司法资源的浪费。❹

---

❶ 胡淑珠："试论知识产权法院（法庭）的建立——对我国知识产权审判体制改革的理性思考"，载《知识产权》2010年第4期。

❷ 卢宇、王睿婧："知识产权审判'三审合一'改革中的问题及其完善——以江西为例"，载《江西社会科学》2015年第2期。

❸ 王亦君、董新立："知识产权法院如何实现跨区域管辖"，载《中国青年报》2014年8月31日，第3版。

❹ 朱理："我国知识产权法院诉讼制度革新：评价与展望"，载《法律适用》2015年第10期。

知识产权刑事案件的专业性要求其应当由专业的法官来审判,这已经为我国知识产权"三合一"审判试点所证实。近年来,最高人民法院积极推动知识产权审判"三合一"。虽然现在的知识产权法院和最高人民法院知识产权法庭仍然实行"二合一",但是知识产权"三合一"已经成为知识产权司法改革的方向和目标。❶ 在知识产权法院内实行"三合一"审判模式可以最大程度地集中司法资源,整合审判力量,❷ 消除知识产权民事与刑事案件管辖级别不一致问题,协调知识产权民事、行政与刑事审理程序,避免出现判决相冲突的情形,维护司法权威,提高知识产权司法公信力。

从知识产权审判"三合一"的实践来看,在专门的知识产权法院和地方各级人民法院实行知识产权"三合一"审判具有可行性,但是,在最高人民法院知识产权法庭中实行"三合一"却并不现实。具体来说,我国将四家知识产权法院定位于中级法院,对于知识产权刑事案件的审理,包括地方各级人民法院在内,该类案件均可以由同级公安机关立案、侦查,然后由同级检察院向地方知识产权法院提起公诉,知识产权"三合一"审判实行起来并没有太大的阻力。但是,最高人民法院知识产权法庭审理的上诉案件,特别是刑事抗诉案件,从机构设置上来说,应当由公安部侦查,由最高人民检察院向最高人民法院知识产权法庭提起抗诉。知识产权刑事案件的当事人动辄抗诉,若由最高人民检察院向最高人民法院知识产权法庭对知识产权刑事案件提起抗诉,显然不现实。

从世界范围来看,凡是建立知识产权法院的国家或者地区,大都对知识产权民事和行政案件实行集中管辖,比如美国、德国、日本、韩国、英国等国家或地区。这主要因为:一方面,知识产权刑事诉讼涉及海关、市场监督、税务、公安等多个部门,协调起来相对比较困难;另一方面,知识产权刑事案件的审判与民事、行政案件的审判有着较大的区别,其更加关注被诉行为的社会危害性。与上述国家的做法不同的是,泰国知识产权法院实行民事、行政和刑事案件的"三合一"的管辖形式。泰国中央知识产权和国际贸易法院有权管辖全国范围内的知识产权民事、刑事案件以及国际贸易中的民事案

---

❶ 易继明:"构建知识产权大司法体制",载《中外法学》2018年第5期。
❷ 冯晓青、徐相昆:"我国知识产权法院发展现状及其改革研究",载《邵阳学院学报(社会科学版)》2015年第6期。

件，除此之外还受理少量的知识产权行政案件。❶《泰国专利法》授予法院认定专利效力的权利，根据该法规定，任何人都可以对无效的专利权提出异议，要求撤销无效专利权的诉状可以由利害关系人或者检察官向法院提交。❷另外，我国台湾地区的"智慧财产法院"既管辖知识产权民事和行政诉讼案件，又可以管辖知识产权刑事诉讼案件。❸

实际上，这种知识产权民事、行政和刑事案件"三合一"审判模式具有很多优点，因知识产权刑事犯罪的构成须以民事侵权成立为前提，将三类诉讼交由同一审判庭审理，既可以降低刑事侦查的难度，又可以避免刑事与民事判决结果相矛盾的现象。

三、知识产权"三合一"审判模式的完善思路

党的十九大以来，国家治理体系及治理能力现代化成为全面建成现代化国家的关键点。司法改革与国家治理体系一脉相承，在破除行政化与地方化的沉疴之后，新一轮的司法改革将着力推进审判体系和审判能力的现代化。❹"三合一"既要在全局上与司法改革的大方向保持一致，也要在实践中根据我国国情及知识产权保护体系的特殊性作出相应调整。

（一）以立法引导改革

根据党的十八届四中全会的精神，司法体制改革的合法性属于首要考虑的前置性问题。任何改革都只允许在现行法律框架内进行，如果改革需要突破现行的法律框架，则需要先立法、修法或获得全国人大及其常委会的授权。❺"三合一"改革长期以来属于自下而上的内部行政性变革探索，在中央顶层设计的深化司法体制改革的要求下，今后的审判模式改革必须且只有依靠相关立法。

---

❶ Ryan S.Goldstein, Kristen Bird, Iris K.Woon, Specialized IP Trial Courts Around The World, 18 No.10 Intell.Prop.& Tech.L.J.1（2006）.

❷ 参见《泰国专利法》第54条。

❸ Chen Kuo-Cheng, An Empirical Finding of Taiwan IP Reform: A Reference to a Proposal for a Patent Trial Court in the U.S., AIPLA Quarterly Journal, Vol.41, Issue 1（Winter 2013）, pp.73-106.

❹ 周强："深化司法体制改革，推动智慧法院建设"，载 http://news.sina.com.cn/sf/news/fzrd/2019-11-07/doc-iicezzrr7770654.shtml，最后访问时间：2019年11月20日。

❺ 陈卫东："改革开放四十年中国司法改革的回顾与展望"，载《中外法学》2018年第6期。

关于完善"三合一"立法目前有两种进路。第一种是按照最高人民法院在《2017 纲要》中提出的探索知识产权诉讼特别程序法立法。即通过制定一部符合知识产权审判特点的特别程序法，统一规定知识产权民事、行政和刑事案件的地域管辖、级别管辖和专属管辖制度、知识产权诉讼证据规则和证据保全制度。❶这样的立法探索优势在于集相关诉讼、管辖制度规定于一部特别法，法律适用具有优先性与统一性；劣势在于立法耗时过久，程序严格，不利于知识产权司法保护的及时修正。第二种是分别完善多个涉及知识产权的法律部门。包括针对"三合一"审判模式本体的立法，如修改《人民法院组织法》相关内容，明确"三合一"模式的设立、合议庭的人员组成等内容；修改《民事诉讼法》《行政诉讼法》和《刑事诉讼法》关于证据认定、案件管辖等规定，使之在"三合一"模式运行之下能准确适用相关法律。以及针对知识产权单行法的立法，如《著作权法》《商标法》《专利法》及《反不正当竞争法》中关于法院审理的条款，修改后使相关法律的规定与审判模式相协调。此种立法完善进路的优势在于修改只涉及法律部门的部分条款，相对全新立法来说较为容易。劣势在于各法律部门较为分散，立法上难以统筹兼顾。实际上，两种立法完善的进路并不是"非此即彼"的关系。从知识产权司法保护的统一性来看，知识产权特别程序立法固然是最优解，但目前在各项法律部门针对知识产权案件的规定尚不完善的情况下，试图以特别程序立法一步到位解决问题显然十分困难。因此，较为可行的方案是先完善各法律部门关于知识产权案件的规定，在司法实践中取长补短、综合各法律部门的完善经验之后再进一步考虑知识产权诉讼特别程序立法。

（二）协调知识产权法院体系建设

审判体系现代化及审判能力现代化是贯彻落实党中央深化司法体制改革的部署，是司法改革的新战略。对知识产权司法保护来说，现代化的基本面向就是司法专门化和一体化。❷专门化即是管辖权的集中、审判模式的专业

---

❶ 最高人民法院："中国知识产权司法保护纲要（2016—2020）"，第五部分之（八）项，载 http://www.law-lib.com/law/law_view.asp?id=566119，最后访问时间：2019 年 11 月 18 日。

❷ 吴汉东："新时代中国知识产权制度建设的思想纲领和行动指南——试论习近平关于知识产权的重要论述"，载《法律科学（西北政法大学学报）》2019 年第 4 期。

及审判力量的专一；一体化即是司法组织的独立设置及管辖体系的统一。上述理念的具体表现即为"三合一"模式的改革以及知识产权法院的设立。知识产权法院设立是践行司法改革理念的先行之举，为知识产权法院体系建立奠定了基础。但专门法院的成立并不当然代表体系建设的完成，包括审判机构的布局、审判人员的培养、审判模式的构建在内的多个问题仍亟待完善。《2017纲要》中也提出要建立区域布局、横向关系、纵向关系、"三合一"机制均衡发展的知识产权法院体系。❶ 综合上文分析可以看出，"三合一"模式的完善既要克服先天统一性不足，也要从全局上协调知识产权法院体系的建设。目前应从以下两个方面进行考虑。

1. 统一推进，按需设置

"三合一"自试点改革以来，与多数制度改革相似，都是以自下而上的形式开展，由基层法院逐步扩展到中级法院再到高级法院。然而自下而上的改革往往无法破除行政区域化的阻力，无法形成集约化优势，导致改革试点虽多而经验分散。为保证改革在最大范围内的有效实施，必须坚持自上而下的顶层设计和统一推广。这一点在最高人民法院启动的相关调研中可以体现，❷ 在《2016意见》中进一步提出要统一成立推进"三合一"工作协调小组，统一协调指导全国法院的"三合一"工作。❸ 以统一思维进行制度设计既符合司法改革趋势，也符合"三审合一"的内在要求。因此，除最高人民法院知识产权法庭以外，包括知识产权法院在内的三级人民法院都应该统一推行"三合一"模式。然而值得注意的是，统一推进并不是指每一级法院"一刀切"地适用哪一种模式，而应该兼顾各地的差异性，在模式适用上区别对待。

遵循统一推进，按需设置的思路进行构建既尊重了改革推进的统一性，也考虑到了地方的差异性；但模式的构建仍处于理想状态下，具体哪些省、市地区采用何种模式还需要结合我国将来知识产权法院的设立及跨区域知识

---

❶ 最高人民法院："《中国知识产权司法保护纲要（2016—2020）》，第四部分之3项"，载 http://www.law-lib.com/law/law_view.asp?id=566119，最后访问时间：2019年11月18日。

❷ 陶凯元："三审合一：对知识产权审判方式的探索"，载《人民司法》2006年第12期。

❸ 最高人民法院："《关于在全国法院推进知识产权民事、行政和刑事案件审判'三合一'工作的意见》，第二部分之第3项"，载 http://www.wangjinglvshi.com/1338.html，最后访问时间：2019年11月25日。

产权法庭分布情况进行具体安排。❶

2. 对接未来知识产权上诉法院的建立

最高人民法院知识产权法庭的设立，实现了技术类知识产权民事和行政上诉案件的统一管辖，案件的裁判标准得到了统一，但为"三合一"模式的适用带来一些阻碍。如果最高人民法院知识产权法庭适用"三合一"模式，那么刑事抗诉案件须由公安部进行侦查，由最高人民检察院提起抗诉，在全国知识产权案件绝对数量较多的情况下，这样的设定显然不具有可行性。而如果最高人民法院知识产权法庭只采用"二审合一"的话，则针对同一知识产权案件，民事案件需要上诉到最高人民法院知识产权法庭，而刑事案件则需要上诉到地方高级人民法院，依旧导致了民刑分离。因此，在全局考虑知识产权法院体系的情况下，为了弥合"三合一"模式与现实法院体系之间的矛盾，还需要进一步考虑未来知识产权上诉法院的建立。设立知识产权上诉法院的思路与"三合一"模式的完善十分契合。将知识产权上诉法院定位为高级人民法院，并适用"三合一"审判模式，则技术类知识产权一审民事、行政、刑事案件由各地区知识产权法庭院一审理，二审民事、行政、刑事案件统一上诉到知识产权上诉法院，避免了民刑割裂的矛盾。

（三）完善相关配套措施

"三审合一"改革并非是孤立进行的，除了模式本体的构建外，相关配套措施的完善亦不可忽视，其中审理思维的融合、案件的有序对接以及审判力量的强化均对"三合一"整体效能的发挥至关重要。

融合刑民思维，优化庭审机制。知识产权审判之所以存在"先刑后民"与"先民后刑"之争的原因在于民事、刑事审判权的分离与孤立。相对独立的行使审判权表面上是为了独立行使的价值追求，而实际上，审判权的独立行使在于裁判案件不受外部力量影响。因此有必要打破目前民、刑、行必须排列顺序的惯性思维，在"三合一"审判模式中综合运用审判权。具体到知

---

❶ 最高人民法院近年来陆续同意成立跨区域管辖的知识产权法庭。参见《关于同意南京市、苏州市、武汉市、成都市中级人民法院内设专门审判机构并跨区域管辖部分知识产权案件的批复》《关于同意杭州市、宁波市、合肥市、福州市、济南市、青岛市中级人民法院内设专门审判机构并跨区域管辖部分知识产权案件的批复》。

识产权案件的审理中，合议庭可以在刑事案件中就权利归属或行政确权问题直接进行裁判，这样的做法不仅可以在同一案件中就同一事实同时确定侵权与犯罪，还可以在一定程度上避免行政确权带来的循环诉讼问题。

对于刑事案件的纳入一直是"三合一"模式推行的较大阻碍。除了审判思维的差异外，公安机关、检察院、法院之间的沟通协调一直是难点。《2016意见》指出，要建立"人民法院与公安机关、检察机关以及知识产权行政执法机关的沟通联络机制，协调公安机关、检察机关做好刑事案件的侦查和移送起诉工作"。❶ 然而工作联席制历来存在，并不能从根本上杜绝各自为战的现象。为避免部门利益之争，应进一步明确以法院为核心的统筹机制，设立有法官领导的、由检察机关、公安机关参与的专门部门，负责司法机关之间的沟通协调。

2019年1月，习近平总书记在中央政法工作会议上强调："要全面落实司法责任制，让司法人员集中精力尽好责、办好案，提高司法质量、效率、公信力。"审判力量的提升对"三合一"模式的效能发挥至关重要。其中对审判力量的强化分为制度建设与人员培养两个方面。第一，在制度建设上，"三合一"合议庭必须由固定的人员组成，而不是临时从各行政庭及刑事庭抽调；在人员编制、经费提供、物质装备上有充分保障，使办案人员能集中力量参与案件审理之中。第二，需要完善技术调查官制度，形成技术调查官、司法鉴定人及专家辅助人等良好共存的机制，协助法官更好地查明技术事实。在人员培养上，需要有目的地培养全面复合型法官。在技术类案件中，即使存在技术调查官，法官对相关领域的技术知识也需要有相当程度的了解，以便于全面理解案件中涉及的技术问题，因此，未来的合议庭中民事法官具有特定领域的技术背景最佳。

本章小结

知识产权司法体制深化改革的关键在于设立知识产权上诉法院或高级

---

❶ 最高人民法院："《关于在全国法院推进知识产权民事、行政和刑事案件审判'三合一'工作的意见》，第三部分之第10项"，载http://www.wangjinglvshi.com/1338.html，最后访问时间：2019年11月25日。

法院，使专门法院系统拥有技术类知识产权案件的终审权。❶我国建立知识产权专门法院的初衷就是提高技术类知识产权案件审判的专业化水平，这就要求技术类知识产权案件自一审至二审均应当由专业的法官通过专门的程序来审理，以保障案件裁判标准在最大程度上的统一。在包括知识产权上诉法院在内的知识产权专门法院中，应当实行知识产权民事、行政、刑事案件的"三合一"，同时还应当赋予知识产权法院在侵权诉讼中直接审查并决定知识产权效力的权力，合理布局地方知识产权法院的数量，允许知识产权法院设立派出法庭以方便当事人参加诉讼活动，这些措施的落实不仅需要修改相关法律的规定，还需要公安机关、检察机关等部门的协调与配合。知识产权法院建设应坚持系统化思维，以统一裁判尺度、提高诉讼效率为目标，顶层设计知识产权法院体系，自上而下整体推进。❷

纵观全球，通过专门法院体系审理技术类知识产权案件已经成为世界上主要国家司法改革的潮流。知识产权专门法院体系的建设和完善是一项巨大的工程，我国有必要借鉴域外知识产权法院的经验，并结合现实国情，建立有中国特色的知识产权法院。❸

---

❶ 吴汉东："中国知识产权法院建设：试点样本与基本走向"，载《法律适用》2015年第10期。
❷ 许春明："浅谈知识产权法院体系框架的构建"，载《中国发明与专利》2015年第1期。
❸ 袁秀挺："中国知识产权法院的愿景及其实现路径"，载《科技与法律》2015年第1期。

CHAPTER 05 >> 第五章

中国知识产权法院审判制度的完善

在我国知识产权案件审判制度中,知识产权损害赔偿制度、知识产权案例指导制度和诉前临时禁令制度是知识产权案件审判制度的重要支撑。知识产权侵权损害赔偿低、案例指导制度的作用有限、诉前临时禁令救济制度不完善是目前我国各级人民法院审理知识产权案件的困扰。在中国知识产权法院建设中,应当高度重视上述三个问题,探索解决困境的途径。

第一节 完善知识产权侵权损害赔偿制度

近年来,知识产权法院通过提高知识产权侵权的损害赔偿数额,加大对侵犯知识产权行为的惩罚和打击力度。随着2019年《商标法》将法定赔偿数额上限提高至500万元,包括知识产权法院(庭)在内的司法机关逐渐增加侵犯知识产权的损害赔偿数额,在弥补权利人损失、威慑侵权行为等方面发挥了重要作用。但是,如前所述,目前我国知识产权侵权损害赔偿制度依然存在法定赔偿标准被大量适用、惩罚性赔偿的适用比例非常低等问题。通过统计北上广三家知识产权法院成立以来审理专利、商标和著作权侵权案件的损害赔偿情况,发现三家知识产权法院有97%以上的案件适用的是法定赔偿标准,实际损失、侵权人获利和许可费的倍数三种标准的适用比例非常低；并且适用惩罚性赔偿的商标侵权案件只有 26 件。建立完善的知识产权法院体系，在审判制度建设方面应当重点解决我国备受诟病的损害赔偿低问题。

知识产权作为一种垄断权，是企业的核心竞争力。❶ 如前所述，美国法院对知识产权侵权诉讼案件的审判是美国企业技术创新动力的"试金石"，其对于保护企业知识产权、激励企业进行技术创新具有重要的作用。美国法院审理知识产权侵权诉讼案件，具有权利人获得的损害赔偿金额高、胜诉率高的特点，这种司法审判特点是美国打击知识产权侵权、加强知识产权保护的制度设计，亦是发挥知识产权制度激励创新功能的保障。美国法院在知识产权侵权诉讼案件的审判过程中多适用许可费标准，并且有明确的计算方式。这是美国知识产权案件诉讼制度能够发挥作用的关键，同时也对我国人民法院通过司法审判活动促进技术创新，乃至构建完善的知识产权司法审判体系具有重要的启示和借鉴意义。

一、明确法定赔偿标准的计算方法

一直以来，美国实施的是知识产权强保护政策，美国法院在知识产权侵权诉讼案件中判赔的损害赔偿数额很高，这就导致知识产权侵权成本非常高，从而在法律救济方面为知识产权人提供足够的保护和激励。以专利侵权为例，美国法院对专利侵权行为所判决的赔偿数额十分巨大。1997—2016 年，美国专利诉讼案件的平均损害赔偿数额为 580 万美元；除去简易判决（summary judgment）❷ 和缺席判决（default judgment）的案件外，在过去的 20 年，美国专利诉讼案件的平均损害赔偿数额为 800 万美元。❸ 2009 年美国得克萨斯州东区法院审理的 *Centocor v. Abbott Laboratories* 案，判决被告赔偿

---

❶ 李牧南、褚雁群、王流云："专利质量的不同维度指标与托宾 Q 值的关系测度"，载《科学学研究》2019 年第 7 期。

❷ 根据《布莱克法律词典》（第 8 版）的解释，"summary judgment"是指对于重要事实（material fact）不存在实质争议，且动议人有权将其主张或者抗辩作为法律问题（a matter of law）（由法官进行裁判）而获得判决。法庭根据当事人所提出的证据，来判断重要事实是存在实质争议还是仅存在法律争议。这一制度允许快速处理纠纷而无须经过庭审程序。

❸ Pricewaterhouse Coopers，2017 Patent Litigation Study，London，England：Pricewaterhouse Coopers，2017：1-32.

16.7亿美元，是美国专利侵权损害赔偿数额之最。2012年特拉华州联邦地区法院审理的Carnegie Mellon University v. Marvell案，判决被告赔偿11.7亿美元，❶2013年密苏里州东部联邦地区法院审理的Monsanto v. DuPont案，判决被告赔偿10亿美元。❷ 总体来看，美国法院所审理的专利侵权案件中，判赔数额高于5000万美元的案件占到10%，25%的案件判赔数额高于1000万美元，近50%的案件判赔数额在200万美元以上。并且，陪审团判赔的赔偿数额是法官判赔数额的14～20倍。这说明，专利侵权损害赔偿数额高已经成为美国专利诉讼的一大特点。美国专利侵权损害赔偿数额如此之高原因主要包括以下三个方面。

第一，与美国法院对专利侵权损害赔偿所采用的计算方法有关。根据1952年《美国专利法》第284条的规定，美国法院对专利损害赔偿的计算主要包括三种方法：所失利润、合理许可费和混合标准（利润损失和许可费）。此外，损害赔偿还包括利息和诉讼费用。❸ 所失利润的范围包括销量损失或者销量转化、价格侵蚀、非专利部分的损失（damages for unpatented items）、预期利润损失（projected lost profits）、商誉损失（injury to reputation and goodwill）等。在专利侵权损害赔偿的计算方法上，美国通过判例确定了所失利润的计算方法和证明标准，包括"若非"标准❹和panduit标准。❺ 对于合理许可费的计算，美国主要采用分析法（analytical approach）和假想协商法（hypothetical negotiation approach），并且形成了法院根据假想协商法确定合理许可费的Georgia-Pacific因素。❻ 一般而言，所失利润的计算数额通常会远远高于通过合理许可费方式计算的赔偿数额，但是对所失利润的计算规则

---

❶ Carnegie Mellon Univ.v.Marvell Tech.Grp., Ltd., No.CIV.09-290, 2012 WL 3679564（W.D.Pa. Aug.24, 2012）.

❷ Monsanto Co.v.E.I.du Pont de Nemours & Co., No.09-cv-686, U.S.District Court, Eastern District of Missouri（St.Louis Aug.1, 2012）.

❸ 35 U.S.C.285 Attorney fees.The court in exceptional cases may award reasonable attorney fees to the prevailing party.

❹ 37 C.F.R. § 1.56.

❺ Panduit Corp.v.Stahlin Bros.Fibre Works, Inc., 575 F.2d 1152, 1162, 197 U.S.P.Q.（BNA）726（6th Cir.1978）.

❻ Georgia-Pacific Corp.v.U.S.Plywood-Champion Papers, Inc., 2nd Cir.（N.Y.）, June 15, 1971.

的举证要比合理许可费方法更为复杂和困难。❶ 因此，联邦巡回上诉法院强调，专利侵权损害赔偿的判决数额不得低于合理许可费的损害赔偿数额。也就是说，合理许可费是专利侵权损害赔偿的最低标准，❷ 这一点在《美国专利法》第 284 条的规定中亦得到体现。

第二，与美国严格保护专利、严厉打击专利侵权的观念有关。在美国，专利制度被认为是"为创新之火浇上利益之油"。专利保护制度是美国技术创新的基础，严格实施专利保护制度既可以保证美国经济秩序的良好运行，也可以维护美国技术在全球的领先地位。美国企业将专利视为企业的"生命线"，认为拥有专利技术是提高企业竞争力的重要"法宝"。美国的科技研发人员与社会公众均有着强烈的专利保护意识。❸ 可以说，美国已经形成了保护专利的良好氛围。这使得任何侵犯专利权的行为在美国均不被允许和容忍。美国严厉打击专利侵权行为在司法上体现为严厉惩罚侵犯他人专利权的行为人，其中包括判处高额的经济赔偿。

第三，美国专利侵权诉讼的成本高昂。在美国，专利诉讼耗资巨大，专利诉讼成本动辄数百万美元。❹ 根据 2005 年美国知识产权法律协会（American Intellectual Property Law Association）发布的《经济调查报告》（Report of the Economic Survey），对于标的额低于 100 万美元的专利侵权诉讼案件，平均诉讼成本约为 77 万美元。在美国，对于一件简单的专利诉讼案件，其诉讼成本从 75 万～100 万美元不等；对于一个中等难度（modest）的专利诉讼案件，其诉讼成本从 400 万～800 万美元不等；难度较大的专利侵权诉讼案件可能需要花费 1000 万美元或更多的诉讼费用。❺ 在美国专利诉讼过程中，举办马克曼听证会（Markman Hearing）的费用、聘请专家证人的费用和上诉法院审理的费用，均非常昂贵，❻ 再加上当事人聘请律师的费用，这

---

❶ 黄武双、阮开欣、刘迪等：《美国专利损害赔偿：原理与判例》，法律出版社 2017 年版，第 3 页。

❷ Dow Chem.Co.v.Mee Indus., Inc., 341 F.3d 1370（Fed.Cir.2003）。

❸ 姚建春、雷兴长："美国知识产权保护制度的特点分析"，载《社科纵横》2007 年第 10 期。

❹ Wyatt R.Timothy, In Search of Reasonable Compensation: Patent Infringement by Defense Contractors with the Authorization and Consent of the U.S.Government, Federal Circuit Bar Journal, Vol.20, Issue 1（2010）, pp.79–100.

❺ IP Worldwide, May 2002, at 43.

❻ Markman v.Westview Instruments, Inc., 517 U.S.370 387–388, 391（1996）.

些均为美国专利侵权诉讼的成本。

在知识产权侵权案件中，损害赔偿数额的确定与计算方法紧密相连。在美国专利侵权诉讼案件的审判中，法院对于60%的案件采用合理许可使用费来确定损害赔偿数额，利润损失、混合标准的适用比例均较低。按照许可费计算损害赔偿数额在美国属于对计算方法的选择，法官拥有自由裁量权。合理许可费的计算方法包括虚拟谈判法（假设专利权人与侵权人在侵权发生之前可能会同意达成的专利许可费就是合理许可费）❶和分析法（通过一定的计算公式得出合理许可使用费的数额）❷。我国专利侵权损害赔偿数额偏低一直为社会各界所诟病，虽然近年来损害赔偿额有所提高，但其与专利权人的损失、诉讼成本之间依然存在很大差距。❸有学者认为，"法定赔偿"作为法院确定损害赔偿数额的标准，是导致我国专利侵权损害赔偿数额整体偏低的主要原因。❹对此，笔者有不同的看法。

由前面的实证统计研究可知，我国法院在知识产权侵权诉讼案件的审判中，确实偏好于适用法定赔偿标准。但是，法定赔偿标准本身与"赔偿数额低"之间没有必然因果关系，并非因为法定赔偿标准的适用才导致专利侵权损害赔偿数额低。问题的关键在于适用法定赔偿标准确定损害赔偿数额的计算方法不明确。根据我国现行《专利法》《商标法》《著作权法》等知识产权法律的规定，法院在审理知识产权侵权诉讼案件时，在权利人的损失、侵权人获得的利润和许可使用费均难以确定的情况下，法院为确定损害赔偿数额不得已而采取法定赔偿标准。例如，在上海知识产权法院审理的"兄弟工业株式会社与宁波舒普机电科技公司侵害发明专利权纠纷案"的判决书中，在赔偿数额方面，其表述为"鉴于原告未能举证证明因被侵权所遭受的实际损

---

❶ 根据虚拟谈判法（the hypothetical negotiation）确定合理许可费数额时，一般先确定合理许可费率，然后以该费率乘以侵权人销量即为合理许可费赔偿额。在虚拟谈判法计算合理许可费时，在权利人的专家证人给出可比较的许可情况下，根据Georgia-Pacific因素，以确定许可费率。

❷ 分析法（the analytical method）是近年来美国判例适用的一种计算许可使用费的方法。分析法存在的前提是产品的利润不仅包括权利人的合理许可费，还包括侵权人没有使用专利的那部分利润。张玉敏、杨晓玲："美国专利侵权诉讼中损害赔偿金计算及对我国的借鉴意义"，载《法律适用》2014年第8期。

❸ 陈志兴："专利侵权诉讼中法定赔偿的适用"，载《知识产权》2017年第4期。

❹ 李晓桃、袁晓东："揭开专利侵权赔偿低的黑箱：激励创新视角"，载《科研管理》2019年第2期。

失或者被告因侵权所获得利益，本院综合考虑涉案专利的类型、侵权行为的性质、后果等因素酌情确定赔偿金额"。❶ 但是，根据我国《专利法》的规定，在适用法定赔偿标准时，法院应当考虑专利权的类型、侵权行为的性质和情节等因素，并没有为法院提供一种确定的指引，故专利技术复杂度、被告经济实力等非法定事实均会影响法官的判赔数额。❷ 法院在适用法定赔偿标准时，会遇到诸多疑惑：发明专利的赔偿数额一定要比其他两种专利的赔偿数额高吗？高多少？针对恶意侵权、重复侵权的行为人，在确定赔偿数额时其主观情况的考量比重是多少？侵权行为的性质、后果等因素具体如何考虑？在确定损害赔偿数额时各因素所占比重如何考量？笼统地规定法院确定损害赔偿数额时的考量因素使法官拥有很大的自由裁量权。若以损害赔偿低为由要求法院在行使该自由裁量权时增加赔偿数额，则于法无据，并且法院在审理案件中仍然会为哪些案件应当增加赔偿数额、如何增加和增加到什么程度等问题困扰。没有切实可行的计算方法的法定赔偿制度是对以实际损害为基础的专利侵权损害赔偿制度的破坏，而且掩盖了我国当今司法实践中的损害赔偿举证困难问题的本质。❸

法定赔偿标准本身无可厚非，如同美国的合理许可费标准一样，它也是法院在审理专利等知识产权侵权诉讼案件时，不得已而采取的弥补知识产权人损失的一种方法。但是，法定赔偿标准的计算方法不明确，就使当事人在知识产权侵权诉讼中对获得的损害赔偿数额不可预期。因此，我国应当明确法官在审理知识产权侵权诉讼案件时适用法定赔偿标准的计算方法，研究和制定计算模型，明确专利权的类型、侵权行为的性质和情节等因素在确定赔偿数额时所占的具体的比重范围。知识产权侵权损害中法定赔偿标准的计算方法应当足以弥补知识产权人所遭受的损失，并且不能使侵权行为人从其侵权行为中获利。科学合理的法定赔偿标准的计算方法，既可以限制法官自由裁量权的过度行使，也可以完善我国的知识产权侵权损害赔偿体系，增强我国知识产权诉讼审判制度的适应性。

---

❶ 上海知识产权法院（2016）沪73民初519号民事判决书。
❷ 张军荣："专利复杂度、被告实力与侵权赔偿责任承担"，载《科研管理》2018年第11期。
❸ 李小武："论专利法中法定赔偿制度的终结"，载《电子知识产权》2015年第10期。

二、进一步减轻知识产权人就实际损失的举证责任

据统计，1998—2007 年，美国法院适用所失利润方式确定专利侵权损害赔偿数额的案件约占 26%；2008—2017 年，这一比例下降至 19%，与混合标准的适用比例大体相同，两者约各占案件总数的 1/5。虽然美国法院审理专利侵权诉讼案件时适用所失利润方式确定损害赔偿数额的案件比例低于合理许可费的适用比例，但是明显高于我国人民法院采用实际损失方式判定专利侵权损害赔偿数额的案件比例。这既反映了中美两国在专利技术的实施、公司财务制度、经济发展水平等方面的差异，也折射出两国法律的利润损失之举证责任要求对专利权人获得损害赔偿的影响。

在专利侵权诉讼过程中，如果专利权人主张适用所失利润的方式来计算损害赔偿数额，那么就对被诉侵权行为给其造成的利润损失负有举证责任。❶但是，美国法院在确定损害赔偿时重点考虑的问题是专利权人遭受侵权后的经济状况与（如果）未发生侵权时状况之间的差异。❷法院秉持的理念是，如果在所有合理的可能性下，专利权人会进行侵权行为人所做的销售，那么专利权人从被拒绝的销售中获得的利润是衡量其所受损失的标准，侵权人应当为此承担责任。❸因此，美国法院在证据方面一般要求原告"建立因果关系的事实基础"（如果没有侵权行为原告本可以获得更高的销售额），并举证证明"利润损失数额的合理近似值"。❹《美国专利法》第 284 条对"充分损害"的评估并不限于专利权人销量的实际转移情况，对于"相关市场中侵权竞争者可以或应当可以合理预见"的销售数量，专利权人亦可以作为侵权造成的损害向被诉侵权人索赔。❺如果专利权人举证证明了侵权产品是其销售的重要因素，那么有权就自己对侵权人业务支付的过高费用获得赔偿。❻另外，美国法院在判断专利技术方案在整个产品中所起的作用时，采取的是"整体

---

❶ Water Technologies Corp.v.Calco，Ltd.，850 F.2d 660，671，1988.
❷ Yale Lock Mfg.Co.v.Sargent，117 U.S.536，552，6 S.Ct.934，942，29 L.Ed.954，1866.
❸ Paper Converting Machine Co.v.Magna-Graphics Corp.，745 F.2d 11，22-23，223 U.S.P.Q.591，1984.
❹ W.L.Gore & Associates，Inc.v.Garlock，Inc.，10 U.S.P.Q.2d 1628，1989 WL 81270，1，1989.
❺ Minco，Inc.v.Combustion Engineering，Inc.，95 F.3d 1109，1118，40 U.S.P.Q.2d 1001，1996.
❻ Mars，Inc.v.Coin Acceptors，Inc.，527 F.3d 1359，1366，87 U.S.P.Q.2d 1076，2008.

市场价值原则"（Entire Market Value Rule），即当与专利相关的特征是"客户需求的基础"（Basis For Customer Demand）时，允许专利权人根据包含多个特征的整个设备的价值来获得损害赔偿。❶ 在最基本的市场模式中，美国法院以侵权人销售侵权产品的数量乘以专利权人应当从每件商品中获得的利润来计算专利权人的所失利润，故专利权人仅需举证证明侵权人销售侵权专利产品的数量以及自己应当获得的利润即可。如果侵权人反对该计算损害赔偿的方式，则需要举证证明不存在侵权行为情况下专利权人不可能获得侵权人的所有销售份额。❷

从美国的司法实践可以看出，在专利权人之利润损失的举证责任问题上法院坚持了"谁持有相关证据就由谁来承担举证责任"的原则。专利权人掌握着专利产品的制造成本、销售价格等资料，故很容易举证证明每件产品所应当获得的利润，再根据侵权行为人的年报、季报等财务报表中记载的侵权专利产品销售数量就能够计算出专利权人之"利润损失"。美国法院并不要求专利权人提交专利技术方案在专利产品中所起的作用和贡献、被告"实际"销售侵权产品的数量、被告制造专利产品的成本及利润等不为原告所掌握的证据。合理的举证责任规则既有利于激发专利权人就所失利润进行举证的积极性，也有利于法院了解和查明案件事实。

从美国的举证规则来看，虽然法院也要求专利权人就所失利润之主张承担举证责任，但举证的内容仅限于专利权人自己掌握的证据，对于不被专利权人掌握的证据所证明的事项，法院并不要求其承担举证责任。这种科学的举证责任分配规则是美国法院适用所失利润方法确定专利权人损害赔偿案件比例较高的重要原因之一。在我国专利侵权诉讼中，损害赔偿之"举证难"已成为专利权人的一大困扰。一方面，专利权人难以获得与侵权相关的账簿资料；另一方面，即使专利权人提供了关于侵权人销售侵权专利产品的价格、数量等证据，法院也不予采信。例如，在"北京速帮网络技术公司与同方股份有限公司等侵害发明专利权纠纷案"中，北京市第一中级人民法院

---

❶ Imonex Services, Inc.v.W.H.Munzprufer Dietmar Trenner GMBH, 408 F.3d 1374, 1379, 74 U.S.P.Q.2d 1936, 2005.

❷ Joel E.Lutzker："美国的专利赔偿"，载 http：//www.chinaipmagazine.com/journal-show.asp?id=680，最后访问日期：2021年11月5日。

认为:"速帮网络公司提交的第 09829 号公证书中载明零时空网上的销售记录、第 10530 号公证书中显示电脑预装量及线下销售数量,其可以证明被告实施了被诉侵权技术方案并获得相应的利益,但该证据并非被告真实的财务数据。在案证据难以证明权利人的损失、侵权人获得的利益和专利许可使用费,因此,本院将酌情确定赔偿数额。"❶

毋庸置疑,专利权人因侵权行为所遭受的实际损失很难确定。造成专利权人利润损失的原因包括产品质量、销售策略、宣传方式、市场饱和度、侵权行为等多种因素,在这些因素中,专利权人难以证明其利润单纯因侵权行为而实际受损多少。侵权行为人销售产品的数量、制造成本等资料由其自己掌握,若其不主动向法院提供,他人无从得知。因此,如果严格按照"谁主张,谁举证"的民事诉讼原则,在专利侵权诉讼中由专利权人就其提出的实际损失提供证据,则法院根本无法确定损害赔偿数额。在司法实践中,法院通常根据自由裁量权在权利人所证明"损失"的基础上"打折"确定专利权人的赔偿数额,这类似于变相的、间接的法定赔偿方式。2020 年《专利法》在第 71 条增加了一款内容:"人民法院认定侵犯专利权行为成立后,为确定赔偿数额,在权利人已经尽力举证,而与侵权行为相关的账簿、资料主要由侵权人掌握的情况下,可以责令侵权人提供与侵权行为相关的账簿、资料;侵权人不提供或者提供虚假的账簿、资料的,人民法院可以参考权利人的主张和提供的证据判定赔偿数额。"那么,什么是权利人已经"尽力"举证?法院具体应当如何"参考"专利权人提供的证据来判定赔偿数额?这些规定内容的模糊性削弱了该条款减轻专利权人举证责任的立法价值。

实际上,以与侵权行为相关的账簿、资料等作为证明专利权人实际损失的证据之一并不妥当,被告销售专利侵权产品的行为也可能扩大了该产品的市场知名度,激发了消费者的购买欲望,从而间接增加了专利权人的产品销售数量和盈利。在这种情况下,专利权人有何损失?被告销售侵权产品与专利权人遭受损失之间的关系"因案而异",不能一概而论。为了合理分配侵权行为人和专利权人的举证责任,可以借鉴美国法院的做法,在实际损失的损害赔偿之证明责任上实行"举证责任倒置",即由专利权人提供初步证据证

---

❶ 北京市第一中级人民法院(2014)一中民(知)初字第 6912 号民事判决书。

明自己销售单件专利产品的利润及侵权产品的销售数量等，以此作为计算专利权人实际损失的依据；如果被告反对，则由其提供证据证明侵权产品中的其他成本、该专利技术在侵权产品中的地位和作用、侵权产品的实际销售数量、专利权人的销售数量并未因其侵权行为而减少等事项。去除被告能够证明的部分，剩余数额悉数作为专利权人的实际损失而向侵权人索赔。该实际损失的举证责任分配规则既可以从制度层面减轻专利权人的证明责任，也有助于促使证据持有人提供相关证据以查明案件事实，从而保障专利民事实体法的有效实施。❶

三、完善知识产权侵权惩罚性赔偿制度

2016 年美国专利侵权诉讼案件的损害赔偿数额的中位数为 610 万美元，近 20 年间，美国专利侵权诉讼案件的损害赔偿数额的中位数为 580 万美元。高昂的专利侵权成本使美国公民对专利侵权行为望而却步，这在很大程度上遏制了专利侵权行为。惩罚恶意侵犯专利权的行为、威慑潜在的故意侵权行为的措施之一就是建立专利侵权的惩罚性赔偿制度。❷

我国在 2013 年《商标法》修正时引入了商标侵权的惩罚性赔偿制度，规定"对恶意侵犯商标专用权，情节严重的，可以在按照上述方法确定数额的一倍以上三倍以下确定赔偿数额"。❸2019 年修正《商标法》时又将惩罚性赔偿的倍数修改为"一倍以上五倍以下"。2020 年新修正的《专利法》和《著作权法》也增加了对故意侵权行为的惩罚性赔偿制度。

（一）知识产权侵权惩罚性赔偿制度的价值定位

惩罚性赔偿与补偿性赔偿相对应，是指法院所作出的超出实际损失数额的赔偿，具有补偿、惩罚和遏制不法行为等多重功能，❹后两个功能是其区别

---

❶ 吴汉东："知识产权侵权诉讼中的过错责任推定与赔偿数额认定——以举证责任规则为视角"，载《法学评论》2014 年第 5 期。
❷ 张武军、张唯玮："专利侵权惩罚性赔偿问题研究"，载《科技进步与对策》2019 年第 18 期。
❸ 2013 年《商标法》第 63 条第 1 款。
❹ 王利明："惩罚性赔偿研究"，载《中国社会科学》，2000 年第 4 期；张新宝、李倩："惩罚性赔偿的立法选择"，载《清华法学》2009 年第 4 期。

于一般的民事赔偿的特色功能，亦是该制度的根本价值所在。[1]

1. 惩罚性

商标侵权惩罚性赔偿在本质上属于法律对侵犯商标权行为的否定性评价。[2] 在商标侵权救济措施中，惩罚性赔偿与其他金钱救济制度相区别的标志在于其本身所独有的责难属性。[3] 通过对侵权行为人施加额外的经济制裁，惩罚性赔偿机制意在向公众传达对侵权行为的严重谴责，其体现的是报应正义而非矫正正义。[4]

惩罚性赔偿制度的首要价值是"惩罚性"，[5] 对商标侵权行为人的惩罚既是该制度实施的体现，也是该制度发挥作用的基础和手段。如果没有惩罚，该制度就丧失了应有价值，其他的作用亦不能得到有效发挥。只有通过对侵犯他人商标权的行为人进行惩罚，使之为其侵权行为承担超出所获利润的代价，才能让其感受到行为的错误性，彰显惩罚性赔偿制度之"惩罚"价值。

2. 威慑性

惩罚性赔偿还具有预防侵权行为人本人或者其他人从事类似侵权行为的作用。[6] 法院通过判赔多于实际损失的赔偿金数额，希望通过对侵权行为人进行经济惩罚的手段来警示其他人，以此阻遏不法行为。[7] 在 Corey v.Colbaugh 一案中，美国法院明确指出："法院判处惩罚性赔偿，其目的并不在于赔偿权利人多少损失，而是为了确立典范，以避免将来再有同样不法行为的发生。"[8]

---

[1] 黄娅琴："我国惩罚性赔偿制度的司法适用问题研究"，载《法学论坛》2016 年第 4 期。

[2] 徐聪颖："知识产权惩罚性赔偿的功能认知与效用选择——从我国商标权领域的司法判赔实践说起"，载《湖北社会科学》2018 年第 7 期。

[3] 金福海："论惩罚性赔偿责任的性质"，载《法学论坛》2004 年第 3 期。

[4] 李正华、朱君全："法定赔偿与惩罚性赔偿条款关系辨析《商标法》与《专利法》修改草案惩罚性赔偿条款之对比分析"，载《电子知识产权》2016 年第 1 期。

[5] Thurmon A.Mark, Federal Trademark Remedies: A Proposal for Reform, Akron Intellectual Property Journal, Vol.5, Issue 2 (2011), pp.137-184.

[6] 钱玉文、李安琪："论商标法中惩罚性赔偿制度的适用——以《商标法》第 63 条为中心"，载《知识产权》2016 年第 9 期。

[7] BMW of North America, Inc.v.Gore, 517 U.S.559, 116 S.Ct.1589（1996）.

[8] 陈聪富：《侵权归责原则与损害赔偿》，北京大学出版社 2005 年版，第 275-276 页。

传统的补偿性赔偿的功能限于弥补权利人因侵权行为所遭受的损失，以达到侵权行为未发生之效果。[1]这种补偿性赔偿责任对于侵权人来说，即使其行为被发现，其所付出的最大成本莫过于填平权利人的损失，这对侵权行为人以及潜在的侵权人而言，警戒性是非常有限的。[2]补偿性赔偿和惩罚性赔偿的目的不同，前者旨在纠正权利人因被告的不法行为而遭受的实际损失；后者作为"私人罚款"，旨在惩罚被告并阻止其未来的不法行为。对原告受损害程度的评估基本上是一种事实上的认定，而惩罚性赔偿的适用则是对被告道德谴责的表达。[3]

补偿性损害赔偿制度所固有的缺陷纵容了行为人多次侵权、反复侵权。[4]惩罚性赔偿旨在通过惩罚来阻止应受谴责的行为，其不仅要求侵权人完全补偿权利人所遭受的损失，还需要对其鲁莽（recklessness）、恶意（malice）或者欺骗（deceit）的行为予以责难，[5]承受此种谴责和责难的方式即为承担惩罚性经济赔偿责任。这无疑增加了侵权成本，侵权行为人在成本收益综合考量下不得不放弃侵权行为。[6]

3. 补偿和激励

商标侵权惩罚性赔偿制度在客观上还具有补偿和激励的价值功能。[7]惩罚性赔偿要求侵犯商标权的行为人承担超出其所获利润或者权利人损失的赔偿，在客观上可以最大程度地弥补权利人的损失。[8]另外，除充分弥补权利人的损失外，从理论上来说，权利人还可以从惩罚性赔偿中获得额外的利益，

---

[1] 曾世雄：《损害赔偿法原理》，中国政法大学出版社2001年版，第16页。

[2] 侯凤坤："新《商标法》惩罚性赔偿制度问题探析"，载《知识产权》2015年第10期。

[3] Cooper Indus.v.Leatherman Tool，532 U.S.424，432，121 S.Ct.1678，1683（2001）.

[4] 杜甲华、崔畅："论惩罚性赔偿在知识产权损害赔偿责任中的适用"，载《辽宁大学学报（哲学社会科学版）》2016年第5期。

[5] Bryan A.Garner，Black's Law Dictionary，9th Edition，Minnesota：West Group，2009：1178.

[6] 李正华、朱君全："法定赔偿与惩罚性赔偿条款关系辨析《商标法》与《专利法》修改草案惩罚性赔偿条款之对比分析"，载《电子知识产权》2016年第1期。

[7] Blair D.Roger，Cotter F.Thomas，An Economic Analysis of Damages Rules in Intellectual Property Law，William and Mary Law Review，Vol.39，Issue 5（May 1998），pp.1585-1694.

[8] 马新彦、邓冰宁："论惩罚性赔偿的损害填补功能——以美国侵权法惩罚性赔偿制度为启示的研究"，载《吉林大学社会科学学报》2012年第3期。

这可以激励权利人提起诉讼以捍卫自己的权利。❶ 值得注意的是，补偿和激励功能并非惩罚性赔偿制度的本位功能，而是其在实施后所产生的客观效果。

（二）惩罚性赔偿的司法适用少的原因

在统计商标侵权惩罚性赔偿制度的适用过程中，发现该制度在实践中存在以下两个问题。第一，适用率低。在商标侵权诉讼中，针对主观故意明显的侵权行为人，商标权人会向法院主张适用惩罚性赔偿，但是法院对于多数案件均驳回了商标权人的该项诉讼请求。法院驳回的理由主要分为三种：一是不符合惩罚性赔偿的构成条件；二是认为原告无法证明被告的行为属于"情节严重"；三是认为原告无法证明自己的损失或者侵权人获得的利益或商标许可使用费的倍数。比如，在上海知识产权法院审理的"康成投资（中国）公司与大润发投资公司侵害商标权案"中，法院认为："被告实施的行为满足'恶意侵犯商标权，情节严重'的要求，但由于本案无法按照原告的损失、被告的获利以及涉案商标的许可使用费确定赔偿数额，故计算惩罚性赔偿数额基础并不存在，进而惩罚性赔偿数额亦无法确定。"❷ 第二，法院对惩罚性赔偿制度的定性并不准确。惩罚性赔偿制度的目的在于"惩罚"，即对侵犯商标权的行为人的经济惩罚。但是，在商标侵权案件的审理中，有些法院将惩罚性赔偿作为弥补商标权人经济损失的手段，比如在"厚桦食品厂与多纳食品有限公司商标权侵权纠纷案"中，广东省惠州市惠城区人民法院认为，被告除停止侵权外，"还应当向原告赔偿相应的经济损失，经济损失包括原告的维权成本及惩罚性赔偿的部分"。❸ 正是因为存在以上问题，我国虽然在2013年《商标法》修正中引入了惩罚性赔偿制度，但其在实践中并不能发挥惩罚恶意侵犯他人商标权的行为、威慑潜在的侵权行为之作用与功能。

（三）完善知识产权惩罚性赔偿制度的建议

我国2020年修正的《专利法》和《著作权法》均规定了侵权惩罚性赔偿制度，但仍然笼统地规定"对故意侵犯专利权、著作权，情节严重的，可

---

❶ Thurmon A.Mark, Federal Trademark Remedies：A Proposal for Reform, Akron Intellectual Property Journal, Vol.5, Issue 2（2011）, pp.137–184.

❷ 上海知识产权法院（2015）沪知民初字第731号民事判决书。

❸ 广东省惠州市惠城区人民法院（2015）惠城法民三初字第15号民事判决书。

以在按照上述方法确定数额的一倍以上五倍以下确定赔偿数额"，这势必导致与商标侵权惩罚性赔偿制度在司法实践适用中的结果一样——适用率低，从而无法发挥立法者所期待实现的作用。笔者认为，知识产权侵权惩罚性赔偿制度欲发挥惩罚、威慑之作用的关键在于厘清法定赔偿与惩罚性赔偿的关系。

法定赔偿与实际损失、侵权人获得的利益和许可使用费的倍数并列，均为法院计算和确定权利人损失的一种方法，其目的不在于惩罚，而在于弥补权利人因侵权所遭受的经济损失。因此，法院在适用法定赔偿标准确定权利人的损失时，不应当考虑与其目的无关的因素，比如侵权行为人的主观状态（其与权利人的损失没有必然联系，"故意侵权情况下权利人所遭受的损失就大"这一命题并不成立）、侵权行为的后果（侵权行为对市场秩序、消费者带来的影响）等。惩罚性赔偿制度作为一种独立的制度，与以上四种确定权利人损失的标准有着实质性区别，其目的在于惩罚和威慑——对侵犯知识产权行为人的惩罚和对其他人的威慑，弥补权利人的损失并非该制度的天然使命。因此，在司法实践中适用侵权惩罚性赔偿时，所应当考虑的因素必须与发挥该制度功能相对应，也即侵权行为人的主观过错程度和侵权行为的后果。侵权行为人的主观过错越大，侵权行为对市场秩序和消费者的影响越严重，则其承担的惩罚性赔偿数额就应当越高。

在我国法院审理的专利侵权诉讼案件中，96%以上的案件适用法定赔偿标准来确定专利权人的损失，若继续以实际损失、侵权人获得的利益和许可使用费的倍数作为适用惩罚性赔偿的基础，则仍然会导致该制度形同虚设，并不能真正地发挥其惩罚和威慑作用。既然法定赔偿标准与惩罚性赔偿制度关系泾渭分明，法定赔偿亦为法院确定权利人损害数额的一种方法，那么法院在适用惩罚性赔偿制度时，利用法定赔偿标准所确定的赔偿数额就应当作为惩罚性赔偿计算的基础和依据。

商标侵权惩罚性赔偿是在补偿性赔偿基础上的进一步赔偿，在补偿性赔偿自身问题未解决的情况下，惩罚性赔偿制度的建立和实施并不能达到其应有的效果，❶《商标法》引入惩罚性赔偿制度以来的司法实践证实了这一点。

---

❶ 李凤奇、王宝筠："专利侵权赔偿的现状分析及调整路径"，载《河北法学》2017年第4期。

通过实证研究我国近年来的商标侵权案件可以发现，法院适用惩罚性赔偿的案件"凤毛麟角"，主要原因是法官适用法定赔偿方法确定损害赔偿数额时考量了惩罚性赔偿因素，导致惩罚性赔偿不具备独立适用的条件和空间，这实际上架空了惩罚性赔偿制度。由于司法政策等多种原因，法定赔偿作为法官确定损害赔偿数额的方法之一，在实践中承担了惩罚性的功能和角色；但既然要建立独立的惩罚性赔偿制度，那么法定赔偿方法的惩罚性功能就应当终结，应当把这部分功能让位于惩罚性赔偿制度，唯有如此，惩罚性赔偿制度在商标侵权中才有"用武之地"。

我国三部知识产权法均应当在相应的条款中明确惩罚性赔偿制度之惩罚、遏制侵权行为之功能，将其适用的考量因素限定为侵权行为人的主观过错程度和侵权后果，并且在司法解释、司法审判指导文件中将惩罚性考量因素从法定赔偿方法中分离出来，明确法定赔偿方法的补偿性价值定位，并在法律上肯定法院根据法定赔偿方法确定的损害赔偿数作为适用惩罚性赔偿的基础。知识产权损害赔偿的认定是一个世界性难题，知识产权侵权惩罚性赔偿制度发挥其惩罚、威慑之作用的关键在于：厘清法定赔偿方法与惩罚性赔偿之间的关系。欲建立一个健康的、良性的惩罚性赔偿制度，尚需要立法、司法政策和法官三方的共同努力。

第二节　完善知识产权案例指导制度[*]

北京知识产权法院作为案例指导制度的试验基地，自知识产权指导性案例发布以来备受关注，现实中的应用情况却不尽如人意，没有实现案例指导制度的应然价值。根据第二章对知识产权案例指导制度适用现状的论述可知，目前知识产权案例指导制度主要存在三个方面的问题：第一，指导性案例的适用频率有限。如果采取严格、明确的援引标准，知识产权指导性案例的适用率仅1.4%。第二，指导性案例的涵摄范围有限。现存知识产权指导性

---

[*] 感谢广东技术师范大学法学与知识产权学院董凡博士为本节内容的撰写提供了大量有益的建议和帮助。

案例所确立的裁判规则与当前司法审判中面临的重大疑难、复杂问题存在较大差距，所覆盖的案件范围与可以发挥的社会实效较为有限。第三，指导性案例的案件储备有限。现阶段，我国指导性案例不定时地持续发布，其中关于知识产权方面的指导性案例仅有 30 例，远无法满足解决知识产权纠纷的实践需要。建立知识产权法院，对技术类知识产权案件实行专业化审判，仍然需要发挥案例指导制度的作用。探讨我国应当如何发挥知识产权案例指导制度的作用，首先要分析知识产权指导性案例司法适用现存问题的成因。

一、我国知识产权指导性案例适用率低的成因分析

深入剖析我国知识产权指导性案例在司法适用中存在的问题，必须结合知识产权自身特点与中国司法制度的特性，方能清晰地认识其不足的缘由，从而提出具有针对性的完善建议。

（一）原因之一：知识产权客体的非物质性

学界与实务界对知识产权客体的认识不一而足，有智力成果说、信息说、符号说、知识说、知识产品说等，然而不论对知识产权客体如何界定，关于知识产权客体的本质属性都基本达成共识，即知识产权客体的非物质性——区别于其他形式财产的法律品格。❶ 亚里士多德曾言："只有在认识研究对象的第一因、第一原理以及构成该事物的元素之后，才可以说认识了该事物。"❷ 质言之，只有真正把握知识产权客体"第一原理"的自然属性，才能更好地理解知识产权客体本身，进而更好地理解知识产权法的特定规则。正是基于知识产权客体"不可触摸"，但"可感知"的非物质性特征，才使确定知识产权指导性案例以及形成规范性裁判要点的过程举步维艰。

知识产权客体不属于传统财产法体系下的"有体物"与"无体物"范畴。❸ 物的边界是通过人体器官对外在客观事物的感知形成，而知识产权客体却是人脑理解、抽象、度量的产物，澳大利亚学者德霍斯（Drahos）认为："就知识产权而论，所论及之物乃是抽象物。正如我们所知，抽象物并不存在，或

---

❶ 吴汉东：《知识产权总论》（第三版），中国人民大学出版社 2013 年版，第 25 页。
❷ ［古希腊］亚里士多德：《物理学》，张竹明译，商务印书馆 1982 年版，第 21 页。
❸ "无体物"从罗马法学家到现代民法学家均将具有一定权利内容的权利（除所有权以外）称为无体物。参见吴汉东：《知识产权制度基础理论研究》，知识产权出版社 2009 年版，第 24 页。

者我们可以宣布它不存在。在知识产权中的抽象物采取一种法律虚拟的形式。"❶质言之，针对知识产权客体存在的客观事实，对其产权界分与权利内容的划定是一种人为主观的价值判断。由于自然主体主观认识的差异性，对于知识产权的理解与认识必然存在偏差，从而导致知识产权权利边界的模糊性，❷进而放大对其利用与控制范围的模糊性，也就是放大了知识产权权利边界本身的不确定性。❸因此，我国司法裁判者在面对同一类型知识产权纠纷时可能会源于不同认知而选择意见相左的规则作为定分止争的裁判依据。这样使最高人民法院在制作知识产权指导性案例过程中必须对案例涉及案件事实的具体知识产权客体进行合理界定，通过裁判要点、裁判理由等规范性要素阐述具体知识产权客体的权利边界与认定标准。

综上，由于最高人民法院采取谨慎的态度理性地回应现实困境，知识产权指导性案例的基数难以提高，现阶段尚无法形成客观的案例类群。另外，最高人民法院在提炼裁判要点的过程中，碍于文字表达的局限性与抽象性，无法真切地对非物质性的"知识抽象物"作出精准界定，规范性的内容必然存在一定的模糊性。因此，司法裁判者对知识产权指导性案例的援引适用仍采取谨慎与观望的态度。

（二）原因之二：技术创新与制度间的非协同性

技术创新是我国在新常态下进行经济发展转型的不竭动力与发展目标。同时，知识产权制度是市场主体技术创新的前提与根本保证。然而，基于技术创新过程中存在信息不对称、风险经济等因素，技术进步与知识产权制度协同演进的"理想蓝图"无法实现。科学技术的进步势必在某领域催生一系列具有普遍性和强制性的规则，而科技发展亦必然对知识产权制度的制定和实施产生诸多具体影响。❹无论历史上的前三次工业革命，还是正在酝酿的"第四次工业革命"，无不例外地给法律带来新的挑战、研究论题与全新

---

❶ Mitchell Catherine, Peter Drahos, a Philosophy of Intellectual Property, Book Reviews, International Review of Law, Computers & Technology, Vol.12, Issue 2（July 1998）, pp.412–414.

❷ 李扬：《知识产权法基本原理——基础理论》，中国社会科学出版社2013年版，第14页。

❸ 熊文聪：《事实与价值二分：知识产权法的逻辑与修辞》，华中科技大学出版社2016年版，第69页。

❹ 苏力："法律与科技问题的法理学重构"，载《中国社会科学》1999年第5期。

要求。❶

　　结合知识产权指导性案例而论，第 45 号指导性案例的裁判要点着重规范"搜索引擎中强行弹出广告的网络不正当竞争行为"，但是基于商业思维、商业模式的转化，诸多互联网企业以"提高消费者的用户体验"为由，推出或嵌入不同类别的"网络广告屏蔽软件或功能"，影响互联网企业的正常的商业模式运行与经济收益。一是将强行弹出广告界面行为视为不正当竞争；二是恰恰以屏蔽广告作为网络产品的主要功能。缘于案情相反，法官并不能直接将第 45 号指导性案例的裁判要点类推适用于新情况之中。由此看出，在《反不正当竞争法》无法律明文规定的前提下，第 45 号指导性案例的适用空间极为有限，法官面对此类情形时只能自行"发现"法律，例如，互联网环境中"非公益必要不干扰原则"的提出与适用。与此同时，基于互联网技术日趋成熟而引发的各类知识产权纠纷不胜枚举，司法解释与知识产权指导性案例鲜有作出规范性回应。正是基于指导性案例具有弥补成文法适用穷竭的作用，对于其发布将直接影响我国知识产权产业的发展方向。

　　因此，最高人民法院在遴选、制作与发布相关知识产权指导性案例时须采取谨慎态度进行度测衡量，并留给市场足够空间进行自我规范与制度净化，形成良性的市场竞争秩序以促进社会经济发展。

（三）原因之三：司法政策指导作用的介入因素

　　由于知识产权缺乏实体物具备的天然物理边界以及债权明晰的法律界分，知识产权不同于其他类型的私权，其受政策影响更为直接、具体。知识产权具有天然的公共政策或者政策色彩。❷ 正是基于上述特点，公共政策在知识产权司法过程中所体现的作用是客观存在，亦占据重要地位，并成为知识产权审判领域的司法政策。❸

　　成文法国家的法律宏观精神是蕴含在立法目的、法律原则和法律规则之中的，司法政策正是特定法律宏观把握的核心内容，在法律适用中具有至

---

❶ 苗妙："技术创新的法律制度基础：理论与框架"，载《广东财经大学学报》2014 年第 4 期。

❷ 孔祥俊：《知识产权法律适用的基本问题——司法哲学、司法政策与裁判方法》，中国法制出版社 2013 年版，第 24 页。

❸ 司法政策是国家政策在私法领域的具体体现，是公共权威为解决司法问题而制定的指导、协调和管理司法活动的方针策略。刘武俊："司法政策的基本理论初探"，载《中国司法》2012 年第 3 期。

关重要的导向作用。就司法而言，司法政策的作用不仅在于帮助法官解决案件纠纷，还在于指引法官在法律规定的不同选择之中进行不同取向的具体选择。例如，为贯彻加强知识产权保护的政策指引，裁判机关可以通过相应地增加赔偿数额的自由裁量权等方式落实；为保护互联网产业的发展，在信息网络传播权的侵权构成中采用"具体知情""红旗标准"等规则。❶事实上，知识产权的司法政策和理念也已蕴含在指导性案例当中。以指导性案例第47号为例，裁判要点载明"在国际上已知名的商品，我国对其特有的名称、包装、装潢的保护仍应以其在中国境内为相关公众所知悉为必要"。❷该裁判要点严格依照我国《反不正当竞争法》的立法旨意进行释义，并不当然地给予国际知名商品"超国民待遇"的特别优待，而是以特定商品的名称、包装、装潢在国内为相关公众所知悉为前提，通过司法裁判纠正海外企业对国内民族品牌不合理的"强势地位"，力求营造公平的市场竞争秩序。

正是基于司法政策对知识产权裁判具有重要的宏观指引作用与裁判参考价值，最高人民法院在制作与发布知识产权指导性案例的过程中势必综合考量我国的司法政策。但是，司法政策与社会经济、科技、文化发展存在密切联系，社会变革将对司法政策产生较强的"涟漪效力"——致使司法政策不够稳定，以至于最高人民法院在发布可能影响国内产业发展、科技创新等方面的指导性案例时必须持谨慎态度；相应地，司法裁判者在适用已发布的知识产权指导性案例进行裁判时，需要结合本地的综合情况有选择地进行适用，而非完全援引。因此，在司法实践中考量现实情形与司法政策的相互作用与联系，可能是导致知识产权指导性案例援引情形不理想的原因之一。

（四）原因之四：知识产权指导性案例的固有缺陷

知识产权指导性案例在司法实践中适用次数有限与知识产权指导性案例自身存在缺陷不无关系。

---

❶ 孔祥俊：《知识产权法律适用的基本问题——司法哲学、司法政策与裁判方法》，中国法制出版社2013年版，第25-27页。

❷ 指导性案例47号：意大利费列罗公司诉蒙特莎（张家港）食品有限公司、天津经济技术开发区正元行销有限公司不正当竞争纠纷案。

1. 裁判要点释义偏离法律规范

在指导性案例业已成为重要的裁判参考依据时，司法裁判者必须清晰认识与分析指导性案例的内容。指导性案例对同类案件的效力与规范性源自其自身内容所表现的逻辑性与合理性，然而，指导性案例的核心内容是通过高度概括裁判规则的"裁判要点"显示的；加之法官参阅指导性案例时优先阅读裁判要点或裁判要旨，因此，裁判要点所凝结的规范内容直接地或间接地影响指导性案例的规范效力，同时直接影响指导性案例在实践中的适用空间。

以指导性案例 47 号为例，其中第 3 项裁判要点"对他人能够区别商品来源的知名商品特有的包装、装潢，进行足以引起市场混淆、误认的全面模仿，属于不正当竞争行为"。❶ 裁判要点认为属于不正当竞争的行为是引起市场混淆、误认的全面模仿行为，然"全面模仿行为"的要求已逾越《反不正当竞争法》第 5 条第 2 项的规范内容，法律文本尚未要求市场不正当竞争行为需要达至"全面模仿"的高度，仅强调"造成混淆"。事实上，从逻辑主线出发，"全面模仿"仅是造成相关公众混淆商品的方式方法之一，而非唯一的方式，两者应当是"属—种"的关系。由此可见，最高人民法院总结的裁判要点 3，已然超越立法者当初的设定标准。假设裁判者参照裁判要点 3 作为裁判理由，很可能使诸多市场同类型不正当竞争行为成为"漏网之鱼"。如此，指导性案例的应然价值不仅没有实现，还可能导致立法与司法在司法适用关系上的混乱。

2. 裁判要点与司法解释部分相似

指导性案例制度的衍生与发展是我国司法制度改革的产物，是成文法体系不能自给自足地满足司法实践之需要使然。在成文法体系下，指导性案例所创制的规范内容是经过细致"加工"后的具体裁判规则，是在法律法规、司法解释具体适用中的补充释明以实现司法正义。因此，裁判者在裁判案件时，一般按照法律法规、司法解释、指导性案例的顺序适用。

然而，我国指导性案例第 29 号裁判要点 1、第 47 号裁判要点 1 和 3 的

---

❶ 指导性案例 47 号：意大利费列罗公司诉蒙特莎（张家港）食品有限公司、天津经济技术开发区正元行销有限公司不正当竞争纠纷案。

规范内容与《最高人民法院关于审理不正当竞争民事案件应用法律若干问题的解释》的相关内容表述重复，更像是强调或重申司法解释内容的重要性。指导性案例通过强调司法解释相关内容作为裁判要点的方法可能是导致指导性案例司法适用情况不理想的主要原因之一。当裁判理由所援引裁判要点的内容与司法解释相似或相同时，仍应当认定为适用"司法解释"为先，而不能直接视为援引指导性案例的裁判要点。因此，即便指导性案例29号、47号的相关内容在统计过程中的出现频率较高，也不能视为援引自指导性案例的相关内容。

二、我国知识产权指导性案例司法适用的完善路径

诚如上文所言，知识产权指导性案例在司法实践应用过程中存在诸多问题，除指导性案例制度固有的缺陷外，尚有其他本源的问题或原因致使知识产权指导性案例的司法适用状况不理想。笔者以我国知识产权指导性案例适用为中心，针对影响司法适用的本源或重要问题提出若干完善建议，以期为我国知识产权司法审判提供助益。

（一）裁判要点应明确所述规范对象的法律范围

指导性案例以凝炼裁判要点的方式直观而形象地将司法规则细化，以满足司法活动对法律规范适用的现实需要，使裁判要点具有明确裁判相似类型甚至不同类型案件的衡平标准、方法与规则的作用。当面临司法难题时，指导性案例群中存有相对确定及可资参考的参照标准。简言之，裁判要点是凝结案件事实与法律适用的知识结晶。

最高人民法院在遴选、制作与发布知识产权指导性案例的过程中，必须以知识产权的非物质性为核心，认识到知识产权权利边界的模糊性与不确定性，不断提高撰写、概括裁判要点的专业能力。观察知识产权指导性案例的裁判要点所载明的规范内容，可以发现新近发布的知识产权指导性案例逐步关注抽象法律事实的司法认定。例如，对判断地域性特点的商品通用名称❶、

---

❶ 指导性案例46号：山东鲁锦实业有限公司诉鄄城县鲁锦工艺品有限责任公司、济宁礼之邦家纺有限公司秦汉商标权即不正当竞争纠纷案。

民间艺术衍生作品的著作权问题❶、历史题材作品的著作权问题❷、外观设计的侵权界定问题等❸。因此，裁判要点应当尽量明确所述规范对象的法律范围或边界，就具体情形细化模糊的法律概念或抽象的法律事实。具体而言，须将特定案件事实抽象化，结合知识产权的裁判规则或理念，就具体知识产权领域内的法律适用问题提出清晰指引或说明，使司法受众的理性认识尽量统一，避免对裁判要点的规范内容产生疑惑或者认识相左的情形，从而实现知识产权指导性案例的指引作用。

（二）逐步扩大指导性案例的涵摄范围

随着科技与经济的快速发展，互联网、人工智能等技术愈加成熟，社会逐步进入"工业4.0时代"；同时，商业理念与商业模式在技术推动下表现得愈加多变。基于新技术和新理念催生的新事物不断冲击着现有的知识产权法律体系与规范价值，知识产权司法审判工作受到前所未有的压力。从已有知识产权指导性案例的覆盖范围观察，现存的指导性案例着实不能满足应对知识产权纠纷的现实需要。因此，逐步扩大指导性案例的覆盖范围势在必行。

最高人民法院在遴选知识产权指导性案例的过程中，不能拘泥于知识产权疑难案件，需要对案件影响重大、涉及判定法律事实或侵权标准以及适用法律模糊等方面的知识产权案件予以关注，不断扩大知识产权指导性案例的遴选范围，逐步涵括与时俱进的知识产权法律问题，在法律规范价值与司法能动的空间内，遵循立法原意，善用利益平衡原则诠释具体法律适用的内涵。鼓励全国各区域法院积极参与其中，突破具有行政色彩的层报机制，适当放宽报送的审核程序，例如基层法院作出富有代表性的裁判文书可以突破层报机制径直推荐至最高人民法院的专职部门进行研讨，确保最高人民法院可以接触具有创新司法理念或司法技术的裁判文书，为遴选优质且实际需要的知识产权指导性案例提供充足的裁判文书数据库。同时，便于最高人民法院进行划分与整合，将个案判决整合为类型案例群，不断地进行实践探索与

---

❶ 指导性案例80号：洪某某、邓某某诉贵州五福坊食品有限公司、贵州今彩民族文化研发有限公司著作权纠纷案。

❷ 指导性案例81号：张某某诉雷某某、赵某、山东爱书人音响图书有限公司著作权纠纷案。

❸ 指导性案例85号：高仪股份公司诉浙江健龙卫浴有限公司侵害外观设计专利权纠纷案。

基础研究，发掘或发现蕴藏在典型性与可资参考性案例群中的裁判规则。

（三）注重裁判要点与法律规范的统一

在我国法律体系与框架下，法官在面对待审案件时大抵是在成文制度中寻找法律规范（包括司法解释），当出现某些法律规范内涵比较模糊，对相关问题缺乏具体的、可操作性的明确规定，或文字表述与立法旨意不完全契合等情形时，法官可能参照指导性案例的裁判要点、裁判理由等元素作为裁判理由，以此实现个案正义。❶诚如上文所言，裁判要点所承载的规范内容直接决定着指导性案例价值的实现。

因此，最高人民法院在编制裁判要点的过程中，应当以法律规范作为根本依据，依照成文法体系的司法适用逻辑，要点所释明的内容不能超越立法原意，避免对法律文本断章取义，更不能与立法本意相违背。质言之，通过严谨的司法技术与科学的法律解释方法，抽象个案事实，逐步将其内容丰富与细化，形成可以弥合法律适用过程中运行不畅问题的裁判规则，发挥指导性案例的预期价值。

（四）注重指导性案例与司法政策的统一

司法的过程就是抽象法律的具体实现过程。❷知识产权法律具有大量的裁量性规范，基于不同利益的考量，法官在适用裁量性规范时就有多种选择。面对如此情形，可以通过司法政策的正确运用，确保法律规范的正确适用，以达到比较理想的法律社会效果。正如法学家魏德士所言，"如果没有清晰的、系统的价值导向，法律工作者就不能担当法学研究和法律实践的责任"。❸

近年来，我国已经制定大量且系统的知识产权司法政策，不断转化观念，解放思想，激发创新活力。以驰名商标保护的司法政策为例，经过2005年前后驰名商标保护异化后，2007—2010年在相关司法制度和司法政策的严

---

❶ 迟日大："法律适用统一的障碍及其破解路径——一个关于建立中国特色案例指导制度的话题"，载《河北法学》2008年第3期。

❷ 李清伟："司法克制抑或司法能动——兼论公共政策导向下的中国司法能动"，载《法商研究》2012年第3期。

❸ ［德］伯恩·魏德士著：《法理学》，丁晓春、吴越译，法律出版社2013年版，第175页。

格调控下，驰名商标司法保护迅速走向规范化和制度化。❶ 知识产权指导性案例蕴含的司法理念与规范内容应当与司法政策相一致，其规范的内容能够契合国家经济、文化的发展趋势。因此，最高人民法院发布的知识产权指导性案例应当立足于我国法律规范，充分考量知识产权司法政策，防止机械司法，恰如其分地进行利益平衡，制定出激励创新、保护产权、利于公益且具有定分止争效用的指导性案例。

第三节　完善知识产权行为保全制度

一、我国知识产权行为保全制度的历史沿革

行为保全又被称为"临时禁令"，❷ 是指在终审判决作出前，法院责令当事人作出一定行为或禁止其作出一定行为。❸ 因知识产权的客体具有无形性，导致知识产权侵权行为不易被发现，举证难度较大。为使权利人的合法权益得到充分保障，行为保全作为一种预防性的救济方式，可以在很多情况下避免权利人遭受难以弥补的损害。2001 年前后，我国对知识产权单行法进行了一系列修改，引入了临时禁令措施。❹ 同时为配合司法实践，最高人民法院又于 2001 年通过了关于对诉前停止侵犯专利权、商标权行为的解释，进一步细化了其中的规范。2012 年，为避免临时禁令制度在程序法上长期缺位的情况，修正后的《民事诉讼法》第 100 条、第 101 条规定了整个民事诉讼领域的行为保全制度。至此，我国逐渐形成了知识产权行为保全制度的雏形。

为构建标准明晰、程序完善的知识产权行为保全制度，我国于 2015 年 2 月 26 日公布《关于审查知识产权与竞争纠纷行为保全案件适用法律若干问题的解释（征求意见稿）》，经过约四年的意见征求阶段，于 2019 年 1 月 1 日正

---

❶ 宫小汀、陈聪："知识产权司法政策对法官自由裁量权的引导"，载《人民司法》2014 年第 23 期。
❷ 行为保全在大陆法系国家称为"假处分"，在英美法系国家称为"禁令"，在本书中三者为同义词。
❸ 宋鱼水等："知识产权行为保全制度研究"，载《知识产权》2014 年第 11 期。
❹ 2000 年修正后的《专利法》第 61 条规定了诉前停止侵权的条款，2001 修正后的《著作权法》第 49 条、《商标法》第 57 条也作了类似的规定。

式施行的《最高人民法院关于审查知识产权纠纷行为保全案件适用法律若干问题的规定》(法释〔2018〕21号,以下简称《行为保全案件规定》),发展、完善了知识产权行为保全制度立法,对实践操作具有指导意义。在建设知识产权强国、加大知识产权保护力度的背景下,知识产权行为保全制度的适用还有待进一步研究与完善。

二、我国知识产权行为保全制度适用的现状

根据历年《中国法院知识产权司法保护状况》白皮书、"中国裁判文书网"及"无讼案例网"等不完全统计,2002—2018年我国知识产权行为保全案件的受理及裁定支持率如下。

2002年至2006年10月,全国法院共受理知识产权禁令案430件,审结425件,实际裁定支持率为83.17%;2006年11月至2008年共受理319件;2009年至2010年趋于减少,平均每年不足60件;2011年至2013年则分别为130件、27件及11件。2014年至2018年,全国法院共受理知识产权行为保全232件,其中诉前停止侵权申请157件,诉中停止侵权申请75件,裁定支持率分别为98.5%和64.8%。[1]在《行为保全案件规定》实施之后,以2019年1月1日至2020年5月31日为条件检索情况如表5-1所示。

从上述数据来看,《行为保全案件规定》出台以前,我国权利人和法院对知识产权诉前保全的态度经历了从"热情"到"理性"的过程。2002—2008年,行为保全刚刚进入知识产权领域,知识产权权利人对申请诉前、诉中行为保全充满热情,法院的支持率也颇高。2009年后知识产权行为保全申请案件数量逐年下降,到2017年才开始略有回升。这也与最高人民法院的态度不谋而合,从2009年"既要积极又要慎重,既要合理又要有效",到2011年"适度从严把握法律条件,慎重适用诉前停止侵权措施"。[2]2019年1月1日《行为保全案件规定》正式实施以后,限定了申请行为保全的条件,增加

---

[1] "《最高人民法院关于审查知识产权纠纷行为保全案件适用法律若干问题的规定》答记者问",载https://www.sohu.com/a/282002650_100015436,最后访问日期:2020年6月20日。

[2] 《最高人民法院关于当前经济形势下知识产权审判服务大局若干问题的意见》《最高人民法院关于充分发挥知识产权审判职能作用推动社会主义文化大发展大繁荣和促进经济自主协调发展若干问题的意见》等。

了申请行为保全的难度,因此案件数量有一定程度的下滑。但《行为保全案件规定》细化了审判实践中的判定细则,明确了各方责任,提高了案件裁定质量。同时,《行为保全案件规定》实施后,知识产权行文保全适用中存在的问题仍然值得关注和研究。

表 5-1　2019 年 1 月 1 日 2020 年 5 月 31 日全国法院受理的知识产权行为保全案件数量

省份	审理法院	案件数量（件）	裁定支持率（%）
北京市	北京知识产权法院	1	100
天津市	天津市第三中级人民法院	1	100
上海市	上海市浦东新区人民法院	4	100
浙江省	杭州市中级人民法院	2	100
浙江省	杭州市余杭区人民法院	2	100
山东省	德州市中级人民法院	1	100
广东省	广州知识产权法院	2	100
四川省	成都市中级人民法院	1	0
陕西省	西安市中级人民法院	1	100

注：受数据库更新及案件进展等情况影响,检索到的案例数量可能会少于实际的案件数量。

三、行为保全制度在适用中出现的问题

《行为保全案件规定》的正式实施完善了知识产权行为保全制度的适用规则,对司法实践具有一定的指导意义。但《行为保全案件规定》并没有完全解决知识产权行为保全行为制度在司法适用中的问题,行为保全审查标准模糊、相关程序不够完善等问题有待进一步探讨。

（一）申请人与被申请人之间利益失衡

知识产权行为保全制度的引入是为了避免申请人的损失进一步扩大,这是一种救济方式。而对被申请人来说,这是一种具有强制性的措施。为避免

申请人滥用诉权，设计知识产权行为保全制度之初就需要考虑到申请人与被申请人之间的利益平衡。在美国，20世纪80年代以来对禁令救济一直采取积极支持的态度，即只要存在知识产权侵权行为就认定申请人遭受了难以弥补的损害，继而支持其禁令请求。这样的司法导向一方面是由于美国20世纪80年代的知识产权强保护政策，另一方面是由于知识产权的"强排他性"。❶ 直到2006年的 eBay Inc.v.MercExchange 案，法官提出了禁令综合判断规则，即裁定禁令是否支持须考量原告的胜诉可能性、原告是否遭受不可弥补的损害、颁布临时禁令对被告造成的损害及是否损害公共利益。❷ 美国禁令裁定规制的变化一定程度上体现了对公共利益和被告利益的保护，这符合知识产权法的利益平衡原则，也符合知识产权司法保护的趋势。

在《行为保全案件规定》出台以前，我国关于行为保全的司法解释就呈现出对行为保全申请人的"偏向性"保护，❸ 这一问题在《行为保全案件规定》正式实施以后并没有得到根本解决。近年来，我国知识产权司法保护主要以强保护与严格保护为导向，受司法政策的影响，法院在裁定是否给予行为保全行为时在一定程度上会倾向于积极态度。同时由于法院作出行为保全是否支持的裁定并不经历举证、质证与辩论等程序，所以在法官自由裁量权过高的情况下，对被申请人的相关权益及公共利益关注不足，导致被申请人的利益无法得到充分保障，申请人与被申请人之间的利益难以得到平衡。

（二）行为保全审查标准模糊

《行为保全案件规定》的出台细化了行为保全的审查标准，然而这些标准在文字表达上比较模糊与笼统，导致司法实践难以统一。

例如《行为保全案件规定》第6条是对《民事诉讼法》第100条、第101条规定的"情况紧急"作出的解释，其中出现的"时效性较强""热播"等用语具有相当程度的主观判断色彩；而《行为保全案件规定》第10条中的

---

❶ 李扬："中国需要什么样的知识产权行为保全规则"，载《知识产权》2019年第5期。

❷ eBay Inc.v.Merc Exchange, L.L.C., 547 U.S.391（2006）.

❸ 施高翔、齐树洁："我国知识产权禁令制度的重构"，载《厦门大学学报（哲学社会科学版）》2011年第5期。

"难以控制""显著增加""明显减少"非常笼统，这就导致对于"难以弥补的损害"判断完全由法官自己推导。如在腾讯科技诉字节跳动等公司侵害计算机软件著作权案中，法院认为"网络游戏及其直播市场具有开发成本高、市场生命周期短、传播速度快、影响范围广的特点，如不及时制止被诉侵权行为可能会导致申请人的市场份额减少和市场机会丧失，给申请人造成难以计算和量化的损害"。"网络游戏及其直播时效性较强，市场生命周期较短，如不及时制止被诉侵权行为可能会导致申请人胜诉后已经过了网络游戏及其直播的有效市场生命期，给申请人造成难以弥补的损害"。❶可以看出，判决书中并无说明对网络游戏时效性"较强"、市场的生命周期"较短"是以何种标准判断，这使得法院的判决欠缺说理性。我国各地区法院、法官的司法水平存在差异，在模糊的审查标准适用之下易使法官自由裁量权过大，损害司法权威性。

（三）行为保全相关程序不完善

根据《行为保全案件规定》第14条，一旦法院作出支持行为保全的裁定，当事人即使复议也不会暂停行为保全的执行。因此，对于被申请人而言，行为保全措施的影响非常大。这就要求不仅要在审查标准上对行为保全的审查进行细化，在相关程序上也需要进行完善。

听证程序可以使行为保全申请人与被申请人都能充分表达自己的意见，使法院能更加明确地知晓申请人的权利是否稳定有效、被申请人的侵权行为是否真实存在。《行为保全案件规定》第5条规定了法院在"采取行为保全措施前，应当询问申请人和被申请人"，而在"情况紧急或者询问可能影响保全措施执行"等情形下，可以不用询问。这说明关于行为保全的听证程序并非必经程序。此外，《行为保全案件规定》第14条虽然规定了复议程序，但其内容过于简洁，在司法实践中有缺乏实践性和流于形式的风险。例如，在复议审查主体上，大多数法院往往由作出行为保全裁定的原合议庭继续对复议申请进行审查，因此复议成功的案例屈指可数。

---

❶ （2018）粤73民初2858号民事判决书。

四、完善行为保全制度适用的建议

在知识产权侵权纠纷中，受到侵害的权利人往往处于"弱势"地位，有时即使赢了官司，也输了市场，因此在行为保全制度设计中，难免出发点集中于行为保全申请人上，这也在一定程度上导致了对被申请人利益的忽视。《行为保全案件规定》出台以后，法院审查行为保全申请因素中将胜诉可能性替换为申请人的请求是否具有事实基础和法律依据，包括请求保护的知识产权效力是否稳定。这说明法院只需要关注申请人的权利状况，而不需要考虑被申请人的侵权真实性情况。但就《行为保全案件规定》出台的目的及背景来看，❶兼顾申请人及被申请人之间的利益仍是行为保全制度的核心价值。因此，为了平衡两者之间的利益，需要在保障被申请人权利、限制法官的自由裁量权、完善相关程序上作进一步努力。

（一）明确审查标准，尝试建立惩罚性赔偿机制

首先，对《行为保全案件规定》第6条、第10条中关于"热播""难以""显著""明显"的规定作出限定或给出参考因素。例如关于时效性较强的热播节目，可参考流量变化、播放时段、观看人数统计等可以量化的指标，这既有利于申请人提供可视化的证据，也有助于法官作出合理的判断。

其次，提高行为保全的审查标准，恢复对胜诉可能性的审查。对胜诉可能性的审查可以使法院重新关注被申请人的侵权状况，即使在申请人提供了知识产权的效力证据并提供担保的情况下，法院也需要基于侵权事实的真实情况再作出支持或不予支持的决定。

最后，在现行的行为保全制度下，申请人担保的限额一般不超出被申请人可能受到的损失。然而在医药专利等行业或者一些特殊的市场环境下，这样的担保额不足以对申请人形成滥诉的限制，导致申请人利用行为保全制度打击竞争对手的市场竞争力。因此在国家提出引入知识产权惩罚性赔偿制度的契机下，有必要尝试建立行为保全的惩罚性赔偿机制，在有证据证明行为保全申请人有主观恶意的情况下，根据恶意情节设定惩罚性赔偿系数，增加恶意申请人的权利滥用成本，进而平衡申请人与被申请人之间的利益。

---

❶ 宋晓明等：《〈关于审查知识产权纠纷行为保全案件适用法律若干问题的规定〉的理解与适用》，载《人民司法》2019年第7期。

（二）完善听证程序及复议程序

程序利益的实现有助于保护各诉讼主体的合法权利。同时，诉讼中各方充分表达自己的意志，既有利于限制司法权力的恣意行使，也有利于当事人从心理上接受和承认法院作出的裁判。❶ 首先，明确听证程序是法院裁定行为保全之前的必经程序，同时严格听证时限与简化听证流程，最大可能地避免听证程序和行为保全时间紧迫性之间的矛盾。如果确有情况紧急或不宜进行听证的情况，可要求申请人酌情提高担保额。其次，关于复议程序的完善目前有两种路径：其一，参考美国的禁令复议制度，对复议决定不服的可以上诉；❷ 其二，明确规定复议审查主体必须由原审法院重新组成合议庭进行裁定或者可向上一级法院提出复议申请。鉴于《民事诉讼法》在108条中已经规定了当事人享有对保全裁定申请复议的权利，第二种路径是较为理想的方案。

（三）完善先予执行、先行判决与行为保全之间的衔接

除了行为保全制度本身的完善之外，将先予执行、先行判决与行为保全制度进行合理的衔接运用，可以使知识产权司法保护发挥更大的作用。

先予执行是指人民法院在受理案件后、终审判决作出之前，根据一方当事人的申请，裁定对方当事人向申请一方当事人给付一定数额的金钱或其他财物，或者实施或停止某种行为，并立即付诸执行的一种程序。先予执行制度与行为保全制度在功能上有重叠之处，但二者在制定目的、提请时间、适用条件等方面多有差异，进行合理的适用与衔接才能发挥各自的优势。随着网络电商的快速发展，恶意投诉案件也逐渐增多，尤其是在各电商平台购物节临近之际，恶意投诉会导致被投诉商家损失惨重，在此情况下，有些法院采用了针对被告人提出的反向行为保全进行先予执行的做法，保护了被诉侵权商家的合法权益。在"丁某某与被告郑州曳头公司、南通苏奥公司、浙江天猫公司侵害外观设计专利权纠纷"一案中，在可以确定被告不构成侵权的情况下，法院裁定要求天猫公司先予恢复被诉侵权产品在其所经营的天猫网

---

❶ 钱颖萍："从知识产权保护的临时禁令到行为保全制度的构建"，载《电子知识产权》2008年第3期。

❷ 在 Indivior Inc.v.Dr.Reddy's Laboratories 案中，原审法院同意了申请人禁令请求，被告上诉到后，美国联邦巡回上诉法院最终撤销了原审法院作出的临时禁令。

购平台上的全部销售链接。❶这种做法避免了在确定侵权事实后审判过程中商家继续受到损失。

先行判决的设置是为了防止由于诉讼的周期过长，从而导致原告的合法权益受到持续的、进一步的侵害。法院对于案情部分事实和部分请求已经审理清楚且确有必要的，可以就该部分先行判决。在最高人民法院知识产权法庭"第一案"中，原告向法院申请适用"先行判决"的同时又向法院申请了诉中行为禁令，要求法院在诉讼过程中禁止三被告销售或许诺销售被控侵权产品的侵权行为。法院认为："保全申请与判令停止侵害的部分判决在内容上存在重叠的可能，在功能上具有尽快明确各方当事人之间的法律关系状态、提高纠纷解决效率的类似之处，但作为两种不同的制度设计，责令停止侵害的行为保全申请在特定情况下仍具有独特价值。"❷"先行判决"之后上诉至案件终审仍会持续相当长一段时间，在此过程中，若不适用行为禁令，原告的权利有可能依旧被持续侵害。可以看出，先行判决与行为保全的组合模式，有利于对权利人实现更周全的救济。

本章小结

知识产权法院的成功运作离不开具体的制度，知识产权侵权损害赔偿制度、案例指导制度以及行为保全制度是知识产权案件审判的重要制度。民事赔偿是知识产权权利人起诉侵权行为的重要目的之一，获得赔偿数额的多少直接关系知识产权司法保护的成效。案例指导制度是近年来我国司法改革的重要举措，是解决法律的滞后性、实现"同案同判"目标、创造性司法的途径。知识产权行为保全对于及时保护权利人的权利发挥着重要作用。因此，包括知识产权侵权损害赔偿制度、案例指导制度以及行为保全制度在内的具体制度是知识产权法院的法官在审判具体案件过程中经常适用的制度。

现阶段，知识产权侵权损害赔偿制度备受诟病，法定赔偿标准的适用占

---

❶ 江苏省南京市中级人民法院（2019）苏01民初687号民事裁定书。
❷ 最高人民法院知识产权法庭（2019）最高法知民终2号民事判决书。

主导地位、惩罚性赔偿适用比例低等问题一直是我国知识产权侵权损害赔偿制度存在的问题。体系化建立知识产权法院后，我国应当逐步完善侵权损害赔偿制度，重点厘清法定赔偿与惩罚性赔偿之间的关系，通过立法的形式规定各自的适用情况及考量因素。同时，知识产权指导性案例在实践中的适用情况并不理想，与传统民事指导性案例的应用情况相差甚远，尚无法实现与发挥知识产权指导性案例的价值和功能。我国以北京知识产权法院为代表的专门知识产权法院，应当进一步探索知识产权案例指导制度的司法适用，以知识产权范畴的指导性案例司法适用为限定，深植于知识产权特性与我国司法审判实际，分析知识产权指导性案例适用频率有限的原因，并针对问题的因由逐步完善知识产权指导性案例的司法适用，从而为我国知识产权法院指导性案例的司法适用提供经验借鉴。历经十余年的发展，我国逐步建立起符合国情的知识产权行为保全制度体系，既维护了权利人的合法权利，又提高了我国知识产权司法水平。虽然在司法实务的适用中仍然存在利益平衡、适用标准难以掌握等难题，但随着实践的积累以及理论的不断创新，我国知识产权行为保全制度终将逐步完善。

CHAPTER 06 >> 第六章

中国知识产权法院人才保障机制的完善

知识产权案件,尤其是专利、集成电路布图设计等技术类知识产权纠纷案件,需要法官对案件涉及的技术或产品方案有着准确的理解和把握,否则就无法对诉争权利是否有效、是否构成侵权进行准确的审判。因此,知识产权案件普遍具有突出的专业性特点,这要求只有经过专业训练的法官才能胜任案件的审判工作。从整体来看,当前我国知识产权法院法官的整体知识结构距离这一要求还有不小的差距。因此,最高人民法院在全国法院系统探索技术事实查明机制,引进专业技术人才来协助法官进行案件技术事实的审查。从短期来看,只有不断完善技术调查官制度,才能确保技术类知识产权案件审判的客观性;从长远来看,只有培养和选拔具备技术知识的法官来审理技术类知识产权案件,才能公正、快速地解决技术类知识产权纠纷案件。

第一节 完善技术调查官制度

技术类知识产权案件的司法审判中一直存在如何有效地认定和查明技术事实的问题。在我国,绝大多数知识产权案件的主审法官都缺乏技术类专业教育背景,他们多为"法律精英",却不具备医学、机械、化学、生物等自然科学领域的知识,这导致法官对于技术事实的认定和查明显得力不从心。但是,在知识产权案件特别是涉及专利、商业秘密、计算机软件、植物新品种、集成电路布图设计等技术类案件的审判过程中,技术事实属于案件事实的一部分,查明技术事实对案件的裁判结果具有决定性影响,是审理该类案件的关键之所在。❶ 为保证审理程序顺畅、促进知识产权案件的快速解决,从而达到有效保护知识产权的目的,日本在知识产权案件审理中实行技术调查官辅助审判制度。我国台湾地区在"智慧财产案件审理法"和"智慧财产案件审理细则"中借鉴日本经验对作为司法辅助机制的技术调查官制度及其运行作了详细规定。❷ 在建立知识产权法院之际,为帮助法官查明技术事实,公平、高效地解决知识产权纠纷,我国也建立了技术调查官制度。

一、技术调查官的作用与职责

知识产权审判中的技术调查官,是指具备专业技术知识,协助法官查明专利等专业性较强案件技术事实的审判辅助人员,负责对知识产权案件审理中涉及的技术问题进行调查、询问、分析、判断等,为法官裁判案件提供专业技术意见。❸ 为实现知识产权法院审判的专业化、提高法官审理技术类案件的效率、保证裁判的公平正义,同时根据中共中央《关于司法体制改革试点若干问题的框架意见》的精神,最高人民法院于2014年12月30日发布《关于知识产权法院技术调查官参与诉讼活动若干问题的暂行规定》(以下简称《暂行规定》),对技术调查官参与案件的范围、参与程序、工作职责、技术审查意见的效力等作出规定。自此,我国知识产权审判中的技术调查官制度正式建立,技术调查官这一职务随之进入公众视野。

《暂行规定》第1条明确规定:"技术调查官属于司法辅助人员。"最高人民法院于2017年8月8日出台的《知识产权法院技术调查官选任工作指导意见(试行)》(以下简称《指导意见(试行)》)第1条也指出:"技术调查

---

❶ 宋汉林:"知识产权诉讼中的技术事实认定——兼论我国知识产权诉讼技术调查官制度",载《西部法学评论》2015年第5期。

❷ 李菊丹:"中日技术调查官制度比较研究",载《知识产权》2017年第8期。

❸ 周强:"最高人民法院关于知识产权法院工作情况的报告",载《人民法院报》2017年9月2日,第002版。

官是审判辅助人员。"可见,技术调查官在我国属于"司法辅助人员"。司法辅助人员主要包括书记员、执行员、法医和司法警察等,其与法官、司法行政人员有着不同的职责和分工。既然是"辅助"人员,就应当有辅助的对象,在案件审判中技术调查官的"辅助对象"应当为审理和裁判案件的法官。❶

技术调查官作为法官的"助手",其作用在于帮助法官查明涉案技术事实。❷我国的民事诉讼模式以法官为主导,其负有查明包括技术事实在内的案件事实之责任。法官并非"通才",其虽然熟练掌握法律知识,也有的法官略知某技术领域的一般技术知识,但并非所有的法官均了解和掌握某技术领域的技术知识,更鲜有法官熟练掌握所有领域的技术知识。技术调查官作为某类技术领域的精英人才,其对于法官认定和查明技术事实、避免被当事人的一面之词误导具有重要作用。因此,技术调查官的设置符合职权主义模式下法院查明案件事实的要求。❸设立技术调查官制度,有助于法官在审理技术类知识产权案件的过程中准确查明技术特征之间的内在关联性,精确解读技术事实对于解决技术问题的证明力,❹这对于法官迅速解决技术类案件纠纷、客观公正地作出司法裁判具有重要作用。

《暂行规定》第6条规定了技术调查官的职责,包括明确技术事实的争议焦点、参与调查取证、参与庭审活动、列席合议庭评议等方面,涵盖了庭审前、庭审中、庭审后的案件所有审理阶段,涉及取证、质证、合议等案件审理的全过程。在技术类知识产权案件诉讼中,有诸多需要查明的事实问题,包括权利的有效性、权利人的损失等,但是技术调查官作为司法辅助人员,其工作职责在于帮助法官查明案件涉及的技术事实,根据查明结果撰写调查意见并向法官汇报,由法官根据审查意见进行案件的下一步审理。故其审查的对象仅限于技术事实,技术事实以外的其他事项,包括法律适用问

---

❶ 黄玉烨、李青文:"知识产权审判中技术调查官的困境与出路——兼评《最高人民法院关于技术调查官参与知识产权案件诉讼活动的若干规定》",载《电子知识产权》2019年第8期。
❷ 郑志柱、林奕濠:"论技术调查官在知识产权诉讼中的角色定位",载《知识产权》2018年第8期。
❸ 杜颖、李晨瑶:"技术调查官定位及其作用分析",载《知识产权》2016年第1期。
❹ 张智禹、孙燕:"技术调查官的特殊作用——以药学领域为例",载《中国发明与专利》2017年第11期。

题、证据的证明力问题、是否构成侵权等均不属于技术调查官查明的对象。❶ 但是，在技术类知识产权案件中，技术事实与法律问题往往交织在一起。比如，在专利侵权诉讼案件中，根据权利要求书和说明书确定专利权的保护范围，这绝非单纯的技术事实查明问题，其还需要法官根据《专利法》的精神、该技术的可创新空间、所涉及行业的竞争状况等因素综合确定专利权的保护范围。❷ 因此，法官在申请技术调查官参与诉讼活动时，首先应当区分哪些属于技术事实，在此基础上将需要予以查明的技术事实问题交由技术调查官进行审查，以保障技术调查官"到位而不越位"，避免造成越俎代庖的后果。

技术类知识产权案件具有很强的专业性，不仅涉及复杂的技术问题，还与法律问题交织在一起，❸ 这使得该类案件的事实查明问题变得异常困难。❹ 在技术类知识产权案件的审判中引入技术调查官已经成为世界上主要国家所采用的方式。❺ 实践表明，技术调查官制度在提高技术类知识产权案件审判效率方面取得了良好的效果，技术调查官能够弥补法官在技术专业知识上的不足，帮助法官深入理解涉案技术问题，从而在审判中能够准确把握争议焦点，以提升裁判的正确性与信服力。❻

2019年通过的《最高人民法院关于技术调查官参与知识产权案件诉讼活动的若干规定》（以下简称《若干规定》）对技术调查官制度进行了全新安排。但现行的交流和兼职式技术调查官的弊端十分明显，技术调查官的设置方式值得进一步反思，技术调查意见是否公开有待进一步考量，与其他技术事实查明机制的衔接尚需进一步澄清。鉴于我国目前技术调查官制度存在的现实问题，在知识产权法院建设过程中应当进一步完善技术调查官制度。

---

❶ 李响："知识产权审判中的技术调查官制度刍议"，载《南京大学学报（哲学·人文科学·社会科学）》2017年第6期。

❷ 许波、仪军："我国技术调查官制度的构建与完善"，载《知识产权》2016年第3期。

❸ 李明德："关于我国知识产权法院体系建设的几个问题"，载《知识产权》2018年第3期。

❹ 张玲玲："完善我国知识产权法院体系的初步构想"，载《知识产权》2018年第3期。

❺ 于凯旋："我国建立知识产权法院，谱写知识产权改革新篇章"，载《电子知识产权》2015第Z1期。

❻ 易玲："论知识产权法院体系的健全及其优化路径"，载《湖南大学学报（社会科学版）》2016年第6期。

二、优化技术调查官任职与设置的方式

（一）按需设置技术调查官

如前所述，在技术类知识产权案件的审判中，查明技术事实是法官准确适用法律的前提和基础。技术调查意见对于法官确定技术争议焦点、查明技术事实至关重要，这就需要一支专业的、稳定的技术调查官队伍专门负责技术事实查明工作。我国实践表明，交流和兼职技术调查官不利于技术调查工作的稳定性和持续性，不利于技术类知识产权案件审判中技术事实查明工作的开展。但是，如今各级人民法院的人事编制数量非常有限，在国家"简政放权、精简机构和人员"的背景下，大量增加专职技术调查官的数量并不现实。当下，我国应当合理增加专职技术调查官的数量，以专职技术调查官带动兼职技术调查官的技术调查工作。合理增加专职技术调查官的数量，一方面便于法官与技术调查官之间就涉案技术事实问题进行沟通和交流，使技术调查官在案件的取证、证据保全、勘验等诉讼活动中做到"随叫随到"成为可能，同时也便于技术调查室对技术调查官的管理和考核；另一方面，聘用的专职技术调查官长期任职于人民法院，有助于技术调查官技术事实查明工作的经验积累以及审查能力、业务素质的持续提高，从长远来看有助于培养和建立专业化的技术调查官队伍。另外，因编制数量有限，人民法院可能需要聘任大量的兼职技术调查官，这些兼职技术调查官虽然是某技术领域的技术专家，但其法律知识较为薄弱，故技术调查室应当加强兼职技术调查官的管理，系统地对其进行法律知识培训，让其熟练掌握参与庭审的程序和规范、技术审查意见撰写步骤等内容，以充分发挥兼职技术调查官在案件技术事实查明中的作用。❶

《若干规定》规定了全国法院技术调查官资源共享，但各个法院具体如何设置技术调查官尚需要在实践中探索。诚然，各级法院应当根据本辖区技术类知识产权案件审理的实际需要设立技术调查官，包括技术调查官的数量和所覆盖的技术领域，相关案件较多的法院及技术领域可以设立技术调查官。相反，案件较少的法院或技术领域则可以根据案件审判需要向上级法院

---

❶ 黄玉烨、李青文："知识产权审判中技术调查官的困境与出路——兼评《最高人民法院关于技术调查官参与知识产权案件诉讼活动的若干规定》"，载《电子知识产权》2019年第8期。

申请调派技术调查官参与诉讼。既然各个法院根据"自己"的需要来设立技术调查官,那么上级人民法院就应当做到"统筹兼顾",应当统筹考虑本辖区范围内技术类知识产权案件的数量、所涉及的技术领域以及本辖区下级法院技术调查官的设立情况。在此基础上,如果某技术领域的案件较多,在本辖区内又无适格的技术调查官可供调配,则可以在该技术领域设立技术调查官。另外,最高人民法院应当统筹全国法院技术调查官的设立情况,确保在全国范围内每个技术领域均有相应的技术调查官,案件较少的技术领域至少有一名技术调查官,当然其并不一定设在最高人民法院。随着技术调查官这一职务由知识产权法院走向全国所有有权审理技术类知识产权案件的法院,适当增加技术调查官的数量、合理布局技术调查官所覆盖的技术领域将是近年来完善技术调查官制度的重要任务。

知识产权法院是法官审理技术类案件、解决技术类纠纷的地方,而非全国不同技术领域的技术人员"开年会"的场所,技术调查官作为知识产权法院的一类常职工作人员,数量不宜过多。但是,现在技术分工很细,技术发展越来越精密,此技术领域的专业人员可能完全不了解彼技术领域的技术知识,甚至同一技术领域的专业人员对本领域不同方向的技术也可能知之甚少。技术调查官作为技术事实的审查专家,复杂多样的技术类案件纠纷在客观上要求技术调查官的人员配置涵盖所有的技术领域,甚至所有领域的技术方向,但这并不现实。

为了解决技术调查官的数量与案件涉及的技术领域之间的矛盾,2003年日本建立专门委员制度,专门委员均为各个技术领域的"第一人",其与法官、技术调查官一起审理技术类案件,主要负责说明所涉及技术领域的最新技术发展情况、指出当事人主张的可疑之处、明确争议焦点。如今,日本知识产权高等法院任命的专门委员数量已达到200多人。❶我国刚刚建立技术调查官制度,再立刻成立像日本那样的专门委员制度并不现实,但是可以考虑合理增加兼职技术调查官的数量,至少涵盖所有的技术领域,并且针对案件较多的技术领域,可以配备多名技术调查官,以保证此类案件能够由熟知该技术方向的技术调查官进行审查,在涉及重大、疑难、复杂案件的技术事

---

❶ [日]田村善之著,何星星、巢玉龙译:"日本知识产权高等法院研究",载《科技与法律》2015年第3期。

实查明时，也使由同一领域的多名技术调查官进行技术事实审查成为可能。在选任技术调查官时，还应当明确其应当具备或达到的技术水平，或者明确其应当对该领域技术掌握的程度，向当事人明示技术调查官能够胜任涉案技术事实的查明工作，以此增加审查意见的说服力和信服力。❶

（二）按照二级学科类别设立子专家库

在实践中，设立技术调查官的人民法院均应当设立技术调查室，统一负责技术调查官的管理、培训、调遣等工作。因知识产权案件所涉及的技术领域众多，为了方便技术调查室能够将涉案技术与该技术领域的技术调查官进行迅速、准确的匹配，在技术调查室内应当按照一级学科类别设立专家库，专家库下面按照二级学科类别设立子库，比如机械类技术专家库应当包含机械制造及其自动化技术子库、材料工程技术子库、机械电子工程技术子库等等。这样一来，各人民法院聘任的技术调查官均按照其所擅长的二级学科类别归入某技术专家库的子库之中，法官在审理案件时认为需要技术调查官查明某项技术事实，直接通知技术调查室，由技术调查室按照涉案技术所属的领域及其二级学科，从相关的专家子库中调遣技术调查官参与案件审理。这种设立专家库的形式极大地方便了技术调查官的指派和调遣，有利于增强技术调查室对技术调查官的管理，对于我国建立体系化、规范化的技术调查官制度亦大有裨益。

三、适度公开技术调查意见

设置技术调查官制度的初衷是帮助法官查明案件事实，其参与案件审理活动理应无须当事人同意，《暂行规定》也明确规定了这一点，只要法官认为案件审理有此需要便可通知技术调查官参与诉讼活动。但不可否认，技术类案件的当事人更了解涉案技术的情况，在诉讼过程中当事人举证、质证等目的也是向法官厘清和还原案件事实。当双方当事人各执一词时，技术调查官便成为当事人托付信任的对象，故应当赋予当事人申请技术调查官进行技术审查的权利，并规定其适用情形和程序。比如，在双方当事人对技术事实争

---

❶ 黄玉烨、李青文："知识产权审判中技术调查官的困境与出路——兼评《最高人民法院关于技术调查官参与知识产权案件诉讼活动的若干规定》"，载《电子知识产权》2019 年第 8 期。

议较大时,一方可以向法院申请由技术调查官对涉案技术事实进行审查,法院审查后根据案件情况作出是否准许的决定。即使技术调查官是法官依职权通知其参与诉讼活动的"中立"技术事实查明专家,也应当赋予当事人申请更换的权利。比如,在当事人有正当理由认为法官指派的技术调查官不能胜任技术审查工作时,可以依照相应的程序申请更换该人员。在技术类知识产权案件诉讼中,赋予当事人申请和更换技术调查官的权利,当技术调查官的审查意见与当事人的意见存有分歧时,明确法官如何查明技术事实的机制,其目的在于增加当事人对技术调查官审查意见的信服力,提高案件的审判效率,保障技术类案件审判的公平和公正。❶

技术类知识产权案件中技术调查意见的内容主要为与查明技术事实相关的内容,其大部分内容依据已有证据材料或者案件所涉技术领域中的公知参考资料和观点而形成,这些内容和依据该内容作出的结论或意见具有客观性,这就决定了技术调查意见可以在一定范围内向各方当事人公开并接受其质询。公开技术调查意见并接受质询是技术调查工作中立性、公开性和司法公信力的内在要求。技术调查官虽然是某技术领域的"专家",但其知识产权水平仍然有限,不一定能够完全了解和掌握当事人在研发团队通过多次实验而发明的技术。通过公开技术调查意见并接受各方当事人的质询,可以弥补技术调查官在技术调查意见中的知识漏洞,修正技术调查官的知识偏见,纠正技术调查意见的明显错误和缺陷,从而在最大程度上保障技术调查意见的客观性和中立性。当然,技术调查意见的公开是一定范围内的公开、适度公开,而非全部公开。技术调查意见中对技术专业术语的理解、对所涉技术领域公知常识的解读等技术事实认定所依据的证据材料可以公开,并允许当事人进行质询和纠正;技术调查意见中对技术启示的认定、权利要求的范围理解等对技术事实问题的结论性意见则不宜公开。通过适度公开技术调查意见,使当事人能够明确法官裁判的事实依据,增强当事人对法官裁决的信服力,以此来树立和维护司法公信力。❷

---

❶ 李昌超:"我国技术调查官制度的逻辑生成及制度前景",载《河南大学学报(社会科学版)》2017年第4期。

❷ 北京知识产权法院:《技术调查官制度创新与实践》,知识产权出版社2019年版,第76-80页。

四、调整其他技术事实查明机制的应用规则

（一）技术调查官制度与其他技术查明制度的比较

为了查明涉案技术事实，我国建立了多种技术查明机制，它们在技术类知识产权案件的审判中发挥了重要作用，但其在实践中暴露出来的缺陷也非常明显。

1. 技术鉴定人制度

在我国民事诉讼中，技术鉴定大体可以分为两类：一是当事人自行委托鉴定机构进行鉴定；二是当事人申请、法院委托鉴定机构进行鉴定。❶2000年11月，司法部颁布《司法鉴定执业分类规定》，将司法鉴定机构改由社会中介机构运营，并规定了知识产权司法鉴定的内容和范围❷。知识产权司法鉴定制度的缺陷非常明显：一方面，技术司法鉴定的时间长、成本高，而且并非所有案件涉及的技术事实争议都能找到合适的鉴定机构；❸另一方面，司法鉴定机构作为一种社会中介服务机构，以盈利为目的，特别是在当事人申请鉴定的案件中，其具有严重的利益倾向，鉴定活动不规范，弄虚作假现象多发，致使司法鉴定结果和鉴定意见并不能令对方当事人和法官信服，多次鉴定、重复鉴定等现象严重影响技术司法鉴定的公信力。❹

相较而言，技术调查官制度很好地克服了上述缺陷。其一，技术调查官是法院的在编工作人员，并不以营利为目的，在技术审查中其不具有利益倾向，能够保证审查结果和意见的中立、公正；其二，技术调查官常驻法院，方便其就案件的相关技术问题与法官及时沟通，节省了法官查明技术事实所耗费的时间；其三，技术调查官查明技术事实所需要的经济成本较低。❺

---

❶ 孙海龙、姚建军："司法鉴定与专家辅助人制度研究——以知识产权审判为视角"，载《人民司法》2008年第3期。

❷ 《司法鉴定执业分类规定》第16条。

❸ 姚志坚、柯胥宁："知识产权专家陪审制度的检视与完善"，载《人民司法（应用）》2018年第13期。

❹ 李旭颖："专利技术类案件司法鉴定问题及解决路径分析——基于最高院34份判决的实证考察"，载《广西政法管理干部学院学报》2016年第6期。

❺ 黄玉烨、李青文："识产权审判中技术调查官的困境与出路——兼评《最高人民法院关于技术调查官参与知识产权案件诉讼活动的若干规定》"，载《电子知识产权》2019年第8期。

2. 专家辅助人制度

在美国，专家辅助人也即"技术专家"对于案件技术事实的查明具有重要作用。❶ 在诉讼中，技术专家协助律师审查涉案专利是否有效、被告是否侵犯专利以及当专利权边界不明确时，一种解释在多大程度上优于另一种解释。❷ 但是，技术专家发挥的作用非常有限。一方面，陪审员认为其具有利益倾向性，其证言的证明力大打折扣；另一方面，并非所有的专利诉讼律师都高度重视技术专家的证言。❸

在我国，专家辅助人又被称为"具有专门知识的人"，2012年《民事诉讼法》和《刑事诉讼法》均规定"当事人可以申请法庭通知有专门知识的人出庭"。在知识产权案件的审判中，专家辅助人的作用是"就鉴定意见或者专业问题提出意见"，其目的在于查明案件事实。但是，当事人聘请的专家辅助人往往不愿意出庭作证；即使出庭作证，由于其具有明显的利益倾向性，导致其发表的意见难以被法官采信。❹ 相比之下，技术调查官所得出的调查意见更为客观、中立。

3. 专家陪审员制度

专家陪审员凭借自身的专业知识来分析审判中的证据和理论。❺ 我国于20世纪末就建立了专家陪审员制度，与技术调查官不同，专家陪审员通过人民陪审制度参与诉讼，与法官共同对案件进行合议和审判。❻ 但是，根据《民事诉讼法》的规定，专家陪审员只能参与一审案件的审理，如此一来，四家知识产权法院和最高人民法院知识产权法庭所审理的二审知识产权民事和行

---

❶ Gugliuzza R.Paul，Rethinking Federal Circuit Jurisdiction，Georgetown Law Journal，Vol.100，Issue 5（June 2012），pp.1437-1506.

❷ See Poplawski G.Edward，Selection and Use of Experts in Patent Cases，AIPLA Quarterly Journal，Vol.27，Issue 1（Winter 1999），pp.1-48.

❸ Hall Laura，Technical Experts in Patent Trials：A Psychological Perspective，AIPLA Quarterly Journal，Vol.39，Issue 2（Spring 2011），pp.195-224.

❹ 管育鹰："关于我国知识产权司法保护战略实施的几点思考"，载《法律适用》2018年第11期。

❺ Liska A.Kristin，Experts in the Jury Room：When Personal Experience Is Extraneous Information，Stanford Law Review，Vol.69，Issue 3（March 2017），pp.911-940.

❻ 徐雁："论我国知识产权专家参审制度之完善"，载《东南司法评论》2012年第1期。

政案件，均不能有专家陪审员的参加，这极大地限制了专家陪审员参与案件的范围。另外，技术类知识产权案件纠纷所涉及的争议焦点不仅是技术事实，还包括是否构成侵权、实际损失、法律适用等其他事实的认定，而专家陪审员作为技术专家，对此类问题可能并没有深刻的认知，其参与案件的合议可能会影响裁判结果的客观性。[1]

不可否认，技术鉴定人制度、专家辅助人制度和专家陪审员制度作为审理技术类知识产权案件中的技术事实查明机制，均有各自的优势。比如，技术鉴定人的专业化更强，专家辅助人制度可以节约司法成本，专家陪审员可以在法庭上对司法鉴定意见进行有效监督，等等。[2]这些技术查明机制的优势为弥补技术调查官制度的不足提供了一种思路。

（二）协调技术调查官制度与其他技术事实查明机制的关系

有学者主张，技术调查官制度与司法鉴定、专家辅助人、专家陪审员等技术事实查明机制可以优势互补、相得益彰，共同解决知识产权案件审判中的技术事实查明问题。[3]这不失为弥补技术调查官制度缺陷的一种策略，但其并不能从根本上解决技术调查官制度与其他技术事实查明制度之间的衔接问题。技术调查官制度与司法鉴定、专家辅助人、专家陪审员等事实查明机制并存，必然造成适用上的交叉和重叠，这是对资源的浪费，同时增加了当事人的诉讼成本，还容易导致意见或者结论不一致而产生的矛盾与冲突，不利于案件审判效率的提高和纠纷的及时解决。欲从根本上解决技术调查官制度与其他技术事实查明制度之间的冲突，充分发挥技术调查官制度的作用，还需要在有限适用专家陪审员制度的同时，明确技术调查官的调查意见与专家证人证言、司法鉴定意见之间的效力等级。

---

[1] 何晓行、齐焱："我国知识产权诉讼技术事实查明制度研究"，载《重庆科技学院学报（社会科学版）》2018年第2期。

[2] 王小怡、杜志淳："专家陪审员制度研究"，载《中国司法鉴定》2015年第1期。

[3] 杜颖、李晨瑶："技术调查官定位及其作用分析"，载《知识产权》2016年第1期；张玲玲："我国知识产权诉讼中多元化技术事实查明机制的构建——以北京知识产权法院司法实践为切入点"，载《知识产权》2016年第12期。

1. 限制专家陪审员参与技术类知识产权一审案件的审理

专家陪审员凭借自身的专业知识来分析审判中的证据和理论。❶根据《民事诉讼法》的规定，专家陪审员只能参与一审案件的审理，最高人民法院知识产权法庭审理的二审知识产权民事和行政案件中依法不能有专家陪审员参加。因技术类知识产权案件纠纷所涉及的争议焦点不仅仅是技术事实，还包括是否构成侵权、实际损失、法律适用等其他事实的认定，而专家陪审员作为技术专家，对此类问题可能并没有深刻的认知，其参与案件的合议可能会影响裁判结果的客观性。❷所以，对于最高人民法院知识产权法庭审理的全国范围内重大、复杂的技术类案件也应当限制专家陪审员的参加。

2. 明确技术调查官调查意见的效力高于司法鉴定意见、专家证人证言的效力

司法鉴定机构作为一种社会中介服务机构，以盈利为目的，特别是在当事人申请鉴定的案件中，具有严重的利益偏向，致使司法鉴定结果和鉴定意见并不能令对方当事人和法官信服。❸专家辅助人又被称为"具有专门知识的人"，其作用是"就鉴定意见或者专业问题提出意见"。但是，当事人聘请的专家辅助人由于具有明显的利益倾向性，导致其发表的意见难以被法官采信。❹相较而言，技术调查官制度很好地克服了上述缺陷。因此，最高人民法院知识产权法庭在审理技术类案件时，若当事人申请了司法鉴定或者通知有关专家证人出庭作证，法官通知了技术调查官参与诉讼，两者意见不一致时应当认定技术调查官调查意见的效力高于司法鉴定意见的效力。

---

❶ Liska A.Kristin, Experts in the Jury Room: When Personal Experience Is Extraneous Information, Stanford Law Review, Vol.69, Issue 3（March 2017），pp.911-940.

❷ 何晓行、齐焱："我国知识产权诉讼技术事实查明制度研究"，载《重庆科技学院学报（社会科学版）》2018年第2期。

❸ 李旭颖："专利技术类案件司法鉴定问题及解决路径分析——基于最高院34份判决的实证考察"，载《广西政法管理干部学院学报》2016年第6期。

❹ Liska A.Kristin, Experts in the Jury Room: When Personal Experience Is Extraneous Information, Stanford Law Review, Vol.69, Issue 3（March 2017），pp.911-940.

五、明确技术调查官的权利和义务

（一）明确技术调查官有权决定是否接受技术审查的权利

技术调查官纵使是某技术领域的专家，在该技术领域其也可能存在知识的"盲区"。技术调查官作为社会中的一员，其定与其他社会成员之间存在多种社会关系，这些因素均表明技术调查官并不适合参与所有相关案件的技术事实审查。当技术调查官因自身技术知识所限、与案件有利害关系等不能胜任或者不适合由其进行技术审查时，应当享有不接受某案件技术事实审查的权利。赋予技术调查官拒绝接受某些案件技术审查的权利，并不意味着其可以拒绝所有案件的技术事实审查工作，只有当其不能胜任或者与案件具有利害关系等可能影响其审查意见公正性的情况下，才可以不接受技术审查工作；若以案件复杂、技术事实查明耗时长等原因拒绝审查，则不应当被准允。

另外，既然技术调查官的设立以"兼职为主、专职为辅"，专职技术调查官的报酬按照国家公务员的标准执行，最高人民法院知识产权法庭重点应当保障兼职技术调查官获得合理报酬的权利。确定兼职技术调查官的报酬应当综合考虑技术审查的难易程度、所耗费的时间等因素，按件支付报酬。❶

（二）明确技术调查官的义务

一旦技术调查官接受了案件技术审查的工作，就应当尽职尽责、公平、公正地审查涉案技术事实，客观出具审查意见，并且负有出庭接受当事人询问的义务。对于技术秘密案件中的技术审查，技术调查官还负有保密义务。

六、健全和完善技术调查官的管理、培训等机制

技术调查官制度在我国实施以来，我国还未出台统一的关于技术调查官管理的规范性文件，至今也没有形成统一的关于技术调查官的培训、考核和晋升机制，❷这不利于技术调查官知识的更新，也不利于调动他们工作的积极

---

❶ 黄玉烨、李青文："知识产权审判中技术调查官的困境与出路——兼评《最高人民法院关于技术调查官参与知识产权案件诉讼活动的若干规定》"，载《电子知识产权》2019年第8期。

❷ 仪军、李青："我国知识产权领域技术调查官选任问题探析"，载《专利代理》2017第1期。

性。若不能把技术调查官当作一种职业而长期从事，则会导致技术调查官系统内人员"更新"频繁的后果，从而阻碍技术调查官制度作用的发挥。

为充分实现设置技术调查官制度的目的，保障技术调查官制度的有效运行，我国应当健全和完善技术调查官的管理、培训、晋升和考核机制。首先，尽快制定和出台全国性的技术调查官管理规范文件，以弥补技术调查官管理制度方面的空白，加强对技术调查官行为的管理，统一管理标准。其次，制定长期的技术调查官培训机制，重视其技术知识的更新，增加其与一线技术人员交流的机会，培养其对前沿技术的敏感度，加强对技术调查官相关法律知识的培训，提高其公平、公正的法律理念。再次，建立科学的考核机制，从多个指标对技术调查官进行全方位考核，不仅要考虑其参与案件的数量，还应当考虑案件的难易程度、审查案件所花费的时间等因素，明确通过考核的奖励办法和未通过考核的惩罚标准。最后，建立技术调查官的晋升机制，针对技术调查官设立全国性的职称评审办法和评审机构，真正把技术调查官当成一种职业，调动其积极性，激发他们从事技术事实审查工作的热情。❶

世界各国和地区设有不同的技术事实查明机制。英国设有技术陪审员制度，❷美国设有专业法官（professional judges）制度，美国联邦巡回上诉法院6名法官具有技术背景。❸德国联邦专利法院审理专利案件的合议庭由5名法官组成，包括3名技术法官和2名具有法律知识背景的法官。❹除德国之外，瑞典、瑞士和丹麦等国家的专门专利法院也均配有技术法官。韩国、日本和我国台湾地区均在其专门法院设置了技术调查官。❺不同国家和地区的技

---

❶ 杨海云、徐波："构建中国特色的技术事实查明机制——走'技术调查官制度为主、技术法官制度为辅'的机制之路"，载《中国司法鉴定》2015年第6期。

❷ Taylor Catherine, The Cessation of Innovation: An Inquiry into Whether Congress Can and Should Strip the Supreme Court of Its Appellate Jurisdiction to Entertain Patent Cases, Chicago-Kent Law Review, Vol.92, Issue 2（2017）, pp.679-712.

❸ Ivkovic Sanja Kutnjak, Exploring Lay Participation in Legal Decision-Making: Lessons from Mixed Tribunals, Cornell International Law Journal, Vol.40, Issue 2（Spring 2007）, pp.429-454.

❹ Suthar S.Rishi, What Jury-A New Approach to Obviousness after KSR v.Teleflex, Journal of Intellectual Property Law, Vol.18, Issue 1（Fall 2010）, pp.295-324.

❺ 金珉徹："韩国专利法院的建立、现状与未来"，载http：//www.sipo.gov.cn/gwyzscqzlssgzbjlxkybgs/zlyj_zlbgs/1062610.htm，最后访问日期：2019年11月25日。

术事实查明机制具有不同的特点,并且各国仍在司法实践中不断对其完善和发展。目前,技术事实查明机制主要形成了三种方式:第一,专家陪审员制度,包括在适当的情况下扩展合议庭;第二,特邀科学技术咨询专家或专家证人制度;第三,技术调查官制度。在建立知识产权法院之际,我国借鉴日本、韩国等国家的做法,建立了技术调查官制度,该制度作为知识产权法院的一项特色制度,其功能的发挥关系着知识产权法院运作的成败。❶ 自技术调查官制度实施以来,其在技术类知识产权案件诉讼中帮助法官查明技术事实、解决纠纷的努力和成效值得肯定。针对技术类案件技术事实查明难的问题,建立健全技术事实查明机制,探索在编制内按照聘任等方式选任、管理技术调查官,细化选任条件、任职类型、职责范围、管理模式和培养机制。探索形成包括知识产权司法鉴定、专家技术咨询、专家辅助人出庭、专家陪审员参审、技术调查官出具意见等多渠道、多维度的技术事实查明机制,提高技术事实查明的科学性、专业性和中立性,规范技术调查报告的撰写格式和采信机制。科学发展、合理布局技术调查官队伍,研究制定规章制度,明确技术调查官的申请、协调、派出等工作流程和工作规范。对于辅助法官形成心证并与裁判结果有重要关联性的技术调查意见,可以通过释明等方式向当事人适度公开,强化法官在查明技术事实中的主导作用,规范技术调查主体提供的各种技术审查意见的法律定位。

第二节 培养复合型知识产权法官人才

目前,我国正在逐步建立审判机构专门化、审判人员专职化和审判工作专业化的知识产权案件审判体系。知识产权专业审判队伍不仅要求法官具备精湛的法律知识,还要求法官了解基本的技术知识。但是,在我国目前的法学教育体系下,无论是本科教育还是研究生教育,均难以培养出兼具法律和技术知识的复合型人才。

---

❶ 陈磊:"技术调查官制度之实务运作及精进措施——当事人诉讼程序保障之维度",载《新疆大学学报(哲学·人文社会科学版)》2017年第1期。

一、现状：我国复合型知识产权审判人才缺口明显

探讨复合型知识产权审判人才的培养问题首先应当了解我国知识产权审判人才的现状。现阶段，我国法院系统中兼具法律和技术知识的复合型审判人才十分匮乏，这给技术类知识产权案件的专业化审判带来了巨大挑战。

（一）审理技术类知识产权案件的法官应当兼具法律和技术知识

"以事实为依据，以法律为准绳"是人民法院审理案件的基本准则，其中查明案件事实是准确适用法律的前提。知识产权案件之疑难在于其与技术有着千丝万缕的联系，知识产权案件之复杂在于其涉及技术和法律等多方面的问题。在技术类知识产权案件审判过程中，查明涉案技术事实是准确适用法律解决纠纷的前提和基础。

法官并非"通才"，虽然其熟练掌握法律知识，也有部分法官略知某技术领域的基础性技术知识，但并非所有的法官都了解和掌握某领域的技术知识，更鲜有法官熟练掌握所有领域的技术知识。虽然我国建立了技术调查官制度，由其协助法官查明涉案技术事实。但是，根据2019年的《若干规定》，技术调查官属于"审判辅助人员"，而非合议庭组成人员，其对案件的事实认定和法律适用不享有表决权。根据《若干规定》，技术调查意见不向当事人公开，当事人无法对技术调查官的意见进行质询、辩论或解释说明。在这种情况下，如果审理技术类知识产权案件的法官完全不具备自然技术领域的知识，则其只能根据技术调查意见来认定涉案技术事实。并且，如果不了解技术术语的基本含义、技术发明创造原理或技术特征，那么法官事实上不具备判断涉案技术特征是否相同、被告实施的技术是否落入原告的专利保护范围之内的能力，其只能指派技术调查官查明涉案技术事实并作出判断，然后形式上由合议庭将技术调查意见上升为法院查明的"法律事实"。这实际上将裁判案件事实的权力让渡给了技术调查官，技术调查官不再是审判"辅助"人员，而成为案件事实的"裁判"人员，显然不符合技术调查官的法律定位。在技术类知识产权案件的审判过程中，法官既是涉案技术事实的认定者，也是法律规则的适用者，技术调查官的作用仅在于利用自己的专业技能"辅助"

法官查明技术事实，其在法律上应为法官查明案件技术事实的"助手"。❶ 如果审理技术类知识产权案件的法官不具备技术知识，完全交由技术调查官查明案件技术事实，那么法官与技术调查官的关系将不再是"辅助"与"被辅助"的关系，技术调查官实际上架空了法官查明案件技术事实的权力和职责。

为了避免法官将查明涉案技术事实的权力让渡给技术调查官，法官应当具备基本的技术知识。在技术类知识产权案件中，技术事实与法律问题往往交织在一起，例如，在专利侵权诉讼案件中，根据权利要求书和说明书确定专利权的保护范围绝非单纯的技术事实查明问题，还需要法官根据《专利法》的精神、涉案技术的可创新空间、所涉及行业的竞争状况等因素综合确定专利权的保护范围。❷ 因此，法官在指派技术调查官参与诉讼活动时，首先应当区分法律事实和技术事实，在此基础上将需要予以查明的技术事实问题交由技术调查官进行审查。经过技术调查官的讲解和说明，法官应当能够了解涉案技术的特征，正确理解技术特征之间的内在关联性，精确解读技术事实对于解决技术问题的证明力，客观、公正地对涉案技术事实作出法律上的判断。当然，要求审理技术类知识产权案件的法官在某个或者某些领域内具备精深的、渊博的技术知识并不现实，但是，其应当具备基本的、一般的技术知识，对涉案技术事实拥有自己的理解和判断，仅将个别、疑难的技术特征比对交由技术调查官予以查明或解释，或者指派技术调查官确认、证实或纠正自己对涉案技术特征的理解，从而正确发挥技术调查官在技术类知识产权案件审判过程中的"辅助"作用。

（二）我国法院系统中严重缺乏兼具法律和技术知识的法官

审理技术类知识产权案件的核心在于查明技术事实。❸ 特别是在涉及专利、商业秘密、集成电路布图设计等技术类案件的审判过程中，技术事实属于案件事实的一部分，查明技术事实对案件的裁判结果具有决定性影响，是

---

❶ 郑志柱、林奕濠："论技术调查官在知识产权诉讼中的角色定位"，载《知识产权》2018年第8期。

❷ 许波、仪军："我国技术调查官制度的构建与完善"，载《知识产权》2016年第3期。

❸ 刘强、汪永贵："知识产权司法审判的商事化改革"，载《湖南大学学报（社会科学版）》2019年第1期。

审理此类案件的关键之所在。❶ 但是，我国绝大多数知识产权案件的主审法官缺乏技术类专业教育背景，他们多为"法律精英"，却不具备医学、机械、化学、生物等自然科学领域的知识，这导致法官对于技术事实的认定和查明显得力不从心。

2012 年四川省高级人民法院院长在《关于知识产权审判工作的情况报告》中指出："全省既懂法律又懂科技的复合型审判人才相对匮乏，133 名知识产权法官中具有理工科专业技术知识背景的仅 10 余人，亟需打造和培养一批知识结构合理、适应知识产权审判专业化需求的高端人才。"❷2013 年年底，北京市高级人民法院和第一中级人民法院共配备了知识产权法官 60 人，其中具有理工科背景的法官比例非常低，只有 11 人。2014 年北京知识产权法院成立，其专利案件审判团队中仅有 8 名法官具有理工科背景。2018 年江苏省高级人民法院在《江苏法院知识产权司法保障科技创新情况通报》中强调："目前全省仅有 20 余位知识产权法官具有机械、化学、计算机、无线电通讯等领域的技术背景。"❸2018 年年底至 2019 年，最高人民法院知识产权法庭成立前后，罗东川副院长在多个场合表示："最高人民法院知识产权法庭选拔的第一批法官不到 30 位，其中仅三分之一的法官具有理工科背景。"❹ 上述数据说明，目前我国有权审理知识产权案件的法院中兼具法律和技术知识背景的审判人才数量严重不足。

诚然，我国多数法院已经意识到上述问题，因而在知识产权法官的聘用和选拔方面更加重视兼具法律和技术知识的人才。例如，2018 年 12 月最高人民法院发布的《面向社会公开选拔知识产权法庭高级法官公告》虽然未明

---

❶ 宋汉林："知识产权诉讼中的技术事实认定——兼论我国知识产权诉讼技术调查官制度"，载《西部法学评论》2015 年第 5 期。

❷ 四川人大网："四川省高级人民法院关于知识产权审判工作的情况报告"，载 http://www.scspc.gov.cn/html/cwhgb_44/201204/2013/0320/69290.html，最后访问日期：2019 年 12 月 15 日。

❸ 江苏法院网："江苏法院知识产权司法保障科技创新情况通报"，载 http://www.jsfy.gov.cn/art/2018/02/28/25_93496.html，最后访问日期：2019 年 12 月 15 日。

❹ 新民网："最高人民法院知识产权法庭即将挂牌"，载 https://baijiahao.baidu.com/s?id=1621189520835604139&wfr=spider&for=pc，最后访问日期：2019 年 12 月 15 日；中国新闻网："最高法：建立知识产权法庭有利于统一裁判标准和尺度"，载 https://baijiahao.baidu.com/s?id=16211952682739 79219&wfr=spider&for=pc，最后访问日期：2019 年 12 月 15 日。

确将具备理工科教育背景作为选拔知识产权法官的必要条件，但是要求参加选拔的律师和专利代理人应当具有独立办理重大疑难复杂案件的能力或专利代理能力，并且执业经验丰富，能够胜任专利等技术类知识产权案件的审判工作。目前，我国严重缺乏兼具法律和技术知识的人才，真正能够胜任专利等技术类知识产权案件审判工作的人才少之又少，归根结底，这与我国现行的法学教育体制密切相关。

二、因由：现行教育体制难以培养出复合型知识产权审判人才

在我国，兼具技术知识和法律知识的知识产权人才培养主要有四种方式：第一，本科以理工科专业为主，同时辅修了法学双学位，或者本科主修法学专业，同时辅修了理工科双学位；第二，本科是理工科专业，硕士研究生是知识产权法等法学相关专业；第三，在知识产权本科专业的培养方案中增设理工科基础知识的必修课程；第四，通过自己学习等方式同时掌握理工科知识和法律知识。❶ 本书重点讨论前三种类型的知识产权人才培养方式。

对于法律从业者而言，最重要的是具备法律思维。法律思维对于知识产权法官而言至关重要。作为法律职业者的特定思维方式，法律思维是法律人按照法律的逻辑思考、分析和解决问题的思维方式。法律思维并非所有法官乃至法律人思维的最大公约数或者交叠共识，而是高于法律人平均水平的规范性的思维典范，是理想型法官的思维方式。❷ 法律知识是法律思维形成的基础，法律信仰是法律思维的方向，经验思维方式是法律思维工具要素。❸ 法学教育的宏旨在于培养法律人思维，即"像法律人那样思考"。❹ 法律思维主要是在本科阶段通过法学核心课程的系统学习而逐渐形成的。在我国目前的教育体制下，具有理工科背景的学生通过辅修法学双学位或攻读法律硕士（非法学本科）的方式难以形成系统的法律思维。

---

❶ 张勇、杨大伟："'双学位'的合法性探析"，载《上海交通大学学报（哲学社会科学版）》2015年第2期。
❷ 凌斌："如何完善中国法官的法律思维"，载《社会科学文摘》2016年第1期。
❸ 吕翎："成人法学教育中法律思维的培养"，载《中国成人教育》2017年第17期。
❹ 张超："法律人思维、移情与法学教育"，载《法学教育研究》2018年第4期。

（一）法学双学位教育华而不实

双学位是培养复合型人才的重要手段。❶ 对于理工科专业的学生而言，辅修法学双学位是学习法律知识、形成法律思维的有效途径。但是，从目前我国高校教育的现状来看，双学位主要作为高校的"创收项目"，上课时间集中在假期，包括寒假、暑假以及教学周的周末。按照教育部的规定，取得双学位需要修满相应的学分，其学分数量与普通法学本科专业基本相同。因此，法学双学位的课程数量与普通法学本科专业基本无异。若法学双学位在寒假或暑假上课，一门专业课程需要连续上一至两周，紧接着进行结课考试。与普通法学本科专业的学生相比，法学双学位的学生基本上无须花费大量时间来认真复习即可以轻松通过结课考试，从而获得本门课程的学分。因法学双学位教育存在盲目招生、学生的出勤率低、管理松散等问题，❷ 导致学生真正学到的知识非常有限，这大大降低法学双学位教育的含金量。❸ 理工科专业与法学专业在知识结构、知识体系、思维方式等方面相差甚远，加之双学位教育制度本身存在的弊端，导致辅修法学双学位的理工科学生所掌握的法学基本知识很难与主修法学本科的学生相提并论，更不用说法律思维的培养与锻炼了，这也是社会公众、企事业单位等不认可法学双学位的最重要原因。

另外，在实践中本科主修法学专业，同时又自愿、主动辅修理工科专业双学位的学生数量十分稀少。从我国高考志愿填报的情况来看，多数高校的法学专业不再仅限于招收文科生，理科生也有机会填报法学专业。但是，部分理科生之所以报考法学专业，就是为了不再学习高等数学、物理、化学等知识。普通法学本科的学生辅修理工科专业的双学位，想要顺利完成必修课程、拿到学位也绝非易事，其主要原因在于理工科专业的学习一般需要进行

---

❶ 李利荣、吴丹雯、常春、彭凯："关于双学位教育现状的调查研究"，载《教育教学论坛》2014年第9期。

❷ 徐晓颖："法律专业学位研究生的实践教学改革——以北京大学法律硕士（非法学）项目为例"，载《法学教育研究》2019年第4期；赵颖："如何定位'学有余力'？——关于双学位招生和培养的实证研究"，载《教育学术月刊》2018年第4期等。

❸ 张晓报、陈慧青："我国高校双学位教育的困境与出路"，载《黑龙江高教研究》2017年第11期；李莉："我国大学辅修与双学位制改革的回顾与分析"，载《中国高教研究》2009年第1期等。

大量的计算，公式、原理的理解与运用难度远高于法学知识，有的知识原理还需要通过实验来理解和掌握，专业壁垒较难跨越。因此，鲜有法学本科学生自愿、主动辅修理工科专业的实例。

（二）法律硕士（非法学）专业教育收效甚微

在我国目前的法学教育体制下，本科为理工科专业的法律硕士（非法学），其法学知识和法律思维与"双法学"（本科和硕士研究生均为法学专业）的硕士研究生相比存在一定的差距。我国的法学硕士研究生包括三种，即法学学术硕士、法律硕士（非法学）和法律硕士（法学），而本科为理工科专业的学生如果想要报考法学的硕士研究生则只能选择报考前两者。但是，对于法学学术硕士研究生而言，考生一般为本科是法学并且对某个具体的法学二级学科具有特殊的爱好或专长的人，经过本科阶段系统学习法学核心课程，加之研究生初试阶段的精心准备，在硕士研究生入学考试过程中比非法学本科的考生具备很多优势，因此，非法学本科的考生很难入围法学学术硕士研究生的复试，更不用说最后被录取。

如果理工科背景的学生对法学专业着实有浓厚的兴趣，报考法律硕士（非法学）研究生不失为一个理性的选择。法律硕士教育是我国培养法律服务人才的主要方式之一。❶但是，因目前我国高校的法律硕士培养方案尚不完善，导致法律硕士（非法学）的培养质量堪忧。法律硕士（非法学）的生源质量参差不齐，现行法律硕士联考的考查科目不尽合理，❷教育教学相当"敷衍"，培养措施不得力，教师队伍偏重学术型，实务经验丰富者偏少。举例来说，法律硕士（非法学）研究生的基本学制一般为三年，在这期间其不仅需要完成全部法学核心课程以及实务课程的学习，还需要完成实习、毕业论文写作等内容，所以法律硕士（非法学）研究生的教学时间安排相当紧张。此外，对于法律硕士（非法学）教育而言，任课教师也很矛盾，如果任课教师按照本科生的教学模式系统化讲授某门法学课程，则该类学生本身对该门课程并非一无所知；如果按照专题的方式深入讲授某门课程的具体理论

---

❶ 孙昊亮、唐诗："法律硕士研究生培养中双导师制的完善"，载《法学教育研究》2017年第2期。

❷ 戴一飞、邢博特："法律硕士（非法学）专业学位联考的预测效度分析"，载《中国考试》2018年第3期。

知识，则该类学生的法学基础又非常薄弱。在实践中，对于法律硕士（非法学）的课程而言，有的任课教师注重学科基础知识的讲解，有的教师则按照专题的方式深入讲授某个法学问题。在这种培养方式下，直到法律硕士（非法学）研究生毕业之际，其法学知识水平依然没有太大的提高，更谈不上具备系统的法律思维。现实情况折射出我国法律硕士（非法学）教育培养质量不高，远未达到国家要求的高层次的复合型、实务型法律人才的标准。❶

（三）在知识产权本科专业的培养方案中增设理工科课程事倍功半

知识产权本身与科学技术密切相关，特别是专利、集成电路布图设计、植物新品种、技术秘密等，如果知识产权专业的学生完全不了解技术知识，将来难以在专利等技术类知识产权行业中立足。❷因此，2004年我国第一所开始招收知识产权本科生的高校——华东政法大学，在培养方案中除了开设法学基础、民法学总论、物权法学、著作权法、专利法等法学课程外，还开设了高等数学、大学物理、大学化学、现代生物基础、机械识图等理工科课程，以期通过该方式让知识产权本科专业的学生掌握物理、化学、生物和机械等自然科学领域的基本知识。但是，每门理工科课程仅开设一个学期，学时数量较少，同时，因物理、化学和生物等理工科知识的学习和掌握需要一定的基础，而当时报考知识产权本科专业的学生多为文科生，物理、化学和生物等基础较为薄弱，因此，经过一个学期的学习之后，该类学生依然难以掌握物理、化学等理工科的基本知识。经过多年的实践，华东政法大学逐渐意识到在知识产权本科专业的培养方案中增设理工科课程并不能培养出兼具法律和技术知识的知识产权复合型人才，故在2015年的知识产权本科专业培养方案中完全取消了理工科课程的设置。

截至2020年年初，我国已有包括华东政法大学、华南理工大学、中国计量大学等在内的88所高校开设了知识产权本科专业，其中部分高校仍然在知识产权本科专业的培养方案中设置了理工科课程，例如，重庆理工大学知

---

❶ 邱国侠、程翔："法律硕士（非法学）培养质量审视"，载《合肥工业大学学报（社会科学版）》2018年第6期。

❷ 李艳："论知识产权法本科实践教学的实施"，载《法学教育研究》2016年第1期。

识产权本科专业的课程结构包括三部分：一是法学类课程，包括法理学、刑法、著作权法、商标法等；二是管理类课程，包括管理学、知识产权管理、知识产权运营、知识产权评估、知识产权许可、专利文献检索与分析等；三是理工基础类课程，包括高等数学、工程制图、机械工程材料、机械设计基础等。西南科技大学的知识产权本科专业的主干学科是法学和工学，专业主干课程中设有图形创意、工程制图等理工科课程。重庆交通大学在知识产权本科专业的培养方案中设置了高新技术课程。西北大学 2013 年的知识产权本科专业的培养方案中开设大学物理、化工基础、普通化学、机械设计基础、工业设计基础、生物学、电子技术等理工科课程。有的高校还结合自身师资力量和学校特色，在知识产权本科专业的培养方案中开设了一些"特色课程"，比如哈尔滨金融学院为知识产权本科专业开设了金融法、项目管理等课程，北京电影学院现代创意媒体学院为知识产权本科专业开设了影视法律实务、司法考试培训等课程，郑州商学院为知识产权本科专业开设了国际技术转让法、无形资产评估等课程。❶

根据知识产权本科教育的实践可知，在知识产权本科专业的培养方案中开设物理、化学、生物、机械等理工科课程，并不能实现培养复合型知识产权人才的目标。一方面，在知识产权本科专业的培养方案中为理工科课程安排的学时较少，如在西北大学 2013 年的知识产权本科专业培养方案中，化工基础、机械设计基础、生物学等课程仅有 36 个学时，学生难以在如此短暂的时间内学习和掌握该学科的基本知识，很难了解该学科中常用技术术语的含义、常见的技术特征、常用的技术发明手法、技术的产生过程和基本原理等知识；另一方面，因培养方案中增加了多门理工科课程，导致法学核心课程的学时数量大大减少，如在西北大学 2013 年的知识产权本科专业培养方案中，法理学仅安排了 54 个学时，中国法制史更是缩减至 36 个学时，民法和民事诉讼法课程一共仅设置了 90 个学时（见表 6-1）。相较而言，我国大多数高校的法学及知识产权本科专业将民法与民事诉讼法课程分开安排，并且民法又分为民法总论、物权法、合同法、婚姻家庭法、侵权责任法等课程，合计约 300 个学时，数量是西北大学知识产权本科专业的三倍之多。在知识

---

❶ 参见上述各高校的《知识产权本科专业培养方案》。

产权本科专业的培养方案中开设理工科课程,既导致学生难以真正地学习和掌握物理、化学等理工科领域的基本知识,又占用了学生学习法学核心课程的时间和精力,导致学生的法学基础较为薄弱。

表6-1 西北大学法学2013年知识产权本科专业教学计划(部分)

课程名称	学分	学时	课程名称	学分	学时
法理学	3	54	大学物理	4	72
宪法学	3	54	化工基础	2	36
中国法制史	2	36	普通化学	3	54
商法学	2	36	著作权法	2	36
民法学与民事诉讼法学	5	90	专利法	2	36
行政法学与行政诉讼法	3	54	商标法	2	36
知识产权基础理论	2	36	机械设计基础	2	36
国际法	2	36	工业设计基础	2	36
经济法学	2	36	生物学	2	36
刑法学与刑事诉讼法	4	72	电子技术	2	36

三、比较:知识产权法官配置与人才培养的域外考察

近年来,随着科学技术的发展,技术类知识产权案件数量越来越多。20世纪60年代,德国率先建立了知识产权专门法院,如今,世界上已有多个国家和地区对知识产权案件实行专门化审判。不同国家和地区知识产权法院的法官配置各不相同,这与其不同的法学教育体系密切相关。

(一)美国和英国:知识产权法官多具有技术教育背景

美国和英国作为英美法系的代表国家,其法学教育的授课模式大体相似,但培养机制和人才选拔方式有所不同,这也使二者在知识产权法官的选拔和配置上存在差异。

美国律师协会(American Bar Association)负责高校法学院的管理和认证,

直接决定法学院的教育培养目的、内容和方式。因此，美国法学院主要采取职业导向性的培养方式。英国的法学教育标准制定机构是英国法律服务顾问委员会（Legal Services Consultative Panel），该机构主张理论与实践相结合。英国的法学本科教育注重学院教育和法律职业教育的分工，❶其中学院教育是基础性法律教育，法律职业教育需要学生完成一年的学习课程，获得毕业证之后才可以到律师事务所实习。

在美国，法学院是和商学院、医学院一样独立出来的"职业学院"。❷美国高校法学院提供的是"本科后教育"，申请者需要具备其他学科的本科学历。美国法律博士（Juris Doctor）的招生非常看重入学考试（LSAT）成绩，其考查内容并不涉及法律知识。尽管多数学生在本科阶段并未系统地学习过法律，但基于美国严格的人才选拔制度、对学生综合能力的考查，以及丰富的教师资源和严格的学业要求，学生在研究生、博士就读期间的法律素养一般会得到显著提高。在美国，虽然申请法学专业的学生已经获得了其他学科的本科学历，但是其仍然需要系统学习法学基础知识，这在一定程度上类似于我国的法学双学位教育，只是美国法学专业的学生不再学习其他专业的课程，这使学生有足够的时间和精力理解和掌握法学知识。英国对法学研究生的培养也与美国类似，将理论与实践紧密结合，注重对学生法律职业能力的培养。

为了查明技术事实，美国设有专业法官（Professional Judges）制度，美国联邦巡回上诉法院6名法官具有技术背景，每个法官配备的法官助理也均具有技术背景。❸在美国现行教育体系下，多数法学硕士和博士均具有技术背景，因此，CAFC的知识产权法官通常具备专业技术知识。在技术类知识产权案件的审判过程中，法官完全可以凭借自身的专业技术知识对涉案技术事实进行判断查明，非技术法官的发言机会较少，而且他们的贡献被认为不如技术法官重要。英国专利法院的法官从高等法院中遴选，通常具有自然科学或技术背景，被任命为专利法院的法官之前通常要有相关实践经验。申言

---

❶ 丁亮："论英国法学课程改革的经验与启示"，载《教育探索》2015年第2期。
❷ 李响："美国法学教育的人才培养机制及其借鉴"，载《学位与研究生教育》2019年第5期。
❸ See Ivkovic Sanja Kutnjak, Exploring Lay Participation in Legal Decision-Making: Lessons from Mixed Tribunals, Cornell International Law Journal, 2, 2007, pp.429-454.

之，CAFC 和英国专利法院的法官多为法律知识和科学技术知识的"结合体"，这使法官在审理技术类知识产权案件的过程中有能力将技术事实与法律适用统筹兼顾，从而保障案件裁判结果的客观性与公平性。

（二）德国：法律法官和技术法官共同组成知识产权案件的合议庭

德国司法判决备受社会信赖的原因与其严谨的法学教育模式和法官选拔方式密切相关。德国的法学教育体系以"请求权范式"作为出发点，并结合案例分析进行考核。❶ 相较而言，我国的法学教育更倾向于教师单向理论讲解，缺乏实际案例的融合。德国的法学教育中蕴含一个深刻的理念——培养"统一化法律人"，❷ 法学教育模式分为大学教育阶段和职业教育阶段，分别对应"结业考试"和"入行考试"两次国家考试。为了提高法律人的实务能力，德国在法学教学方式上也借鉴了英美法系国家的模拟法庭、法律诊所等模式。❸ 德国法学教育的周期较长，使其培养的法律人才理论基础扎实，并且具有卓越的法律实务能力。❹

作为专门审理技术类知识产权案件的法院，德国联邦专利法院设有 29 个审判庭，共有 118 名法官，不仅包括律师，还包括被称为"技术法官"的自然科学家。❺ 目前，德国联邦专利法院除商标上诉审判庭和法律上诉审判庭外均设技术法官，技术法官与法律法官组成合议庭参与审判的模式在德国联邦专利法院中发挥着重要作用，有利于迅速查明技术事实和准确适用法律，充分体现了专利案件司法审判为技术发展服务的理念。从德国联邦专利法院的法官配置可以看出，其对于法学出身和技术出身的法官进行了明确的区分，因二者的学习背景、知识优势明显不同，只有在技术上诉类案件的审判中，才会由技术法官担任审判长，其他类型案件的审判长均由法律法官担

---

❶ 张慰："成为德国法官的教育之路——基于在德国联邦宪法法院的访学经历"，载《法学教育研究》2017 年第 1 期。

❷ 葛晓莹："德国大学'统一化法律人'培养模式及教学特点"，载《中国大学教学》2008 年第 11 期。

❸ 李婧嵘："德国法学教育改革发展的经验与借鉴"，载《法学教育研究》2018 年第 3 期。

❹ 于博："德国法学教育模式及对我国的启示"，载《河北师范大学学报》2010 年第 3 期。

❺ See Dordick B.Samuel, Lay Jurors : The True Casualties of the Apple v.Samsung Smartphone Patent Wars, Temple International & Comparative Law Journal, 2, 2015, pp.239–274.

任；同时，为了保证法律适用的准确性，所有类型的案件审判中必须配有法律法官。审理技术类知识产权案件的难点在于准确查明技术事实，不服法院认定的涉案技术事实往往是引发当事人上诉的主要原因。由技术法官和法律法官共同组成合议庭，技术法官同样对案件享有审判权，有利于提高裁判结果的公信力。

（三）日本和韩国：不要求知识产权法官必须具备技术教育背景

日本的法学本科教学形式与我国相似，但教师的配备更加合理，并且采用了讨论、启发式的讲授方式，学生的能力和思维能够得到充分的培养。❶ 韩国在法学教育方面偏向于公式化、制度化，其以司法考试为导向，学生的课堂参与有限，这一情况与我国较为相似。❷ 日本的法学本科教育虽然沿袭传统的教育方式，但其法学研究生教育效仿美国创设了"法科大学院"，其目的在于培养高端法律人才。❸ 与美国类似，日本法科大学院的招生范围也不限于法学本科专业的学生，而是鼓励不同行业的人才前来报考；在招生考试上，法科大学院同样采取统一考试和学习考试相结合的方式，其并不考查学生的法律知识，而是考核学生从事法律职业的资质。❹ 为了培养法学理论与实务能力相结合的复合型人才，与日本的法科大学院相对应，韩国在 2007 年之后建立了"法学专业大学院"教育制度，其实际上类似于中国的法律硕士（非法学）专业教育。但是，《韩国法学专业大学院设置及运营法》要求法学专业大学院的专职教师数量不得低于 20 人，且必须有 20% 的教师为具有 5 年以上工作经历的律师。在学习成绩评价方面，法学专业大学院采用相对评价方式考查学生的学习成绩，评价成绩分为 ABCD 四个等级，而且对每个等级应保持的比例具有硬性规定。❺ 相较而言，我国的法律硕士（非法学）教育既没有对任课教师的资质、授课内容和方式等事项的统一要求，也没有统

---

❶ 刘颖："日本法学本科教育的特色"，载《人民法治》2018 年第 18 期。

❷ 陆苹："韩国法学教育制度改革的经验及其借鉴"，载《高教论坛》2019 年第 4 期。

❸ 董林涛："建立'法科大学院'后的日本法学研究生教育及启示"，载《中国法学教育研究》2014 年第 2 期。

❹ 陶建国："日本法科大学院教育制度及其问题"，载《学位与研究生教育》2009 年第 9 期。

❺ 陶建国："韩国法学专业大学院教育制度运行状况及其借鉴"，载《学位与研究生教育》2016 年第 1 期。

一的考查学生学习成绩的方式和机制，任课教师、对学生的考查方式等完全由各个高校自行决定，这是导致我国法律硕士（非法学）教育质量难以提高的重要原因。

日本知识产权高等法院共有 18 名法官，均由最高法院任命。因为日本法官通常都是能够处理各种纠纷的"通才型"法官，一般不具有自然科学或相关技术领域的教育背景，故知识产权高等法院并不看重法官是否具有技术背景。在日本，人们普遍认为知识产权案件归根结底是法律纠纷，专利法与民法以及其他普通法有着共同的基本原则，事实认定、法律解释和逻辑推理才是审理知识产权案件的核心。韩国专利法院人员由 1 名首席法官、5 名主审法官和 11 名法官组成，这些法官均在知识产权领域有长期的工作经验。为了在技术类知识产权案件中迅速查明涉案技术事实，韩国专利法院设有技术审理官、调查官和专门审理委员会，均由拥有相关科学技术领域的高级教育经历或是在技术领域有长期工作经验的人员担任。❶ 在这种知识产权案件审判模式下，法官对案件技术事实的认定实际上完全依赖于技术调查官的意见，容易造成司法审判权的让渡。

四、建议：我国技术类知识产权案件审判人才的培养路径

近年来，随着专利、技术秘密、集成电路布图设计等技术类知识产权纠纷案件的迅速增长，司法审判实践需要大量的兼具法律和技术知识的法官人才，但是，目前我国该类人才的储备严重不足，这就亟须我国高等教育逐步培养高素质、复合型知识产权审判人才。培养复合型知识产权审判人才需要根据我国目前高等教育特别是法学教育的实际情况，借鉴美国、英国、德国等国家的成功经验，结合法学和自然科学技术类专业的不同特点，按照学生跨专业学习和接受知识的能力，优化我国法学本科和研究生教育的模式，建立培养复合型知识产权人才的长效机制。

随着我国高考改革的推进，越来越多的省份取消了文理分科。根据教育部高考改革的规定，2014 年上海市和浙江省首先进行取消文理分科的高考改革试点，截至 2019 年，全国共有 26 个省份不再实行文理分科，考试科目改为"3+3"，语文、数学和英语是所有考生的必考科目，另外考生还需要从物

---

❶ "高级教育经历"是指拥有博士学位或拥有硕士学位且具备 10 年工作经验。

理、化学、生物、历史、政治和地理等6门科目中选择其中的3门。一般而言，高考志愿选择理工科专业的学生均具备一定的物理、化学或生物等理科基础，而选择知识产权专业的学生则不一定具备理科基础知识。因此，根据法学和理工科类专业的特点，按照让理工科学生再系统学习知识产权等法学知识比让知识产权专业的学生再学习理工科知识的教育模式来培养兼具法律和技术知识的复合型人才更具有现实性和可行性。

（一）在知识产权本科专业的培养方案中取消理工科必修课程

司法是维护社会公平正义的最后一道防线。法官在维护公平正义、保护公民合法权利、解决纠纷、维护社会稳定等方面发挥着重要作用。无论是婚姻、合同、经济类案件，还是知识产权案件，其本质上均属于法律纠纷案件。尽管知识产权案件多涉及复杂的自然技术知识，但其解决仍然离不开法官的法律思维和法学知识。系统的法律思维是法官审理案件、解决纠纷的关键，是法官这一职业共同体的必备素养。2018年4月教育部发布的《普通高校法学本科专业教学质量国家标准》将知识产权列入法学类专业之下，并且在专业课程设置方面，法学专业核心课程采取"10 + X"分类的设置模式，其中"10"是指法学专业学生必须完成的10门专业必修课，"X"是指各院校根据办学特色开设的其他专业必修课；知识产权专业核心课程包括法理学、宪法学、刑法、民法、刑事诉讼法、民事诉讼法、行政法与行政诉讼法、知识产权总论、著作权法、专利法、商标法、竞争法、知识产权管理、知识产权文献检索与应用等课程。教育部要求法学和知识产权专业必须开设法理学、宪法学、民法、刑法等核心课程的目的在于让学生掌握法学基本知识，培养学生的法律思维。

知识产权专业虽然涉及管理学、经济学、工学等多个专业，但其本质上属于法学类专业，而非工学类专业。❶ 即使在知识产权本科专业的培养方案中设置物理、化学、机械等理工类课程，学生也不能够因此而获得工学学士学位，不能够凭借该类课程的学习而具备参加专利代理师考试资格，对以后

---

❶ 丘志乔、庞龙斌："浅谈理工院校知识产权教育的困境与革新"，载《中国发明与专利》2013年第10期；郭雪军："知识产权教育进入理工院系的途径和方式"，载《高教论坛》2013年第12期。

的就业亦无太大的帮助。在知识产权本科专业的培养方案中开设理工科必修课程的高校，之所以大部分学生均可以顺利获得理工科课程的学分，原因之一在于任课教师放松了对学生的要求。如前所述，为知识产权本科生开设理工科课程，既导致学生难以掌握理工科知识，又占用了学生学习法学的时间和精力，培养出来的学生可能达不到"人才"的标准，更谈不上高素质、复合型人才。知识产权本科专业无疑不能担当起知识产权复合型人才培养的重任，在知识产权本科专业的培养方案中开设理工科课程，实际上导致知识产权本科专业不伦不类。既然知识产权属于法学类专业，就应当在本科培养方案中取消理工科课程设置，让学生全心全意学习法学核心课程，掌握法律知识，形成法律思维和素养，这才是知识产权本科专业的应有目标和题中之义。

（二）提高法学双学位的培养质量

国家实施双学位制度的目的是培养适应社会需求的复合型人才。[1] 与理工科、经济、管理类专业的双学位相比，法学双学位具有门槛低、用途广等优势。[2] 相较而言，本科主修理工科专业再辅修法学双学位比本科主修法学专业再辅修理工科双学位要容易得多，这既是吸引理工科学生申请法学双学位的优势，也是培养兼具法律和技术复合型人才的重要途径。国外高校对本科双学位教育制定了严格的规则和目标，因此获得双学位的学生其专业能力也完全能够与第一学位相匹配。为了提高我国法学双学位的教育质量，可以采取以下措施。

第一，延长法学双学位的学习期限。目前我国多数高校的法学双学位培养期限限于主修专业的年限，一般为四年。法学双学位通常在二年级下学期开始上课，因二年级多数学生的主修专业课程依然很多，加之学院、学校不同，故法学双学位课程一般安排在周末或寒暑假；四年级的上学期需要完成双学位的所有课程和毕业论文，四年级下学期完成主修专业的毕业论文、找工作等事项。因此，法学双学位的真正培养期限实际上只有两年，课程安排相当紧张。其他学生用四年时间学习的法学专业内容，而法学双学位的学生仅用两年的时间完成，其专业基础和法律思维能力显然不可相提并论。为了

---

[1] 邵建国："关于双学位教育制度的思考"，载《淮海工学院学报（人文社会科学版）》2013年第11期。
[2] 许红霞："法学双学位教育的现实困境及其化解策略"，载《公民与法（法学版）》2015年第5期。

提高法学双学位教育的质量,切实培养符合社会需要的复合型法律人才,我国应当延长法学双学位的培养期限,将辅修法学双学位学生的基本学制由现在的四年延长至五年或者六年,法学双学位的课程主要安排在后面几年,这样一来,双学位的课程安排就更加合理,学生也有时间思考和消化课堂上讲授的知识。在实践中,山东大学已经采取了这一方案,其将包括法学在内的双学位的基本学制改为五年,这一做法值得其他高校学习和借鉴。对于本科主修理工科专业的学生来说,二年级已经学习了一部分专业知识,对本专业也有了更深刻的认识,其对是否辅修法学双学位的选择更加理性。[1] 同时,三年级开设法学基础课程,课程数量较少,学生能够在了解法学学科的基础上,学习一些法学理论知识,为后面的部门法学习打下基础。按照这样的模式,培养出来的人才必然会集法律知识和技术知识于一身。

第二,提高法学双学位的教学质量。根据教育部的要求,法学双学位与主修专业学历学位在效力上并无二致。但是,目前社会对法学双学位的认可度并不高,主要原因在于法学双学位的教育质量难以与法学普通专业相提并论。申请法学双学位的学生可能来自不同的专业和教育背景,对于理工科学生而言,其逻辑思维与法学专业并不完全符合,在这种情况下,更应当提高法学双学位的教育质量。首先,法学双学位的课程安排不宜集中在寒假和暑假,如果因学生众多,上课时间确实难以协调,可以将上课时间调整为周末,每次2~4个课时,每门课程连续上一个学期或一年,坚决杜绝单门课程一次性上8~12个课时现象的发生,以留给学生思考和消化知识的时间。其次,每门课程的总课时量、教学内容、师资力量等与普通法学专业也不应当有所区别,对于某些法学基础课程,还应当适当增加课时数量。再次,课程的考试或考核应当与普通法学专业一致,考试题目不宜过于简单,更不能出现划定考试范围的现象。最后,对于法学双学位的学生,任课教师应当严格执行学校的课堂考勤制度,法学院应当加强对学生的管理和教育。只有在每一个教学环节都得到质量保证的前提下,才能够保证法学双学位本科生培养的整体质量效果。[2]

---

[1] 李莉:"我国大学辅修与双学位制改革的回顾与分析",载《中国高教研究》2009年第1期。

[2] 王新庄、倪师军、郭科:"双学位本科生培养:理念、模式与策略",载《中国高教研究》2008年第12期。

值得注意的是,目前有的高校强制要求知识产权本科生必须辅修理工科学位,如西北大学、福建工程学院等,而湘潭大学、华南理工大学等高校则大力鼓励知识产权本科专业的学生辅修化学工程、机械工程、信息工程、计算机等专业的第二学位,但是不作为获得知识产权本科学位的硬性条件。通过辅修理工科双学位的方式,确实比在知识产权本科培养方案中开设理工科课程的方式更能够让学生真正地学习到知识,但是对于物理、化学、生物等理工科基础薄弱的学生来说,完成理工科双学位并非易事,如果强制要求学生辅修理工科双学位,实际上剥夺了学生的专业选择权。相较而言,提高法学双学位的教育质量,让自主选择辅修法学双学位的理工科学生完成法学本科学位课程,获得法学学士学位更具有可行性。

(三)优化法律硕士(非法学)的培养模式

目前,我国法律硕士(非法学)专业的基本学制是3年,在该期间,学生不仅要学习政治、英语等公共课,还要学习法理学、民法、刑法等法学基础课程以及自己感兴趣的专业课程(比如知识产权法、诉讼法、经济法等),另外还需要完成实习、毕业论文写作和答辩等事项,加之多数高校的硕士研究生培养均采用"考核制",即只需完成一篇2000~5000字的文章就可以获得该门课程相应的学分,任课教师对法律硕士(非法学)的授课和教学也并未给予足够的重视,通过实地调研发现,多数法律硕士(非法学)的学生认为其课程安排过于集中,在研究生就读期间难以真正地学到法律知识。法律硕士(非法学)学生的本科均未学习法学专业,法学基础非常薄弱,虽然入学时经过了全国法律硕士联考,但是根据对近年来参加法律硕士联考学生成绩的统计,平均分实际上在70分左右(满分150分),并且考试题目注重实体法而忽视程序法。在这种情况下,法律硕士(非法学)专业的学生仅经过三年的学习,远不能完全掌握法学基础理论知识和专业知识,高校培养出来的法律硕士(非法学)的学生并非复合型法律实务人才。

法律人的能力包括掌握系统法律知识的能力、法律思维的能力与解决法律问题的能力,这三种能力的培养是法律硕士必须具备的基本素养。[1] 法学

---

[1] 刘铁光:"法律硕士(非法学)法律人的能力培养——基于案例研习模式的分析",载《当代教育理论与实践》2016年第5期。

知识的学习和掌握需要一定的时间积累和沉淀,法律硕士(非法学)的课程设置必须具有针对性。[1] 鉴于法律硕士(非法学)学生的法学基础较为薄弱,建议对其采取"2+2"培养模式,即两年学习法学基础知识,两年学习知识产权法等专业和实务知识。具体来说,对于法律硕士(非法学)专业学生的培养,采取四年基本学制的培养方式,入学前两年,按照普通法学本科生的培养方式,全面、系统讲授法学核心课程,并采取考试制,即学期结束时学生必须参加闭卷考试并成绩及格才能够获得相应的学分。法律硕士(非法学)的课程设置、授课方式、考试方式等可以参考法学本科生的培养方案,从而让学生通过系统的法学基础课程的学习,掌握法律基本知识,逐渐形成法律思维。法律硕士(非法学)教育的后两年采取专业学习的培养方式,即让学生根据自己的爱好,自行选择学习民商法、刑法、宪法与行政法等法学二级专业,例如对于想学习知识产权法方向的法律硕士(非法学)的学生而言,其第三年就可以仅选择学习知识产权法相关课程,然后由该专业的教师分模块系统讲解知识产权法领域的理论知识,学期结束时学生可以通过完成课程论文的方式获得相应的学分,其课程设置、授课方式、考试方式等可以参考法律硕士(法学)专业的培养方案,这两年内让学生在学习知识产权法专业知识的基础上完成实习、毕业论文写作等事项。对于本科为理工科专业的学生而言,如果其选择攻读法律硕士(非法学)专业研究生,通过前两年的学习,一般能够掌握法学各部门法的基础知识,通过后两年的学习,法学专业知识也会得到显著提升。通过这种方式培养出来的人才方可称为复合型法律人才。

习近平总书记指出,国家发展靠人才,民族振兴靠人才,人才是兴国之本、富民之基、发展之源。在建设知识产权强国的背景之下,我国知识产权法院体系建设工作开展得如火如荼,未来也将大力增设知识产权法院和法庭。知识产权法院体系的建设和完善需要大量的兼具法律和技术知识的复合型知识产权人才"添砖加瓦",但是,当前我国的法学双学位教育和法律硕士(非法学)教育"求快而轻质",显然无法培养出符合知识产权案件审判要求

---

[1] 邱国侠、程翔:"法律硕士(非法学)培养质量审视",载《合肥工业大学学报(社会科学版)》2018年第6期。

的人才。因此，我国应当大举改革法学双学位和法律硕士（非法学）的教育模式，根据社会需求制定法律人才培养目标，结合学生类型制定知识产权人才培养方案，切实落实各项具体措施，强化监管保障手段，为我国培养兼具法律和技术知识的高质量、复合型知识产权人才，为技术类知识产权案件司法审判人才的选拔提供充足的后备军。❶

本章小结

知识产权法院的审判人才主要包括法官和技术调查官两类。目前，我国人民法院希望并需要知识产权法官具备理工科背景，但是法官公务员录用条件一般要求具备法学本科学位的法学硕士研究生，这就导致具备理工科背景的人才难以进入法官系统。同时，在我国目前的教育体制下，具备理工科背景的人才很难形成系统的法律思维。技术类知识产权案件与其他类型案件的区别在于，其不仅涉及法律问题，还涉及复杂的自然技术知识。因此，法官要客观、公正地解决技术类知识产权案件，除了应当具备法律知识和思维之外，还应当具备相关领域的技术知识。在技术类知识产权案件的审判中，查明案件技术事实是准确适用法律的前提，如果案件技术事实不能查明，则法官根本无法适用法律解决纠纷。在建立知识产权法院之际，我国建立了技术调查官制度，该制度作为知识产权法院的一项特色制度，其功能的发挥关系着知识产权法院运作的成败。自技术调查官制度实施以来，其在技术类知识产权案件诉讼中帮助法官查明技术事实、解决纠纷的努力和成效值得肯定。

为了准确、迅速查明技术事实，客观、公正解决技术类知识产权纠纷，从短期来看，我国应当针对目前技术调查官制度存在的问题，优化技术调查官任职与设置的方式，合理增加技术调查官的数量，适度公开技术调查意见，调整其他技术事实查明机制的应用规则，逐步完善我国知识产权案件的技术事实查明机制；从长期来看，我国应当顺应高考改革的趋势，根据

---

❶ 张惠彬、沈浩蓝："美国知识产权法学教育的发展状况研究"，载《法学教育研究》2018年第3期。

法学和理工科专业的特点，调整知识产权审判人才的培养路径，在知识产权本科专业的培养方案中取消理工科课程的设置；同时延长法学双学位的基本学制，切实提高法学双学位的教育质量；采取"2+2"培养方式，优化法律硕士（非法学）的培养模式，为复合型知识产权审判人才选拔提供充足的后备军。

REFERENCE >> **参考文献**

一、著作

[1] 北京知识产权法院. 技术调查官制度创新与实践［M］. 北京：知识产权出版社，2019.

[2] 北京知识产权法院. 知识产权法院论丛（第二辑）［M］. 北京：法律出版社，2018.

[3] 陈聪富. 侵权归责原则与损害赔偿［M］. 北京：北京大学出版社，2005.

[4] 程永顺. 商标纠纷案例解析［M］. 北京：人民法院出版社，2013.

[5] 范晓波. 知识产权的价值与侵权损害赔偿［M］. 北京：知识产权出版社，2016.

[6] 广州知识产权法院. 探路者——媒体眼中的广州知识产权法院［M］. 北京：知识产权出版社，2019.

[7] 广州知识产权法院. 知识产权精品案例评析（2018）［M］. 北京：知识产权出版社，2019.

[8] 广州知识产权法院. 商标法实务研究［M］. 北京：法律出版社，2021.

[9] 何培育. 知识产权侵权责任理论研究［M］. 北京：法律出版社，2018.

[10] 胡晶晶. 专利侵权损害赔偿额之确定：中德日比较研究［M］. 武汉：华中科技大学出版社，2019.

[11] 黄武双，阮开欣，刘迪，等. 美国专利损害赔偿：原理

与判例[M].北京：法律出版社，2017.

[12] 康添雄.专利法的公共政策研究[M].武汉：华中科技大学出版社，2019.

[13] 孔祥俊.知识产权法律适用的基本问题——司法哲学、司法政策与裁判方法[M].北京：中国法制出版社，2013.

[14] 李昶.中国专利运营体系构建[M].北京：知识产权出版社，2018.

[15] 李晶.我国专利侵权损害赔偿制度的法经济学研究[M].北京：知识产权出版社，2019.

[16] 李扬.商标法基本原理[M].北京：法律出版社，2018.

[17] 李扬.知识产权法基本原理——基础理论[M].北京：中国社会科学出版社，2013.

[18] 李雨峰.侵害商标权判定标准研究[M].北京：知识产权出版社，2016.

[19] 李雨峰.知识产权行政执法机制改革研究[M].北京：知识产权出版社，2020.

[20] 刘德权，王松.最高人民法院司法观点集成知识产权卷[M].北京：中国法制出版社，2017.

[21] 刘平.知识产权诉讼法律制度若干问题研究[M].北京：中国政法大学出版社，2020.

[22] 刘筠筠.知识产权侵权损害赔偿问题研究[M].北京：知识产权出版社，2017.

[23] 刘庆辉.中国专利侵权诉讼指引[M].北京：中国法制出版社，2019.

[24] 罗东川.专利法重点问题专题研究[M].北京：法律出版社，2015.

[25] 彭辉.知识产权制度比较研究[M].北京：法律出版社，2015.

[26] 秦善奎.知识产权民事审判证据实务研究[M].北京：知识产权出版社，2018.

[27] 上海知识产权法院.知识产权司法保护前沿（第Ⅰ辑）[M].北京：知识产权出版社，2017.

[28] 石必胜.数字网络知识产权司法保护[M].北京：知识产权出版社，2016.

[29] 石必胜．专利创造性判断研究［M］．北京：知识产权出版社，2012.

[30] 陶凯元．我国建立知识产权法院相关问题研究［M］．北京：人民法院出版社，2020.

[31] 王景，高燕梅．知识产权损害赔偿评估［M］．北京：知识产权出版社，2016.

[32] 吴汉东．知识产权精要：制度创新与知识创新［M］．北京：法律出版社，2017.

[33] 吴汉东．知识产权制度变革与发展研究［M］．北京：经济科学出版社，2013.

[34] 吴汉东．中国知识产权理论体系研究［M］．北京：商务印书馆，2018.

[35] 武志孝．变革中的知识产权研究［M］．北京：中国政法大学出版社，2017.

[36] 熊文聪．事实与价值二分：知识产权法的逻辑与修辞［M］．武汉：华中科技大学出版社，2016.

[37] 杨方程．知识产权侵权损害赔偿数额确定研究［M］．北京：中央民族大学出版社，2018.

[38] 张鹏．专利侵权损害赔偿制度研究［M］．北京：知识产权出版社，2017.

[39] 张鹏．专利授权确权制度原理与实务［M］．北京：知识产权出版社，2012.

[40] 张晓都．专利民事诉讼法律问题与审判实践［M］．北京：法律出版社，2014.

[41] 张以标．专利权滥用法律问题研究［M］．北京：中国政法大学出版社，2019.

[42] 张元光．知识产权损害赔偿制度研究［M］．北京：知识产权出版社，2018.

[43] 曾世雄．损害赔偿法原理［M］．北京：中国政法大学出版社，2001.

[44] 朱冬．知识产权侵权损害赔偿救济制度研究［M］．北京：知识产权出版社，2018.

[45] 祝建军．驰名商标认定与保护的规制［M］．北京：法律出版社，2011.

［46］最高人民法院知识产权审判庭.中国法院知识产权司法保护状况［M］.北京：人民法院出版社，2019.

［47］最高人民法院知识产权审判庭.中国知识产权指导案例评注（第12辑）［M］.北京：中国法制出版社，2021.

［48］高林龍.知的財産権侵害と損害賠償［M］.東京：成文堂，2011.

［49］马格努斯.侵权法的统一：损害与损害赔偿［M］.谢鸿飞，译，北京：法律出版社，2009.

［50］田村善之.日本知识产权法［M］.4版.周超，李玉峰，李希同，译，北京：知识产权出版社，2011.

［51］田村善之.知的財産権と損害賠償［M］.東京：弘文堂，2004.

二、中文期刊

［1］安雪梅.指导性案例的法律续造及其限制——以知识产权指导性案例为视角［J］.政治与法律，2018（1）.

［2］北京知识产权法院课题组，陈锦川，刘仁婧.关于审判权运行机制改革的思考与探索——以北京知识产权法院为分析样本［J］.法律适用，2015（10）.

［3］毕潇潇，房绍坤.美国法上临时禁令的适用及借鉴［J］.苏州大学学报(哲学社会科学版)，2017（2）.

［4］曹柯，段胜宝.《民法典》背景下知识产权惩罚性赔偿制度的路径选择——从国家治理现代化的视角切入［J］.电子知识产权，2021（3）.

［5］曹新明.建立知识产权法院：法治与国家治理现代化的重要措施［J］.法制与社会发展，2014（5）.

［6］曹新明.我国知识产权侵权损害赔偿计算标准新设计［J］.现代法学，2019（1）.

［7］陈存敬，仪军.知识产权审判中的技术事实查明机制研究［J］.知识产权，2018（1）.

［8］陈磊.技术调查官制度之实务运作及精进措施——当事人诉讼程序保障之维度［J］.新疆大学学报（哲学·人文社会科学版），2017（1）.

［9］陈明国，左卫民.中国特色案例指导制度的发展与完善［J］.中国法学，

2013（3）.

[10] 陈志兴.专利侵权诉讼中法定赔偿的适用[J].知识产权，2017（4）.

[11] 迟日大.法律适用统一的障碍及其破解路径——一个关于建立中国特色案例指导制度的话题[J].河北法学，2008（3）.

[12] 戴一飞，邢博特.法律硕士（非法学）专业学位联考的预测效度分析[J].中国考试，2018（3）.

[13] 党晓林.我国专利侵权损害赔偿数额计算方式之探讨[J].知识产权，2017（10）.

[14] 邓朝霞，胡充寒.论我国技术事实查明机制之完善路径——以技术调查官制度的运行现状为视角[J].法治社会，2017（5）.

[15] 邓玲.西部地区知识产权审判"三合一"模式选择[J].人民司法（应用），2017（13）.

[16] 丁亮.论英国法学课程改革的经验与启示[J].教育探索，2015（2）.

[17] 董林涛.建立"法科大学院"后的日本法学研究生教育及启示[J].中国法学教育研究，2014（2）.

[18] 杜甲华，崔畅.论惩罚性赔偿在知识产权损害赔偿责任中的适用[J].辽宁大学学报（哲学社会科学版），2016（5）.

[19] 杜潇潇.论韩国专利法院建设及其对中国的借鉴意义[J].中国发明与专利，2020（5）.

[20] 杜颖，李晨瑶.技术调查官定位及其作用分析[J].知识产权，2016（1）.

[21] 杜颖，章可.中国知识产权专门法院的建构[J].财经法学，2016（6）.

[22] 冯晓青，黄海玲.我国知识产权的审判机构与人才状况[J].南都学坛，2012（4）.

[23] 冯晓青，徐相昆.我国知识产权法院发展现状及其改革研究[J].邵阳学院学报（社会科学版），2015（6）.

[24] 葛晓莹.德国大学"统一化法律人"培养模式及教学特点[J].中国大学教学，2008（11）.

[25] 宫小汀，陈聪.知识产权司法政策对法官自由裁量权的引导[J].人民司法，2014（23）.

[26] 管荣齐，李明德.中国知识产权司法保护体系改革研究[J].学术论坛，

2017（3）.

［27］管育鹰.关于我国知识产权司法保护战略实施的几点思考［J］.法律适用，2018（11）.

［28］管育鹰.试析侵害知识产权惩罚性赔偿的适用条件［J］.法律适用，2021（1）.

［29］郭叶，孙妹.最高人民法院指导性案例2020年度司法应用报告［J］.中国应用法学，2021（5）.

［30］何帆.论上下级法院的职能配置——以四级法院职能定位为视角［J］.法律适用，2012（8）.

［31］何帆.中国特色审级制度的形成、完善与发展［J］.中国法律评论，2021（6）.

［32］何炼红，邓欣欣.类型化视角下中国知识产权禁令制度的重构［J］.中南大学学报（社会科学版），2014（6）.

［33］何晓行，齐焱.我国知识产权诉讼技术事实查明制度研究［J］.重庆科技学院学报（社会科学版），2018（2）.

［34］和育东.专利侵权损害赔偿计算制度：变迁、比较与借鉴［J］.知识产权，2009（5）.

［35］侯凤坤.新《商标法》惩罚性赔偿制度问题探析［J］.知识产权，2015（10）.

［36］胡淑珠.试论知识产权法院（法庭）的建立——对我国知识产权审判体制改革的理性思考［J］.知识产权，2010（4）.

［37］胡相龙.破茧成蝶：知识产权指导案例制度检视与突破——以知识产权指导案例运行样态为视角［J］.电子知识产权，2018（8）.

［38］胡云腾，于同志.案例制度若干重大疑难争议问题研究［J］.法学研究，2008（6）.

［39］黄姗姗.技术调查官制度研究［J］.学海，2021（1）.

［40］黄娅琴.我国惩罚性赔偿制度的司法适用问题研究［J］.法学论坛，2016（4）.

［41］黄玉烨，李青文.我国知识产权上诉审理机制的变革与优化之策——由知识产权法庭到知识产权上诉法院［J］.东南学术，2020（5）.

［42］黄玉烨，李青文.中国建设知识产权法院的理论基础［J］.中国发明与

专利，2020（2）.

［43］黄玉烨，李青文.知识产权审判中技术调查官的困境与出路——兼评《最高人民法院关于技术调查官参与知识产权案件诉讼活动的若干规定》［J］.电子知识产权，2019（8）.

［44］金福海.论惩罚性赔偿责任的性质［J］.法学论坛，2004（3）.

［45］金珉徹.韩国专利法院［J］.科技与法律，2015（6）.

［46］孔译珞.专利专门性法院的先驱者——美国联邦巡回上诉法院的发展［J］.知识产权，2014（4）.

［47］黎淑兰.论知识产权专业化审判新格局的构建与实现——以上海知识产权法院专业化建设为视角［J］.法律适用，2015（10）.

［48］李昌超.我国技术调查官制度的逻辑生成及制度前景［J］.河南大学学报（社会科学版），2017（4）.

［49］李春红.浅析知识产权三审合一模式的现状与问题［J］.中国发明与专利，2015（10）.

［50］李剑，廖继博.国家层面知识产权案件上诉审理机制：历史、现状与展望［J］.法律适用，2019（1）.

［51］李婧嵘.德国法学教育改革发展的经验与借鉴［J］.法学教育研究，2018（3）.

［52］李菊丹.中日技术调查官制度比较研究［J］.知识产权，2017（8）.

［53］李军.两岸专利侵权赔偿种类及计算方法研究［J］.行政与法，2016（3）.

［54］李磊.美国专利侵权损害赔偿额的计算及借鉴意义［J］.宁夏社会科学，2016（3）.

［55］李莉.我国大学辅修与双学位制改革的回顾与分析［J］.中国高教研究，2009（1）.

［56］李莉，苏子棋，吕晨.制度跃迁视角下知识产权审判专门化与企业创新［J］.科技进步与对策，2022（4）.

［57］李利荣，吴丹雯，常春，等.关于双学位教育现状的调查研究［J］.教育教学论坛，2014（9）.

［58］李明德.关于我国知识产权法院体系建设的几个问题［J］.知识产权，2018（3）.

［59］李青文．美国联邦巡回上诉法院的运作及对我国的启示［J］．南海法学，2020（1）．

［60］李青文，冯莎．论我国技术类知识产权案件审判人才培养的问题与出路［J］．法学教育研究，2020（4）．

［61］李清伟．司法克制抑或司法能动——兼论公共政策导向下的中国司法能动［J］．法商研究，2012（3）．

［62］李瑞钦，黄金凤．"三审合一"诉讼模式下知识产权案件审理的现状、问题及前瞻——以福州两级法院知识产权案件审理情况为研究视角［J］．海峡法学，2014（4）．

［63］李松杰．互联网法院是专门人民法院吗——以《人民法院组织法》第15条为中心展开［J］．西南政法大学学报，2021（6）．

［64］李伟民．知识产权行政执法与司法裁判衔接机制研究［J］．中国应用法学，2021（2）．

［65］李响．知识产权审判中的技术调查官制度刍议［J］．南京大学学报（哲学·人文科学·社会科学），2017（6）．

［66］李响．美国法学教育的人才培养机制及其借鉴［J］．学位与研究生教育，2019（5）．

［67］李晓庆．知识产权惩罚性赔偿的法理剖析与适用进路［J］．学术交流，2021（12）．

［68］李旭颖．专利技术类案件司法鉴定问题及解决路径分析——基于最高院34份判决的实证考察［J］．广西政法管理干部学院学报，2016（6）．

［69］李艳．论知识产权法本科实践教学的实施［J］．法学教育研究，2016（1）．

［70］李瑛，许波．论我国案例指导制度的构建与完善——以知识产权审判为视角［J］．知识产权，2017（3）．

［71］李正华，朱君全．法定赔偿与惩罚性赔偿条款关系辨析《商标法》与《专利法》修改草案惩罚性赔偿条款之对比分析［J］．电子知识产权，2016（1）．

［72］凌斌．如何完善中国法官的法律思维？［J］．社会科学文摘，2016（1）．

［73］吕翎．成人法学教育中法律思维的培养［J］．中国成人教育，2017（17）．

［74］梁平．司法改革语境下知识产权法院的设立与运行机制研究［J］．知识

产权，2019（2）.

［75］林秀芹，陈俊凯.知识产权刑事诉讼中权利人参与的制度检视及完善［J］.知识产权，2021（11）.

［76］刘斌，杨国平.最高人民法院职能之探讨［J］.东南司法评论，2016（1）.

［77］刘春霖，左娟.论我国知识产权法院的构建愿景及实现路径［J］.河北法学，2016（4）.

［78］刘春田.知识产权司法的大国重器［J］.法律适用，2019（3）.

［79］刘铁光.法律硕士（非法学）法律人的能力培养——基于案例研习模式的分析［J］.当代教育理论与实践，2016（5）.

［80］刘强，汪永贵.知识产权司法审判的商事化改革［J］.湖南大学学报（社会科学版），2019（1）.

［81］刘同君.新时代卓越法治人才培养的三个基本问题［J］.法学，2019（10）.

［82］刘文学.知识产权法院：司法改革的先行者和排头兵［J］.中国人大，2017（18）.

［83］刘武俊.司法政策的基本理论初探［J］.中国司法，2012（3）.

［84］刘银良.我国知识产权法院设置问题论证［J］.知识产权，2015（3）.

［85］刘颖.日本法学本科教育的特色［J］.人民法治，2018（18）.

［86］刘宇晖，梁平.我国知识产权临时禁令的价值反思与类别分化——以唯冠公司申请临时禁售iPad被驳为例［J］.知识产权，2012（9）.

［87］龙小宁，王俊.中国司法地方保护主义：基于知识产权案例的研究［J］.中国经济问题，2014（3）.

［88］卢宇，王睿婧.知识产权审判"三审合一"改革中的问题及其完善——以江西为例［J］.江西社会科学，2015（2）.

［89］陆苹.韩国法学教育制度改革的经验及其借鉴［J］.高教论坛，2019（4）.

［90］罗东川.国家知识产权战略背景下的知识产权司法保护［J］.法律适用，2006（4）.

［91］罗东川.建立国家层面知识产权案件上诉审理机制，开辟新时代知识产权司法保护工作新境界——最高人民法院知识产权法庭的职责使命与实践创新［J］.知识产权，2019（7）.

［92］马新彦，邓冰宁.论惩罚性赔偿的损害填补功能——以美国侵权法惩罚

性赔偿制度为启示的研究［J］.吉林大学社会科学学报,2012（3）.

［93］马一德.深化知识产权司法体系改革,推进知识产权上诉法院建设［J］.中国审判,2017（12）.

［94］马一德.知识产权司法现代化演进下的知识产权法院体系建设［J］.法律适用,2019（3）.

［95］苗妙.技术创新的法律制度基础：理论与框架［J］.广东财经大学学报,2014（4）.

［96］潘滨.我国台湾地区"智慧财产法院"的运作及启示［J］.南海法学,2020（2）.

［97］彭学龙,徐瑛晗.论商标侵权惩罚性赔偿的司法适用——兼评法释［2021］4号第1条［J］.大庆师范学院学报,2022（1）.

［98］钱玉文,李安琪.论商标法中惩罚性赔偿制度的适用——以《商标法》第63条为中心［J］.知识产权,2016（9）.

［99］卿越.知识产权审判中事实问题与法律问题的区分［J］.苏州大学学报（哲学社会科学版）,2019（5）.

［100］邱国侠,程翔.法律硕士（非法学）培养质量审视［J］.合肥工业大学学报（社会科学版）,2018（6）.

［101］丘志乔,庞龙斌.浅谈理工院校知识产权教育的困境与革新［J］.中国发明与专利,2013（10）.

［102］强刚华.试论中国知识产权法院技术调查官制度的建构［J］.电子知识产权,2014（10）.

［103］山东省高级人民法院课题组,李勇,颜峰.知识产权审判"三合一"改革的法经济学分析［J］.人民司法（应用）,2018（34）.

［104］沈昊.日本知识产权高等法院建设及其对我国的启示［J］.中国发明与专利,2020（4）.

［105］沈强.从"三审合一"到知识产权专门法院——兼论知识产权审判模式和体制的改革［J］.电子知识产权,2010（8）.

［106］邵建国.关于双学位教育制度的思考［J］.淮海工学院学报（人文社会科学版）,2013（23）.

［107］宋汉林.知识产权诉讼中的技术事实认定——兼论我国知识产权诉讼技术调查官制度［J］.西部法学评论,2015（5）.

[108] 宋健.知识产权损害赔偿问题探讨[J].知识产权,2016(5).

[109] 宋鱼水.知识产权审判的人才体系及文化养成[J].知识产权,2018(9).

[110] 宋鱼水.知识产权审判的商业思维与技术判断[J].中国发明与专利,2018(8).

[111] 孙国瑞.对知识产权行政执法标准和司法裁判标准统一的几点认识[J].中国应用法学,2021(2).

[112] 孙海龙,董倚铭.知识产权审判中的民刑冲突及其解决——以构建协调的诉讼程序和专业审判组织为目标[J].法律适用,2008(3).

[113] 孙海龙,姚建军.司法鉴定与专家辅助人制度研究——以知识产权审判为视角[J].人民司法,2008(3).

[114] 孙昊亮,唐诗.法律硕士研究生培养中双导师制的完善[J].法学教育研究,2017(2).

[115] 陶建国.日本法科大学院教育制度及其问题[J].学位与研究生教育,2009(9).

[116] 陶建国.韩国法学专业大学院教育制度运行状况及其借鉴[J].学位与研究生教育,2016(1).

[117] 田村善之.日本知识产权高等法院研究[J].何星星,巢玉龙,译.科技与法律,2015(3).

[118] 王虎.我国专利纠纷技术调查制度的确立与完善[J].河北法学,2016(2).

[119] 王利明.惩罚性赔偿研究[J].中国社会科学,2000(4).

[120] 王小怡,杜志淳.专家陪审员制度研究[J].中国司法鉴定,2015(1).

[121] 王新庄,倪师军,郭科.双学位本科生培养:理念、模式与策略[J].中国高教研究,2008(12).

[122] 王志雄.技术调查官的社会分工意蕴与制度完善研究[J].贵州社会科学,2017(8).

[123] 魏忆龙.台湾设立智慧财产法院的评析——以泰国、日本、韩国为主的法制比较研究[J].法律适用,2008(1).

[124] 吴汉东.中国知识产权法院建设:试点样本与基本走向[J].法律适用,2015(10).

[125] 吴汉东.中国知识产权法院建设的理论与实践[J].知识产权,2018(3).

[126] 吴汉东.知识产权惩罚性赔偿的私法基础与司法适用[J].法学评论,2021(3).

[127] 吴如巧,姚柯纯.试论我国环境法庭"三审合一"审判模式[J].江西理工大学学报,2017(4).

[128] 武玉琴,王美石,冷文燕.浅议知识产权法院的建立及其意义[J].中国发明与专利,2014(12).

[129] 许波,仪军.我国技术调查官制度的构建与完善[J].知识产权,2016(3).

[130] 许春明.浅谈知识产权法院体系框架的构建[J].中国发明与专利,2015(1).

[131] 徐聪颖.知识产权惩罚性赔偿的功能认知与效用选择——从我国商标权领域的司法判赔实践说起[J].湖北社会科学,2018(7).

[132] 徐棣枫,张迩瀚.论我国专利确权制度的改革路径:从"行政一元制"到"行政与司法二元制"[J].重庆大学学报(社会科学版),2022(1).

[133] 许红霞.法学双学位教育的现实困境及其化解策略[J].公民与法(法学版),2015(5).

[134] 徐家力.我国著作权案件临时禁令的适用标准[J].甘肃社会科学,2018(1).

[135] 徐晓颖.法律专业学位研究生的实践教学改革——以北京大学法律硕士(非法学)项目为例[J].法学教育研究,2019(4).

[136] 徐雁.论我国知识产权专家参审制度之完善[J].东南司法评论,2012(1).

[137] 徐卓斌.知识产权案件技术事实的查明手段[J].人民司法(应用),2016(16).

[138] 杨海云,徐波.构建中国特色的技术性事实查明机制——走"技术调查官制度为主、技术法官制度为辅"的机制之路[J].中国司法鉴定,2015(6).

[139] 杨会,何莉苹.指导性案例供需关系的实证研究[J].法律适用,2014(2).

[140] 杨涛.我国知识产权临时禁令制度的现实困境与立法完善[J].知识产权,2012(1).

[141] 杨雄文,张文宜.论知识产权裁判的不确定性及其约束路径[J].华

南理工大学学报（社会科学版），2021（2）.

［142］姚建春，雷兴长.美国知识产权保护制度的特点分析［J］.社科纵横，2007（10）.

［143］姚志坚，柯胥宁.知识产权专家陪审制度的检视与完善［J］.人民司法（应用），2018（13）.

［144］仪军，李青.我国知识产权领域技术调查官选任问题探析［J］.专利代理，2017（1）.

［145］易继明.构建知识产权大司法体制［J］.中外法学，2018（5）.

［146］易继明.司法体制改革中的知识产权法庭［J］.法律适用，2019（3）.

［147］易继明.知识产权强国建设的基本思路和主要任务［J］.知识产权，2021（10）.

［148］易玲.论知识产权法院体系的健全及其优化路径［J］.湖南大学学报（社会科学版），2016（6）.

［149］易玲.知识产权三审合一的"合"与"分"——兼谈日本知识产权专门化审判模式及我国的路径选择［J］.政治与法律，2011（11）.

［150］易玲，王静.司法改革背景下完善知识产权法院建设的研究［J］.河南司法警官职业学院学报，2016（4）.

［151］易涛.日本知识产权高等法院［J］.科技与法律，2015（1）.

［152］于博.德国的法学教育及对我国的启示［J］.河北师范大学学报（教育科学版），2010（3）.

［153］于凯旋.我国建立知识产权法院，谱写知识产权改革新篇章［J］.电子知识产权，2015（1）.

［154］俞风雷，杨再扬.论知识产权审判中专家辅助制度的改革［J］.湖北社会科学，2015（2）.

［155］袁秀挺.中国知识产权法院的愿景及其实现路径［J］.科技与法律，2015（1）.

［156］詹映，张弘.我国知识产权侵权司法判例实证研究——以维权成本和侵权代价为中心［J］.科研管理，2015（7）.

［157］张超.法律人思维、移情与法学教育［J］.法学教育研究，2018（4）.

［158］张广良.知识产权法院制度设计的本土化思维［J］.法学家，2014（6）.

［159］张惠彬，沈浩蓝.美国知识产权法学教育的发展状况研究［J］.法学教育研究，2018（8）.

［160］张玲玲.完善我国知识产权法院体系的初步构想［J］.知识产权，2018（3）.

［161］张玲玲.我国知识产权诉讼中多元化技术事实查明机制的构建——以北京知识产权法院司法实践为切入点［J］.知识产权，2016（12）.

［162］张鹏.日本专利侵权损害赔偿数额计算的理念与制度［J］.知识产权，2017（6）.

［163］张慰.成为德国法官的教育之路——基于在德国联邦宪法法院的访学经历［J］.法学教育研究，2017（1）.

［164］张伟君，武卓敏.知识产权侵权纠纷案中判令停止侵权与颁发永久禁令的区别［J］.电子知识产权，2019（1）.

［165］张晓报，陈慧青.我国高校双学位教育的困境与出路［J］.黑龙江高教研究，2017（11）.

［166］张新宝，李倩.惩罚性赔偿的立法选择［J］.清华法学，2009（4）.

［167］张旭东.中国知识产权法院民事案件管辖规定检视——以专利纠纷案件为视角［J］.北京社会科学，2015（9）.

［168］张璇，覃波.论知识产权审判方式改革下审判权综合运行机制的构建——以"三合一"审判模式的刑民并轨为主线［J］.电子知识产权，2019（9）.

［169］张勇，杨大伟."双学位"的合法性探析［J］.上海交通大学学报（哲学社会科学版），2015（2）.

［170］张玉敏，杨晓玲.美国专利侵权诉讼中损害赔偿金计算及对我国的借鉴意义［J］.法律适用，2014（8）.

［171］张智禹，孙燕.技术调查官的特殊作用——以药学领域为例［J］.中国发明与专利，2017（11）.

［172］赵娟.案例指导制度的合法性评析——以《最高人民法院关于案例指导工作的规定》为对象［J］.江苏社会科学，2011（6）.

［173］赵锐，魏思韵.知识产权诉讼中技术调查官的理论反思与制度完善［J］.南京理工大学学报（社会科学版），2021（6）.

［174］赵颖.如何定位"学有余力"？——关于双学位招生和培养的实证研究

[J].教育学术月刊,2018(4).

[175] 郑志柱,林奕濠.论技术调查官在知识产权诉讼中的角色定位[J].知识产权,2018(8).

[176] 朱理.我国知识产权法院诉讼制度革新:评价与展望[J].法律适用,2015(10).

[177] 朱芒.论指导性案例的内容构成[J].中国社会科学,2017(4).

[178] 左荣昌,肖海.论设立中国特色知识产权法院体系[J].齐齐哈尔大学学报(哲学社会科学版),2018(11).

三、外文期刊

[1] Ayers Peter J.The Jurisdiction of the United States Court of Appeals for the Federal Circuit:Is It Time to Diversify the Portfolio[J].AIPLA Quarterly Journal,2017,45(3):431-466.

[2] Barnes Dunstan H.Does It Matter:An Empirical Study Linking the Federal Circuit Judges' Technical Backgrounds to How They Analyze the Section 112 Enablement and Written Description Requirements[J].Chicago-Kent Law Review,2013,88(3):971-1012.

[3] Bauz Thane.N. Reanimating U.S.Patent Reexamination:Recommendations for Change based upon a Comparative Study of German Law[J].International Commerce Creighton Law Review,1994,27(4):945-984.

[4] Becker Richard.Mediation in the New Mexico Court of Appeals,Developments and Practice[J].Journal of Appellate Practice and Process,1999,1(2):367-380.

[5] Blair Roger D.,Cotter Thomas F.An Economic Analysis of Damages Rules in Intellectual Property Law[J].William and Mary Law Review,1998,39(5):1585-1694.

[6] Carpenter Kristen A.Living the Sacred:Indigenous Peoples and Religious Freedom[J].Harvard Law Review,2021,134(6):2103-2157.

[7] Casey Kevin R.European Patent Situation[J].The Delaware Law Review,2007,9(2):107-112.

[8] Chen Kuo-Cheng.An Empirical Finding of Taiwan IP Reform：A Reference to a Proposal for a Patent Trial Court in the U.S.［J］.AIPLA Quarterly Journal, 2013, 41（1）：73-106.

[9] Choe Kong-Woong.The Role of the Korean Patent Court［J］.Federal Circuit Bar Journal, 2000, 9（4）：473-478.

[10] Contreras Jorge L., Gaessler Fabian, Helmers Christian, Love Brian J. Litigation of Standards-Essential Patents in Europe：A Comparative Analysis［J］.Berkeley Technology Law Journal, 2017, 32（4）：1457-1488.

[11] Cotropia Christopher A.Patents as Signals of Quality in Crowdfunding［J］.University of Illinois Law Review, 2021, 2021（1）：193-228.

[12] Dordick Samuel B. Lay Jurors：The True Casualties of the Apple v. Samsung Smartphone Patent Wars［J］.Temple International & Comparative Law Journal, 2015, 29（2）：239-274.

[13] Fei Charleen.Justice Delayed is Justice Denied：The Principle of Bifurcation in the German Patent Litigation System［J］.Wake Forest Journal of Business and Intellectual Property Law, 2014, 14（4）：619-670.

[14] Graham Stuart J.H., Van Zeebroeck Nicolas.Comparing Patent Litigation across Europe：A First Look［J］.Stanford Technology Law Review, 2013, 17：655-708.

[15] Greenleaf Kevin R., O'Neill Michael W., Huettermann Aloys.Understanding the Unified Patent Court［J］.Landslide, 2016, 8（4）：44-46.

[16] Gugliuzza Paul R.Rethinking Federal Circuit Jurisdiction［J］.Georgetown Law Journal, 2012, 100（5）：1437-1506.

[17] Hall Laura.Technical Experts in Patent Trials：A Psychological Perspective［J］.AIPLA Quarterly Journal, 2011, 39（2）：195-224.

[18] Hill David W., Murata Shinichi.Patent Litigation in Japan［J］.Akron Intellectual Property Journal, 2007, 1（2）：141-184.

[19] Hindmarch W.M.Observations on the Defects of the Patent Laws of this Country with Suggestions for the Reform of Them［J］.Law Library, 1851, 73：1-40.

[20] Hurst David A.Conference Report-U.S.& German Bench and Bar Gathering：

A New Bridge across the Atlantic:The Future of American Patent Litigation [J].German Law Journal,2013,14(1):269-278.

[21] Ivkovic Sanja Kutnjak.Exploring Lay Participation in Legal Decision-Making:Lessons from Mixed Tribunals [J].Cornell International Law Journal,2007,40(2):429-454.

[22] Karnaukh Bohdan.Protection of Property by the European Court of Human Rights and Horizontal Effect[J].Law of Ukraine:Legal Journal(Ukrainian),2021,2021(5):149-166.

[23] Katsumi Shinohara.Outline of the Intellectual Property High Court of Japan [J].AIPPI Journal,2005,30(3):131-147.

[24] Katsumi Shinohara.A Retrospective and a Prospective Look at the First Year of the Intellectual Property High Court [J].AIPPI Journal,September 2006,31,(9):191-198.

[25] Kinder Robert L.,Hoffman Gary M.Supreme Court Review of Federal Circuit Patent Cases-Placing the Recent Scrutiny in Context and Determining If it Will Continue [J].Technology & Intellectual Property Law,2010,20(2):227-278.

[26] Kwon Janice,Vallone Mark.Bifurcation of Validity and Infringement Determinations [J].Journal of the Patent and Trademark Office Society,2016,98(4):956-969.

[27] Leung Allen M.,Legal Judo.Strategic Applications of Reexamination versus an Aggressive Adversary(Part I)[J].Journal of the Patent and Trademark Office Society,2002,84(6):471-495.

[28] Liska Kristin A.Experts in the Jury Room:When Personal Experience Is Extraneous Information [J].Stanford Law Review,2017,69(3):911-940.

[29] Liu Michael Xun.Balancing the Competing Functions of Patent Post-Grant Proceedings [J].Journal of Intellectual Property Law,2018,25(2):157-200.

[30] Love Brian J.,Miller Shawn P.,Ambwani Shawn.Determinants of Patent

Quality: Evidence from Inter Partes Review Proceedings [J].University of Colorado Law Review, 2019, 90 (1): 67-166.

[31] Mahne Kevin P.A Unitary Patent and Unified Patent Court for the European Union: An Analysis of Europe's Long Standing Attempt to Create a Supranational Patent System [J].Journal of the Patent and Trademark Office Society, 2012, 94 (2): 162-191.

[32] McBride Thomas K. Jr. Patent Practice in London-Local Internationalism: How Patent Law Magnifies the Relationship of the United Kingdom with Europe, the United States, and the Rest of the World [J].Loyola University Chicago International Law Review, 2004, 2 (1): 31-60.

[33] McEniery Ben.The Time Is Nigh: A Proposal for an International Patent System [J].Chicago-Kent Journal of Intellectual Property, 2016, 16 (1): 167-202.

[34] McKelvie Roderick R.Problems of Complex Litigation [J].Federal Circuit Bar Journal, 2000, 9 (4): 529-540.

[35] Medina David.How the Unitary Patent Will Fragment European Patent Law [J].Arizona State Law Journal, 2015, 47 (1): 319-342.

[36] Mitchell Catherine.Peter Drahos, a Philosophy of Intellectual Property [J]. International Review of Law, Computers & Technology, 1998, 12 (2): 412-414.

[37] Murata Shinichi, Hill David W.Patent Litigation in Japan [J].Akron Intellectual Property Journal, 2007, 1 (2): 141-184.

[38] Nolff Markus.Unitary Patents & Unified Patent Court: The Start of a New Epoch in the European Patent System [J].Journal of the Patent and Trademark Office Society, 2018, 100 (3): 546-570.

[39] Pakuscher Ernst K.Patent Procedure in the Federal Republic of Germany [J]. International Tax & Business Lawyer, 1986, 4 (1): 86-104.

[40] Pakuscher Ernst K.The Symbiosis of Lawyers and Natural Scientists as Judges of the Federal Patent Court in the Federal Republic of Germany [J].Tulane European & Civil Law Forum, 1994, 9: 215-226.

[41] Pegram John B.Should the U.S.Court of International Trade be Given Patent Jurisdiction Concurrent with That of the District Courts [J].Houston Law Review, 1995, 32 (1): 67-136.

[42] Pegram John B.Should There Be a U.S.Trial Court with a Specialization in Patent Litigation [J].Journal of the Patent and Trademark Office Society, 2000, 82 (11): 765-796.

[43] Poplawski Edward G.Selection and Use of Experts in Patent Cases [J].AIPLA Quarterly Journal, 1999, 27 (1): 1-48.

[44] Riley Benjamin K.Trying a Trade Secret Case: A Road Map [J].Litigation, 2017, 43 (3): 47-51.

[45] Ryan Goldstein S., Kristen Bird, Iris Woon K.Specialized IP Trial Courts Around The World [J].Intell.Prop.& Tech.L.J., 2016, 18 (10): 1-5.

[46] Segate Riccardo Vecellio.Protecting Cultural Heritage by Recourse to International Environmental Law: Chinese Stances on Faultless State Liability [J].Hastings Environmental Law Journal, 2021, 27 (1): 153-228.

[47] Sterne Robert Greene, Wright Jon E., Gordon Lori A.Reexamination Practice with Concurrent District Court Litigation or Section 337 USITC Investigations [J].Sedona Conference Journal, (10): 115-166.

[48] SutharRishi S.What Jury-A New Approach to Obviousness after KSR v.Teleflex [J].Journal of Intellectual Property Law, 2010, 18 (1): 295-324.

[49] Tahiri Ryan S., Legal and Ethical Implications of U.S.and Canadian Vaccine Contracts: The Impact of Vaccine Nationalism on the Global Pandemic Response[J].University of Miami Inter-American Law Review,2021,53(1): 231-266.

[50] Taylor Catherine.The Cessation of Innovation: An Inquiry into Whether Congress Can and Should Strip the Supreme Court of Its Appellate Jurisdiction to Entertain Patent Cases [J].Chicago-Kent Law Review, 2017, 92 (2): 679-712.

[51] Thurmon Mark A.Federal Trademark Remedies: A Proposal for Reform [J].Akron Intellectual Property Journal, 2011, 5 (2): 137-184.

[52] Wallace Gregory J.Toward Certainty and Uniformity in Patent Infringement Cases after Festo and Markman：A Proposal for a Specialized Patent Trial Court with a Rule of Greater Deference [J].Southern California Law Review,2004,77(6):1383-1416.

[53] Weightman William.Is the Emperor Still Far Away? Centralization,Professionalization, and Uniformity in China's Intellectual Property Reforms [J].UIC Review of Intellectual Property Law,2020,19(2):145-150.

[54] Weiss Matthew B.Options for Federal Circuit Reform Derived from German Legal Structure and Practice [J].Columbia Science and Technology Law Review,2015,16(2):358-384.

[55] Wyatt Timothy R.In Search of Reasonable Compensation：Patent Infringement by Defense Contractors with the Authorization and Consent of the U.S. Government [J].Federal Circuit Bar Journal,2010,20(1):79-100.

POSTSCRIPT >> 后　　记

2021年9月22日，中共中央、国务院印发《知识产权强国建设纲要（2021—2035年）》，这既是党中央面向知识产权事业未来15年发展作出的重大顶层设计，也是新时代建设知识产权强国的宏伟蓝图。知识产权是保护和激励创新的制度基石。习近平总书记强调："创新是引领发展的第一动力，保护知识产权就是保护创新。"作为知识产权保护的最后一道防线，司法对于作品创作、技术创新、品牌经营具有重要的引领作用。

我国设立知识产权法院受到社会各界的广泛关注，其运行效果直接影响着司法体制改革和知识产权强国战略的推进，考察知识产权法院的发展现状并提出优化对策是为我国知识产权法院良性运作进行谋篇布局的前提和基础。知识产权案件特别是专利、商业秘密、集成电路布图设计、植物新品种等类型的知识产权纠纷案件具有很强的专业性，不仅涉及法律争议，还涉及复杂的技术事实认定，是法律问题与技术问题的结合，因此，只有具备专业知识的法官按照专门程序和制度才能够保证此类案件审判结果的客观性和公正性。2014年，北京、广州、上海知识产权法院的相继成立，标志着我国加强知识产权司法保护进入新阶段，三家法院作为试点为其他知识产权案件专门审判机构的设立和运作提供了实践经验。2017年以来，最高人民法院在全国范围内先后成立了26个知识产权法庭，2019年成立最高人民法院知识产权法庭，2020年年底成立海南自由贸易港知识产权法院。本书着眼于我国知识产权法院及知识产权法庭的设立背景、架构设计和运行现状，通过实地调

中国知识产权法院建设研究

研和数据资料研究,深入分析我国现行知识产权案件审判制度和体系存在的问题,进而探索我国知识产权案件审理机制的顶层设计和具体方案。

自北京、上海和广州三家知识产权法院成立之初,我们就对其运行机制和成效十分关注,并向相关法院的法官了解知识产权法院的运作情况和存在问题,也专门做过相关理论研究。教育部人文社会科学重点研究基地重大项目"中国知识产权法院建设研究"(17JJD820014)获得立项之后,依托该项目,笔者对我国知识产权案件审判机制又开展了更加深入的研究。

本书从着手撰写到最后定稿共四年有余,初稿完成之后笔者组织了知识产权法院的法官、业内专家学者等进行论证,并根据相关意见对书稿进行全面修改和完善。其中,北京知识产权法院原副院长陈锦川法官,最高人民法院中国应用法学研究所民商事审判研究部负责人丁文严研究员,中南财经政法大学吴汉东教授、马一德教授、曹新明教授、徐小奔副教授为本书的撰写提供了诸多有益的思路和观点,重庆理工大学苏平教授和胡海蓉副教授提供了外国专利法院的资料,广东技术师范法学与知识产权学院董凡老师为本书中知识产权案例指导制度部分的撰写提供了大量的建议和帮助,在此一并表示感谢。感谢中南财经政法大学知识产权研究中心的潘滨博士、朱真真博士为本书中的知识产权审判"三合一"、知识产权行为保全等内容的撰写提供的帮助,特别感谢中南财经政法大学知识产权研究中心的杜潇潇、熊辰、沈昊、冯莎、叶永青、莫凡、张志浩、彭月、孙雅琪、余扶阳、邓腾越、陶点等硕士研究生,他们收集资料、整理数据,认真校对书稿,为本书的撰写作出了重要贡献。当然,本书的顺利出版离不开知识产权出版社的支持以及刘睿编审和邓莹副编审认真细致的编辑工作,在此表示由衷的感谢。

由于水平有限,加之我国知识产权法院、知识产权法庭成立不久,最高人民法院关于知识产权专门法院、法庭审理技术类知识产权纠纷案件的指导意见、相关制度规则等也在不断完善,书中难免有疏漏和缺憾之处,敬请有关专家和广大读者批评指正。

黄玉烨　李青文
2022 年春